大师思想集萃

克尔凯郭尔说 生存与超越

KIERKEGAARD

克尔凯郭尔

颜东升◎编译

華中科技大學出版社
http://www.hustp.com
中国·武汉

图书在版编目(CIP)数据

克尔凯郭尔说生存与超越 / 颜东升编译. —武汉：华中科技大学出版社，2022.8

（大师思想集萃. 第三辑）

ISBN 978-7-5680-8524-3

Ⅰ. ①克… Ⅱ. ①颜… Ⅲ. ①克尔凯郭尔（Kierkegaard，Soeren 1813-1855）—哲学思想—研究 Ⅳ. ①B534

中国版本图书馆CIP数据核字（2022）第121566号

克尔凯郭尔说生存与超越　颜东升　编译

KeerKaiguoer Shuo Shengcun yu Caoyue

策划编辑：闫丽娜

责任编辑：康　艳

封面设计：金　刚

责任校对：谢　源

责任监印：朱　玢

出版发行：华中科技大学出版社（中国·武汉）　电话：（027）81321913

武汉市东湖新技术开发区华工科技园　邮编：430223

印　　刷：湖北新华印务有限公司

开　　本：880mm × 1230mm　1/32

印　　张：9.25

字　　数：204千字

版　　次：2022年8月第1版第1次印刷

定　　价：36.00元

出版者的话

“大师思想集萃”系列丛书已收入阿德勒、洛克、康德、弗洛伊德、罗素、尼采、荣格、培根、叔本华、马斯洛等思想大师的智慧结晶，力图向读者展示大师们的思想精华，引领读者深刻理解人的本质、感悟人生真谛、关注现实生活、丰富自己的人生。

本丛书已出版的主题作品，主要涉及思想大师们对人的本质和人生的深入思考和论述的内容，分为十卷，其中包括：

《阿德勒说自我超越》 《洛克说自由与人权》
《康德说道德与人性》 《弗洛伊德说梦境与意识》
《罗素说理想与历程》 《尼采说天才与灵魂》
《荣格说潜意识与生存》 《培根说百味人生》
《叔本华说欲望与幸福》 《马斯洛说完美人格》

“大师思想集萃”第一辑出版后，获得了读者的广泛认可与好评。为了适应读者的阅读要求，我们又推出了新的主题作品，主要涉及思想大师们对人的存在、人的情感、人与社会的关系等的论述，分为十卷，其中包括：

《弗洛姆说爱与自由》 《黑格尔说否定与自由》
《波普尔说真理与谬误》 《福柯说权力与话语》
《海德格尔说存在与思》 《卢梭说平等与民权》
《萨特说人的自由》 《维特根斯坦说逻辑与语言》
《鲍姆嘉通说美学》 《休谟说情感与认知》

继第一辑、第二辑作品出版后，我们进一步挖掘，将陆续推出新的主题作品，其中包括：

《亚里士多德说美德与善》《笛卡儿说理性与心灵》
《克尔凯郭尔说生存与超越》
……

我们在编译的过程中，本着深入浅出、风格恬淡、常识与经典兼顾、推理与想象并用的原则，在保留大师经典思想原貌的基础上，依照从理论到实践的总体逻辑关系，对各大师的思想体系进行了梳理，并添加了部分标题。

我们建议读者阅读时，不必对各位大师的理论观点句句视为经典，甚至全盘吸收，可以明辨各位大师思想中的唯物与唯心、形而上学与辩证法的差别。我们乐意看到读者对此丛书进行批判性阅读、比较性借鉴，深思后践行。

本丛书编辑及出版事宜由本社“大师思想集萃”编辑组负责。出版此套丛书并不意味着本社完全赞同这些大师的所有思想和理论的立场、观点和方法。本社各位编辑同人在编辑出版过程中付出了很多努力，希望本丛书的出版能得到广大读者的赞赏。

感谢广大读者的惠购、赏读！

“大师思想集萃”编辑组

2021年7月

序——信仰的骑士

索伦·奥贝·克尔凯郭尔（1813.5.5—1855.11.11）是丹麦哲学家、神学家及作家，一般被视为“存在主义之父”。

在西方哲学的发展历程中，克尔凯郭尔可以说是其中一位比较特殊的哲学家。在他生前，他的思想和著作都无人问津，鲜有人研究，在他死后的半个多世纪后，尤其是第一次世界大战以后，伴随着存在主义哲学的兴起与发展，他对西方世界的影响渐渐凸显。雅斯贝尔斯曾这样指出：在黑格尔之后，其他哲学家或哲学流派渐趋失势进而退隐，但在这个时候，两位伟大的思想家站了出来，一位是尼采，另一位就是克尔凯郭尔，是他们让我们睁开了双眼。在当时，唯有他们的以突出个人特征的思潮才能与黑格尔的精神普遍性相抗衡。“存在”绝不是黑格尔那里的绝对精神发展过程中的抽象环节，而是个人的生存。

1813年，索伦·奥贝·克尔凯郭尔出生于丹麦首都哥本哈根。他有着不幸的童年。索伦·奥贝·克尔凯郭尔的父亲马可·克尔凯郭尔出身贫寒，并未受过多少教育，通过个人的奋斗和机遇，从一名经营羊毛的羊倌成为远近闻名的暴发户。马可·克尔凯郭尔曾强暴家中女佣，生下了索伦的哥哥，家中兄弟七人，索伦排行最小。马可·克尔凯郭尔自认为罪无可恕，因为早年间他诅咒过上帝，并且有过通奸行为，而事实也似乎应验了，他的妻子和五个孩子都先他而死，孩子们都没有活过三十三岁，使他颇感震惊，他深信这是上帝特意使他领受无穷的痛苦和孤独。

也正因如此，马克·克尔凯郭尔治家甚严，对子女们施行严格的宗教教育，要求他们敬畏上帝，因为他笃信人生来有罪，而耶稣的慈悲就在于代替人们承担罪责，被钉在十字架上赎罪。这种虔诚又阴暗的心态对小索伦产生了深远的影响，既使他成为一名基督徒，又使他产生了叛逆心理。克尔凯郭尔后来曾经批评他父亲的宗教教育近乎疯狂和残酷，但问题却不仅止于这种方式的宗教教育，而在于幼小的克尔凯郭尔已经敏锐地发现了他的父亲在虔诚的宗教信仰背后，隐藏着一些不可告人的秘密。这种隐秘的负罪感一直折磨着马克·克尔凯郭尔，使他一直处于某种忧郁的状态。

这个秘密究竟是什么？克尔凯郭尔终于在一次父亲醉酒后的谈话过程中，得到了答案，所以克尔凯郭尔对父亲的道德和行为与宗教要求与信仰之间的矛盾感到痛苦与困惑，对父亲的猜疑与不信任让其一生都蒙受阴影。他自己曾经这样说过：我的出生是犯罪的产物，我是违反上帝的意志而诞生于世的。正因为这种异于常人的身世，再加上驼背跛足这样先天的生理缺陷，自幼体弱多病的克尔凯郭尔认为自己是个孤独的例外。虽然他聪颖过人，但生性孤僻、行为怪诞，以至于他同他的父亲一样，都被有罪和受惩的宗教情感支配。这些童年的经历直接导致克尔凯郭尔患上了抑郁症，整个童年到青年都十分悲观。尽管如此，他却在日常生活中早早学会了让自己的忧郁不被人察觉，对外以轻浮放荡的花花公子的形象来掩饰自己的内心。

1830年，十七岁的克尔凯郭尔进入哥本哈根大学学习神学，一心想做一名牧师，他的毕业论文是《论反讽的概念——以苏格拉底为主线》。尽管考取了神学学位，但他由于不认同路德教会的教义，从来没有担任过神职。在哥本哈根大学念书期间，他阅读了大量哲学和文学著作，对戏剧和音乐也有浓厚的兴趣，但忧郁的情绪始终支配着他，使他不能自拔。这种恐惧、战栗的情绪影响了他的后半生。

1837年，克尔凯郭尔在做新闻专栏记者的时候，认识了他人生中另外一位十分重要的人——十五岁的雷吉娜。当时他正处于自我负罪感的精神痛苦中，结识这位少女使其重获生活的希望，但他从一开始就感受到自己与这位姑娘的巨大差距。在克尔凯郭尔的父亲死后，处于恋爱中的克尔凯郭尔感到十分幸福，他们慢慢地谈婚论嫁，终于在1840年订婚。订婚以后，克尔凯郭尔认为应当将自己内心忧郁的感受告诉自己的未婚妻。但这是一个巨大的错误，克尔凯郭尔为此悔恨不已，因为雷吉娜并不能接受这样悲观、颓丧的想法，也无法理解这样的忧郁之感。于是，克尔凯郭尔断然解除婚约，而雷吉娜后来也和另外的人订婚。实质上，克尔凯郭尔解除婚约是由于自己心理的痼疾，并且他认为如果自己不是这样一个忏悔者，和雷吉娜的结合就是无比幸福的事情，但如果就这样结婚，就必须对这位纯洁的少女隐瞒很多自己内心真实的感受，而把婚姻建立在虚伪的基础上，是没有任何意义和幸福可言的。他感到在献身上帝与婚姻之间只能二者择一。在解除婚约以后他感到更加痛苦，更为孤僻，心态也更为反常，甚至近乎疯狂。直到克尔凯郭尔去世以前，在他的日记和著作中，他和雷吉娜的关系一直都是他自我折磨式的思虑的主题之一。

1841年，克尔凯郭尔踏上了留学之旅，到柏林大学学习当时较为流行的黑格尔哲学。当时的哲学观点都是将一切真善美的事物推到主流，而将人生具体的苦闷经历存而不论，这些与克尔凯郭尔的理念大相径庭。于是他放弃了对传统哲学思想的探索，转向探求现实世界的人生哲学，这在后来也使他成为影响深远的存在主义的先驱人物。

克尔凯郭尔一直认为自己只能活到三十三岁，因此他把出版于1846年的《〈哲学片段〉一书最后的非学术性附言》作为自己最后的著作。而在此之前，即在解除婚约以后，克尔凯郭尔的创作活动达到了高潮，仅用了几年时间就完成了十几本著作，这些著作基本上都是依靠着他获得的巨额遗产而自费出版的，但社会影响却微不足道。克尔凯郭尔对此深感痛苦，却并未绝望，因为他始终自认天赋过人，虽然同时代的人无法理解，但历史必将给予他一个公正的评价。

在《〈哲学片段〉一书最后的非学术性附言》出版后，他认为自己在哲学方面已经没有什么可以再阐释的了，打算就此搁笔，到乡下去当一名牧师了却残生，但出乎他意料的是，他却多活了九年，而在这九年间，他又重新拿起了笔，因为当时发生了著名的《海盗报》事件，这个事件对他的余生产生了重大影响。

在丹麦，当时的《海盗报》是由青年诗人歌尔德施米特创办的一份周刊。就政治倾向来说，这份周刊主要是站在自由主义的立场上，以嘲笑与讥讽的手法来抨击保守与落后的社会现象，因此经常利用社会上流传的流言蜚语进行人身攻击，以个人隐私作为筹码来达到目的。这份周刊在丹麦的民众中很流行，发行量很大。歌尔德施米特在周刊上发表了一篇文章，这篇文章主要是赞扬克尔凯郭尔的，却引发了他的不满，他认为《海盗报》是低级趣味的刊物，得到它的赞扬无异于莫大的侮辱。于是，克尔凯郭尔在报纸上面发表文章，批评和抨击《海盗报》，由此引发了《海盗报》的全面反击。1846年，整整一年的时间里，《海盗报》连篇累牍地发表文章讥讽克尔凯郭尔，甚至包括他的生理缺陷、服饰习惯和生活方式等等，有的甚至还配以漫画，而这种现在看来十分常见的艺术手段在当时还是十分新鲜而且受欢迎的，于是克尔凯郭尔就成了公众的笑料，甚至连街上的顽童也可以尽情地奚落他。

克尔凯郭尔本以为自己会在笔战中得到支持，但现实往往是十分残酷的，他极度失望。在这种情况下，他不愿与人来往，性情也更孤僻了，当他每天上街作例行的散步时，唯一"忠实的朋友"就是他随身携带的一把雨伞。《海盗报》事件让克尔凯郭尔充分地意识到，一般的公众是没有意见的，多数人总是错误的，真理只掌握在少数人的手中，他反而为自己的孤独感到骄傲。

在经历了《海盗报》事件以后，他也打消了去乡下当一名牧师的念头，转而继续写作。在1847年，克尔凯郭尔在惊奇中度过了自己的三十四岁生日，他从未想过自己会活过三十三岁。克尔凯郭尔感到这可能是上帝赋予他的特殊使命，意在让他为了真理而蒙受苦痛，同时作为真理的见证人，向同时代的人们展示究竟什么是信仰的真理。怀着这样的信念，克尔凯郭尔的著作内容也发生了很大的变化，由之前主要探讨美学的、伦理的、哲学的问题完全转向了宗教的问题。他对基督教和如何做一名基督徒有其独特的理解，这不仅和官方教会的正统观点不同，有时他甚至公开反对教会的观点。随着克尔凯郭尔的宗教著作陆续出版，他和教会的分歧与矛盾越来越尖锐，终于爆发为公开的冲突。他批评丹麦的教会，要求教会公开承认自己违背了基督教的崇高理想，并为此忏悔。他斥责教会已经不能再代表《新约》中的基督教，其教义和讲道并不符合真正的基督精神，他要向公众阐明如何才能做一名真正的而不是口头上的基督徒。这些冲突直接导致了他和教会的彻底决裂。

克尔凯郭尔生命中的最后一年是在与教会的激烈论战中度过的，他发现他所著的大部头著作，一般公众很少阅读，公众也并不了解他的思想。于是，克尔凯郭尔转变写作方式，在短短的几个月内，在报刊上发表了二十一篇短小的文章，并出版了一系列的小册子，而这些短文和小册子他均以自己的真名来发表。但克尔凯郭尔并未达到自己的写作目的，教会对于他的全力抨击置之不理，他得到的只是少数年轻人的同情，而大多数人对此是冷漠并怀有敌意的。克尔凯郭尔再度陷入了极度的绝望之中，他将自己孤立起来，拒不见客，断绝了与外界的来往。

1855年10月2日，克尔凯郭尔带着自己创办的《快报》（*The Instant*）杂志去复印时昏倒在街头，随即被送进医院，那也是《快报》的最后一期。入院后，他拒绝了官方教会牧师的圣餐，怀着强烈的基督信仰，于数周后去世，年仅四十二岁。

Contents

目 录

第一章
反讽的起始

一、回归苏格拉底

二、什么是反讽

三、反讽的视角

四、反讽的真理

五、反讽与生存

六、生存的方式

克尔凯郭尔在哥本哈根大学的毕业论文即《论反讽概念——以苏格拉底为主线》，其中有一个著名的论题，即“恰如哲学起始于疑问，一种真正的、名副其实的人生起始于反讽”，可见论题中这个“反讽”并不仅限于一种修辞方式，在克尔凯郭尔看来，它更是一种生存立场。

一、回归苏格拉底

“反讽”，首先作为辩论或讲演技巧或存在于文本学领域内，是西方文论中最早形成的理论概念之一，这种较早时期的反讽一般被称为“古典反讽”，或是“传统反讽”或“标准反讽”。反讽作为现象产生于古希腊时期，民主的政治生活传统使得古希腊民族十分重视修辞学和讲演术，古希腊民族曾是一个有政治头脑和能言善辩的群体，言语的艺术是古希腊人影响别人的重要手段。一般认为，反讽现象最初源于苏格拉底，其概念逐渐形成于后世，它主要是柏拉图、亚里士多德、西塞罗和昆体良等的观念及现象的融合与发展。

英语中的“irony”（反讽）一词即来源于希腊语“eironeia”。在当时的戏剧中，“eironeia”一词仍具有贬义，是欺骗的另一种表达方式，反讽者即骗子，这种贬义色彩在柏拉图的《理想国》中仍留有残余。在亚里士多德的相关论述中，反讽过渡到了纯粹的言语层面；而且，可能是受到苏格拉底的影响，亚里士多德“把‘eironeia’（自贬式佯装）放在比其反义词‘alazoneia’（夸耀式佯装）更为重要的位置”。反讽这个起初指代行为方式的词语，逐渐地被当作语言层面的手段，用作一种辞格。

西塞罗将反讽引入了修辞学领域，他缩小了反讽原有的宽泛含义，对他而言，反讽只是一种修辞格，或是一种讲演术，是谦逊且儒雅的苏格拉底式的掩饰与佯装。至此，反讽已经没有了古希腊时欺骗、卑劣等道德色彩或行为层面上的含义，只是单纯的言语修辞，即“言在此而意在彼”，这也是后世的反讽概念的基础和源头。昆体良除了强调反讽“言义对立”以外，还对西塞罗的反讽概念有所拓展，他把反讽由一种微观的修辞格扩展到整个演说或辩论，并将它作为一种语言策略加以运用。

反讽在古希腊时期有着比较明显的发展，作为现象源于这一时期，从历史角度看绝非偶然：在这一历史时期，苏格拉底用反讽来挑战已经被大众接受的知识与智慧实属必然，当时小型社会的安逸与稳定正受到政治扩张与其他文化侵略的威胁。古希腊的部落文化逐步开放，对其他的文化进行帝国式的扩张与包容。在这种并不安定的历史条件下，封闭的社会过渡到有竞争观念的城邦，反讽的观念在这个时期就成形了。自诞生之日起，反讽就与历史和现实巨变、社会与文化的转型相伴，与人的观念与意识的发展与转变密切相关。因此，克尔凯郭尔在《论反讽概念——以苏格拉底为主线》中，力图还原历史中的苏格拉底的原始形象，来揭示反讽的立场，这是符合历史和社会发展的。

通过深入解析相关文本，克尔凯郭尔把苏格拉底的生存立场归结为反讽，或者说他把反讽这种现象作为一种生存立场加以阐释，这就使得克尔凯郭尔提出的“反讽”概念与其他的反讽理论相比，具备了独特的生存论色彩，甚至可以说克尔凯郭尔的反讽是一种生存性反讽，这也成为它区别于其他反讽概念的最为鲜明的特征，更是我们界定克尔凯郭尔的反讽的基本依据。而克尔凯郭尔解析的文本，即色诺芬的《回忆苏格拉底》、柏拉图的对话录和阿里斯托芬的喜剧《云》。他不仅阐释了反讽的立场，而且厘清了反讽与其他相关概念的区别。下面，我们将首先阐释反讽的立场。

色诺芬早年师从苏格拉底，并对老师怀有深厚的崇敬之情，他写下《回忆苏格拉底》来为老师辩护，而这部著作却毁誉参半。有人认为，该书属于纪实性作品，作为历史学家的色诺芬的描述，更加贴近史实；也有人认为，军人出身的色诺芬，并未透彻理解苏格拉底的学说，为他所做的辩护也使其过于平庸，持这种观点的人中，有大名鼎鼎的罗素，也包括克尔凯郭尔。从某种程度上说，克尔凯郭尔对色诺芬进行了整体性的批判。

克尔凯郭尔认为，通过色诺芬所著的《回忆苏格拉底》，读者根本无法得到苏格拉底清晰完整的历史形象，而且其人格也遭到了扭曲。有三个原因导致了这种情况的出现。首先是色诺芬的意图使然：他要使雅典人了解，处决苏格拉底是不符合公理的，而基于此目的的辩护，虽然使苏格拉底显得无辜，但最终把他变为一个平庸和善的老人，这是荒谬的。其次是色诺芬对处境缺乏必要的洞察力：他忽视了苏格拉底所处的社会环境，只有把苏格拉底的言行举止放入雅典当时纷繁的社会与生活中，通过切实的生存考察，苏格拉底才能被理解。最后，色诺芬对苏格拉底的对话本身也没有给予充分的理解，对此克尔凯郭尔从生存角度出发，进而指出苏格拉底对生存越是进行瓦解、销蚀，他的每一句话就会越来越深地、越来越必然地趋向于反讽，而作为一种精神状态，其整体是深不可测、无影无踪、不可分割的。对这个秘密，色诺芬一无所知。色诺芬认为，苏格拉底讲学与辩论的出发点是功用的；而功用是一种拙劣的无限的辩证法，因为它是一切的中介，无所不包，没有什么东西绝对具备功用或者绝对没有用处。无限的功用导致了有限的目的性，色诺芬笔下的苏格拉底处处局限于这种有限性，从而变成了具有庸俗的市民气质的功利主义者。具有优越性与高贵性的反讽没能体现在苏格拉底身上，他虽然具备一定的讽刺性，却处处体现出利己主义的诡辩。克尔凯郭尔认为，反讽是“无限的，绝对的否定性”（黑格尔曾用来界定佐尔格的反讽观念的话语），而基于目的性与利己主义的对话或辩论，是无法确切认知与阐明现象的，同时也是极为有限的，这就是诡辩。在色诺芬的《回忆苏格拉底》中，到处充斥着这种诡辩，它们缺乏反讽的无限性与深刻性，也很少能够从直观上自圆其说，当然这也就扭曲了苏格拉底的原始形象。

客观地说，色诺芬的《回忆苏格拉底》未能达到某种哲学高度已是共识，克尔凯郭尔的观点不无道理：苏格拉底首先是一位伟大的哲人，把哲学作为生活方式，终其一生宣扬他的哲学观念并加以践行，如果不能从哲学角度来考察和描述苏格拉底，这的确是一种欠缺；但是我们不能因此而忽略该文的史料价值，或许正是因为没有达到哲学高度，色诺芬对苏格拉底的描述才显得更加平实可靠，其历史价值是巨大的。

克尔凯郭尔对柏拉图较为推崇，他曾经说阅读柏拉图给予他无穷的欣慰，对此他感激万分。他认为，与拙劣的色诺芬不同，柏拉图看到了苏格拉底身上显现的原始人格，即与群体或种族的附属状态相对立的独立自主的个体状态，这种人格的本质作用即宣扬个体的独立精神和释放个体的主观力量。柏拉图通过描摹苏格拉底的形象，阐明了这种原始人格及其作用的统一，这也从某种程度上说明了柏拉图笔下的苏格拉底与历史现实中的苏格拉底的关系。由于苏格拉底曾证明，认知即回忆，对柏拉图来说，一切知识都可能是与老师苏格拉底的共识，因此，柏拉图把自己创造的苏格拉底的形象与现实中的苏格拉底相混淆是必然的。我们不能从柏拉图笔下的对话中得出苏格拉底的真实形象，但却得到了苏格拉底的方法——质问，这更具有重要的意义。克尔凯郭尔对这种方法做了深入的解析。

于柏拉图而言，对话形式成为他创作的主要文体形式是有着深刻原因的，这是对苏格拉底的质问技艺的强调。首先，质问是指认知主体与对象的关系。质问把认知对象从与主体的有限关系中解放出来，在质问中主体是无知的，在认知对象面前，主体处于纯粹接受的地位。与此相反，如果我们把质问看作与它的对象有一种必然的关系，那么质问就会等同于回答。其次，质问是认知主体之间的关系。认知对象成为提问者与回答者之间的中介，思维在双方之间交替演化，每个答案都有可能蕴含新的问题，而从整体上缺乏统一的可能，因此它并不是辩证的。基于以上分析的启示，我们可以依据提问的意图来做以下区分：一个是预期完满的答案，另一个是并不预期获得的答案。就前者来说，随着对答案有预期的提问的深入，回答也就越准确，越深刻；而后者却是把提问作为一种手段，用以摒除一切表面现象，而只留下一种虚空。由此可见，提问意图的差别，直接导致了方法与意义的差异，前者即思辨，后者即反讽。柏拉图的方法是前者，而苏格拉底的方法是后者。

克尔凯郭尔指出，反讽和思辨是柏拉图对话录中的两大方法。其中就反讽来说，也可以区分为苏格拉底和柏拉图两类：前者的反讽是对思辨的外部监督，使其不拘泥于特殊性与偶然性，从而对思辨产生外部的促进与解放作用；后者的反讽自行运转，在内部不断追求自身，这对柏拉图的思辨产生了积极作用与影响。柏拉图的反讽使他不断地从“抽象理念”[①]出发进行思考，使其在具体现象与事物中得以体现，他的反讽所把握的，是由抽象理念构成的“理念世界”，即某种意义上的积极意识，这实质上已经超越了苏格拉底的立场。而苏格拉底的反讽对思辨是一种消极的解放作用，它使思辨完全摆脱经验的束缚，但却不参与思辨的过程。抽象的思辨无法穷尽事物现象与理念，以致在思辨过程走向尽头后，只剩下虚无，但苏格拉底的反讽却把握了这虚无，即消极意识。从这个意义上说，反讽把思辨纳入其中，比思辨要更高明。下面仅以克尔凯郭尔对《会饮》《申辩》两篇对话的分析为例，来简要说明以上两类反讽以及反讽与思辨之间的关系。

克尔凯郭尔指出，柏拉图将苏格拉底早期对话中抽象的东

① 柏拉图使用的一个哲学术语，他在《理想国》第十卷中做出过明确的解释：凡共用相同名称的具体的个体，它们就具有相同的“理念”或“形式”。相对应的，世界也有两个，一个是由可被人的感官感觉的具体事物或现象组成的，即“可感世界”，另一个是由理念构成的，不能被感官感觉，但可以被认知的“可知世界”，也就是“理念世界”。在本文对苏格拉底的分析中，理念均做此解。

西归结为反讽，这个抽象的东西实际上就是通过质问获得的主体与对象之间的关系。在《会饮》篇关于爱神对话的分析中，克尔凯郭尔首先把苏格拉底的反讽与单纯的修辞反讽做了区别：该对话开始时的反讽只是一种辞格而已，仅有这种技巧，苏格拉底还不能被称为反讽家。在随后的对话中，苏格拉底把爱从具体性中抽离，归纳了它具有普遍意义的抽象规定：爱体现为追求、向往并未占有的事物，可是追求、向往等是完全主观化的（消极的内在性），并非一种客观规定，是一种与并未被占有的事物的关系，与事物尚未建立实质性的联系。因此，从缺乏实质性上讲，爱就是抽象本身，而苏格拉底就停在了这里。他既不把抽象看作具有建构性的东西，使之面向具体性而逐渐展现出来，也不从具体性的东西出发而继续发掘、探索抽象性，这是他与柏拉图的本质区别；抽象性的东西在苏格拉底那里就只是不具备丝毫实质性内容的标志，从这个角度上讲，安于这种毫无实质性内容的虚无就是一种消极意识，这实际上就是反讽。而以苏格拉底的这种反讽方式，我们可以把很多东西归结为这种抽象性。在思辨中，抽象的东西可以在与具体事物的辩证中表现其有效性；而只有在反讽中，抽象的东西才能表现其抽象性的本质。

在对《申辩》篇的分析中，克尔凯郭尔先就苏格拉底的死亡观做了论述，由于《申辩》篇很有可能更加趋近于历史，更接近苏格拉底本人，我们更能清晰地看到柏拉图与苏格拉底的反讽之间的区别。因为无知，所以苏格拉底不怕死：死亡是不可避免的，但人们对它的认知却极为有限，甚至可以说是一无所知，他试图用类似的言论把人们从对死亡的恐惧中解放出来。在篇尾，苏格拉底进而证明死亡是好的：一方面，假如“死是空虚无物”，这种“空虚无物”对他来说就是至宝，因为在现实生活的纷繁错杂的相对性中，他抓住了“空虚无物”这种绝对性的东西；另一方面，假如人死后，人的灵魂由此界迁往彼界，他就得以结识前世伟人，能够质询他们，这也是一大乐事。与《会饮》篇不同的是，《申辩》篇的反讽紧紧抓住了具备绝对性的虚无并且带有浓重的诡辩色彩。从整体来看，苏格拉底也是借助无知，为自己的罪状辩解的：他的罪状之一即在雅典传播新学说，但他宣称自己一无所知，于是罪状控诉与辩解看似毫无关联；而且以苏格拉底的理性观点来看，罪行与处罚之间并无关联，与所谓的投票更是无关，因为他需要的是罪责本身被证明和自己被说服。他不顾法庭上的争论和他被无罪释放或被罚款的可能性，而大谈罪责与处罚并不属于同类。最后，更为反讽的是，他被判了死刑。克尔凯郭尔指出，《申辩》篇的整体格局，从这个角度上说，体现为反讽。

由以上的两篇对话分析，我们可以清晰地看到克尔凯郭尔对反讽与思辨的辨别，并且它们也清楚地表明了二者的关系以及克尔凯郭尔在这两种反讽中的倾向性。柏拉图的对话录历来为苏格拉底的研究者们重视，与色诺芬不同，柏拉图本人就是一位伟大的哲人，对其老师苏格拉底的哲学思想也有深刻的认识，所以他的对话录成为研究苏格拉底的重要史料。但这仅限于他早期的对话录，因为在“他写早期对话时尚未进入学术成熟之年，还很少有自己的创造，基本上是反映苏格拉底的哲学思想的”。其后，柏拉图对苏格拉底的哲学思想不断发挥，并逐渐形成了自己宏大的哲学思想体系。因此，克尔凯郭尔对柏拉图早期对话的重视是有历史依据的，对柏拉图和苏格拉底的思想所做的区分是从反讽角度出发的；与一般以亚里士多德的观点[①]为标准所做的区分还是大体相符的，而且仅从反讽角度来看，这种区分还是合理的并且十分睿智。

许多研究苏格拉底的学者并不重视阿里斯托芬的《云》，有的看法是这出喜剧是文学作品，苏格拉底只是舞台上的一个角色，这与真实的苏格拉底相去甚远，当然更不会有历史或学术价值。但文学有时比历史更加真实，更加贴近人物本身。况且，阿里斯托芬与苏格拉底、柏拉图是很好的朋友，经常与他们在一起讨论问题，这也为他塑造《云》中的苏格拉底的形象打下了基础。

克尔凯郭尔对《云》评价甚高，他认为，在剧中阿里斯托芬所描摹的是历史现实中的苏格拉底本人，透过人物形象本身，我们可以看到一种生存原则，即反讽。而反讽也是具备喜剧性的，因为一旦和结果联系起来，它就富于喜剧效果。在《云》中，云作为代表道德实质的歌剧的象征，也表现了其他的事物。云作为象征，形象地表现了剧中所谓"思想所"里的缺乏实质性内容的思想活动：云是一种能够随时变成某物的可能性，却无法维持，这种可能性是无限的，但没有任何实质内容。尽管苏格拉底嘲笑了云神或云可以变作各种形状的所谓无比威力，而且这种嘲笑的确也是针对空洞无物的云的无能，但克尔凯郭尔认为，阿里斯托芬的反讽恰恰包括了双方——主体与对象，即苏格拉底与云。主体试图占有认知对象，却只得到

① 一般认为，"归纳论证和普遍定义"是苏格拉底的哲学思想，而理念说则被归结到柏拉图的思想体系中。

了自己想象的比喻，而云只能通过这些比喻体现出来。这是阿里斯托芬所描述的这种消极的思辨，只在最为抽象的意义上才得以表现其有效性，它可以占有，也能放弃一切，但这些全都只是作为假象而存在。

苏格拉底的嘲笑还说明他对于云的形状并不在意，形状并非本质的东西，被他称为神的，是云作为各种形状消逝后的无形的雾霭，即虚无。这在克尔凯郭尔看来，它标志着苏格拉底所认知的理念。他所做的思辨，并没有确证任何事物，实际上这是对理性思辨的反讽。在古希腊文化中，所谓神圣的事物是切实存于现实之中并具有相对固定的形象的，而在上空飘浮变幻的云，实际上象征了与固有文化之间的冲突；反讽的立场就是与旧的文化势不两立。《云》中，苏格拉底试图脱离地面，是惧怕他的思想被现实排挤和压迫；而对云神的嘲笑，实际上是符合智者们的立场的，通过批判他的不彻底性进而取得了胜利。实际上，在阿里斯托芬看来，苏格拉底就是那个时代最伟大的智者。至此，让我们回到上一部分的反讽与思辨的关系中去：阿里斯托芬之所以把苏格拉底归入智者行列，恐怕是因为苏格拉底使用了与智者们相同的思辨方法，但实际上这种思辨只是为反讽而服务，反讽并不参与思辨，因为它早就把握了思辨穷尽以后的虚无。至少从克尔凯郭尔看来，阿里斯托芬是把苏格拉底和那些智者们一概而论的，但苏格拉底却是智者们公认的论敌，这也是对苏格拉底刻意为之的反讽。这种反讽是脱离了上文论述的消极辩证法的，是从处境角度入手的反讽，而这是富于浓厚的喜剧色彩的。尽管阿里斯托芬把苏格拉底同智者们一概而论，但如果对该戏剧稍作探究，就会发现苏格拉底这个人物形象是很有个性的。智者们总忙于占有外部的事物或现象并对其问题加以解决，而苏格拉底却只是思考自我，关注自身，这是完全个性化的标志。

克尔凯郭尔对阿里斯托芬的《云》十分推崇，认为其中的苏格拉底形象是对色诺芬与柏拉图二者描摹的结合；他笔下的苏格拉底的立场就是反讽，是一种穷尽思辨后的绝对虚无，是一种关注自身的个性回归。“色诺芬把他拉入了功利的泥淖，柏拉图把他抬上了理念天国”，反讽的立场居于这现实与理想的中间；色诺芬的关于功用的诡辩，柏拉图填充进去的理念，都遮蔽了反讽的这种虚无，只有阿里斯托芬的喜剧揭示并表现了它。克尔凯郭尔写道：“与柏拉图相比，阿里斯托芬进行了削减，而与色诺芬相比，他进行了增补；不过就后者而言，他所增补的只是一些消极因素，故这种增补其实也是一种削减。”这种“削减”实际上是摒除了表面上的功利、理念等，还原了苏格拉底的本来面目。

就阿里斯托芬的喜剧《云》来说，克尔凯郭尔的观点与史学观点大相径庭。一般认为，《云》上演时苏格拉底才四十五岁，其思想远未成熟，因此《云》并不能彻底表现苏格拉底的哲学思想；另外，把苏格拉底当作诈骗钱财的智者并进行喜剧化的讽刺，也是对苏格拉底历史形象的扭曲，甚至《云》造成的“偏见成为苏格拉底晚年被控告的舆论基础”。但克尔凯郭尔却把它作为还原苏格拉底原始形象的重要文本，主要是因为他并未从严格的史学视角看待《云》，而是从反讽角度出发来看待苏格拉底及其处境，恰好该剧的描绘符合他的立场。透过克尔凯郭尔的分析解读，从处境来说，我们不得不承认阿里斯托芬的反讽更加深刻，其时“许多雅典人误把苏格拉底看作智者，事实上苏格拉底是智者派最尖锐的批判者”。而苏格拉底自身的立场也是造成他处境尴尬的原因之一，甚至预示了他最后的死亡。

苏格拉底曾信奉自己的守护神，这是不争的历史事实，而色诺芬和柏拉图也都提到过，但给出了不同的解释。克尔凯郭尔指出，这个守护神是某种抽象的事物，其抽象性无法用具体规定表达，即抽象得无法再抽象。他据柏拉图的论述认为，这个守护神对苏格拉底的作用只是消极的警告与劝诫，而绝不是像色诺芬认为的积极的命令与督促。历史地看，苏格拉底的守护神与城邦宗教是有着剧烈冲突的，特别是在古希腊时期，在泛神论的影响下，众神皆具有自己的个性，而他的守护神却是高度抽象的事物，并且他虔诚信奉自己的守护神，专注于聆听自己的守护神的声音，这实质上是对城邦宗教的反叛。

在关于守护神的问题上，克尔凯郭尔极为罕见地接受了黑格尔的观点。黑格尔在《哲学史讲演录》中指出，苏格拉底的守护神蕴含着自我认知的起源，其过程就是把外界神灵的意志转化为自身的意识，并借以认识自己。在古希腊时期，人们在精神层面还具有原始的朴素特征，尚未达到进行自我反思与自我确证的层次。从这个意义上说，苏格拉底是一个思想先驱，他以自身的主观立场取代了城邦宗教对神的敬畏；但他毕竟处于一种外化意志转向内在性的过渡阶段，因此这个守护神还只能以神的名义出现，即一种形象化的表达。黑格尔明确指出：“守护神并不是苏格拉底本人，并不是他的意见、信念，而是一个不自觉的东西；苏格拉底为守护神所驱使。神谕同时也不是什么外在的东西，而是他的神谕。”守护神实际上就是苏格拉底内在化的立场，不过被表现为一种异于他自身意志的外化意志。

凭借自身的守护神及其消极的警告作用，苏格拉底的立场实际上完成了主观化，但却并未涉及理念，他只局限于作为个体的自我，并达到自我满足。实际上，苏格拉底对自身守护神的坚定不移的信奉，就是对自我的认知与信仰，这象征着人的个体思维以及自我意识的解放与自由。克尔凯郭尔把苏格拉底的这种立场归结为反讽，并解释道：反讽经常被理想性地看待、被指定为体系的一个微不足道的环节；人们不大能理解，整个生活怎么可能归于反讽，因为这样的话，生活的内容必须被看作虚无……理想的立场在生活中是找不到的；反讽像在生活中的任何其他立场一样有其诱惑、抗争，有其失败、胜利。从生存的角度来说，这同样是一种纷繁与丰富，而在克尔凯郭尔看来这是学术研究很少涉及甚至漠不关心的。

苏格拉底的无知不是通常所说的经验意义上的无知，实际上他博学多识，他的无知是针对城邦中的神。从某种程度上说，无知蕴含在否定性中。按照惯常的逻辑，无知是一种消极的否定性关系，其背后应该具有积极的肯定性知识，否则苏格拉底何以辩驳所谓的有知？针对这个问题，克尔凯郭尔并没有给出明确的答案。我们可以这样理解，这种无知背后的肯定性知识即苏格拉底坚信的守护神；他否定的是现实世界中相对的、有限的事物或现象，而对永恒的、神圣的事物却谈不上否定，当然也包括城邦宗教中的神。这也符合前文所论述的，苏格拉底把理念当作认知的界限。总之，这种无知与否定是苏格拉底的大智慧，促使他放弃所谓神圣永恒的事物和相对有限的现象，回归自我并不断地加以探究。

因此，苏格拉底凭借着无知与否定，把自己从有限的事物与现象中解放出来。至此，他却没有继续进行深入的思辨，来"抚平"这种否定，而是安于这种立场；而且通过与他人的对话不断地把这种立场用于其他更多的个体。这种独特的立场即反讽，但它会使城邦社会感到恐惧，因为对个体来说它是一种解放与自由，但对整体的城邦文化与宗教体制来说却是一种威胁。

苏格拉底的立场与理论的关系是消极的，这在前文的论述中已有体现：对于永恒与神圣的无知，对有限的事物与现象的否定，使主观性完全放弃了对外部世界的研究与探索，回归自身。这不仅体现在理论方面是消极的，现实的生活层面也是如此，二者具有某种因果关系。首先，由于信奉自己的守护神，苏格拉底与城邦宗教体制之间的关系是完全消极的；其次，由于自身的理论立场，个体对他来说显得尤为重要，因为他随时随地都能发现反讽的必要，但他与其他个体的关系也只体现为反讽，这也是消极的。面对各种关系，"他都是以反讽的态度居高临下，每种关系所遵循的规律是不停地吸引和排斥，与个人的联系总是转瞬即逝，他总是反讽地、洋洋自得地高高盘旋于这一切之上。"

总体来说，城邦生活甚至家庭生活对他来说都已失去了有效性，出于对作为个体的人的重视，他认为城邦与家庭不过是个体的一系列组合；但他与其他个体的关系只停留在消极的反讽层面，这种立场使苏格拉底显得极为孤立。这在《申辩》篇中已有体现。无限是对有限的既存事物或现象的否定，苏格拉底对现实世界中一切有限的事物或现象，进行不断地否定与抛弃；当外部世界失去了其故有的实效性，苏格拉底放弃了对它的探究，他的主观意识回归了自我，不断地进行自我反思，不断地接近自我，这是主观层面上的无限性。这种消极的无限性实质上代表了苏格拉底反讽立场的一种超然的高度。我们可以这样理解，无限的否定就是消极的立场，把这种消极的立场或态度无限地应用到客观世界，就是反讽的立场。

实际上，如果我们依照色诺芬对苏格拉底的记录，恐怕会得出与以上截然相反的立场解读，而色诺芬的著作却是历史学研究的重要材料。然而苏格拉底的思想和生活究竟是怎样的，仍然是西方哲学或思想史中的“斯芬克斯之谜”。克尔凯郭尔的解读依据主要来自柏拉图和阿里斯托芬，同时也借鉴了黑格尔对苏格拉底的看法，对苏格拉底的主观化生存进行了分析，并把他的生存立场归结为反讽。如果真如克尔凯郭尔所说，历史现实中的苏格拉底抛弃了现实世界，一切对他都不具有任何的实质效用，那么，反讽的是，历史并没有抛弃苏格拉底，或者说，历史牢牢地把他固定在了那个转折处。

克尔凯郭尔的历史观深受黑格尔的影响，他认为，在历史的转折处都会有新旧事物的更迭运动，在这样的交汇运动中，我们会遇到苏格拉底式的反讽家及其反讽的立场。从某种程度上说，反讽具有历史性的意义：苏格拉底式的主体凭借反讽把自己从既存的旧现实中的相对性与有限性中解放了出来，如果这种反讽是合乎历史发展趋向的，那么这种个体反讽就会对历史现实产生积极的影响。当有一定数量的个体把反讽诉诸实践时，个体的反讽也就演化为克尔凯郭尔所说的“世界反讽”，那么新旧事物也就势必会完成更迭。从这种角度来说，每次历史运动都可能会有这种反讽的思潮，而苏格拉底实际上就是这种反讽思潮的开启者。

反讽是主观化的立场，而主观的个体意识在历史上首次出现的时候，也就是反讽诞生之时。苏格拉底的历史功绩正体现在主观意识首次出现的历史转折处，如果说反讽是个体意识主观化的最原始和最抽象的规定，那么，苏格拉底的生存就是这种原始与抽象规定的最为形象化的表达。

二、什么是反讽

克尔凯郭尔把苏格拉底的生存立场归结为反讽的同时，并没有完全抛弃作为现象广泛存在的反讽。他认为，现象反讽有两个必要的规定：一个即现象非本质，并与本质相反；另一个是对主体立场的规定，即消极的自由。

在第一个规定里，克尔凯郭尔挖掘的是作为讲演术或修辞格而存在的反讽现象。在这里，讲话者的思想、意思可被看作本质，那么文本或话语就是现象。在这种反讽现象中，反讽主体有一个肯定性的假设，即其读者或听众能够理解本质，虽然他对现象进行了否定，但最终本质与现象仍达成统一。从某种程度上讲，运用这样的反讽修辞的主体，与反讽的立场相仿，也有自我孤立的倾向，但这只是一种虚荣性立场，因为这能体现一定的高贵特质。另外，反讽者在主观上可以感受到某种自由的快感，而这来自于本质与现象、自己真实的意识与言行的反差。

这种反讽并不自我扬弃，只是上层社会（精神层面上的）人士为了让别人听不懂，进而不被理解，但却总希望有人在场，以确保自身的价值。尽管他自我孤立，但力求构成一个社会，不能将自身提高到集体的观念，于是只能在地下团体中实现自己。在这个团体中，反讽者们通常没有什么凝聚力，如果我们在这个圈子以外来观察这个群体，就会发现他们的矛头指向了所有的人，他们反讽地把握自身及其和外部的生存关系。这里我们可以看到两种方式：一是反讽者和自己攻击的人或事同流合污；二是采取与之相对立的态度，唯一确定的就是他自己的表面态度和真实想法是截然对立的，他在其间享受着这种反差所带来的快感。

有的人自高自大，自以为无所不知，面对这类人，真正的反讽是随声附和，甚至吹捧喝彩，被鼓动的人就愈发自高自大，甚至狂妄荒诞，而反讽者却在为这种空洞无聊的热情和毫无内容的愚蠢而欣喜。这种独自享受的欣喜，在于别人看不透反讽者的蒙骗。克尔凯郭尔认为这种反讽是极为罕见的，深刻且容易实行。它被运用到具有明显缺点的人身上，反讽者的欣喜来源于发现这些缺点，具有这些缺点的人越是与众不同，反讽者就越是愿意愚弄和操纵他们，再怎么超群出众的人也有可能在某一时刻成为反讽者玩弄的木偶。

当然，更为通常的情况是反讽通过一种对立关系出现，在用之不尽、取之不竭的智慧面前，反讽者显得无知、迟钝却虚心好学、性情温顺，以至于那些自诩智慧的人将他们的智慧分享。在多愁善感、无法压抑的感情面前，反讽者傻里傻气，不知道让他人动情的东西为何物，却又心怀赤诚地想要了解这种事物。反讽者愚蠢得越真诚，伪装得越逼真，他就越发欣喜。可见，明明知道却装作不知道，这是反讽，明明不知道却装作知道，同样也是反讽。

实质上，克尔凯郭尔用以说明反讽的这些例子，包括了生活中大部分的反讽现象，这些反讽主要作为把握世界的反讽出现，表面上看，它是为了掩饰自身，实质上却是为了使反讽对象显现出真相。当然，反讽者若是为了自己而故意迷惑身边的人，这其中也不乏反讽。在这些反讽者中，表现得最明显的特质即主观的自由。

提及主观，就不得不说起反讽的第二个规定，即主体的消极的自由。先说明积极的自由：作者或讲演者在说话时明确地表达自己真实的意思，并假定听众或读者能够准确把握他的意思，那么这就是积极的自由，同时也受到了表达自己真实的意思的束缚。反之，文本或言语并不是读者或讲演者的真实意思，或恰恰与其相反，主体就不受束缚了，并不将明确地表达意思作为文本或言语的目的，这就是消极的自由。这种自由正是反讽者所追寻的快感源泉。

需要重复强调的是，克尔凯郭尔谈到的这两个规定，涉及的反讽只是作为现象的反讽，它们是对现象的一种描摹，而不是作为立场的反讽。当然这种现象的背后，还是存在着反讽者的立场支撑，因此作为立场的反讽并不受这两个规定的制约，而是这两个规定的根源。反讽立场并不像反讽现象那样，只简单地指向单个的或有限的存在，它指向的是整个外部现实。

为了能更好地描述作为现象的反讽，我们还要介绍克尔凯郭尔提出的反讽的两种不同形式，它们从现象层面区别了反讽与伪装、反讽与怀疑的区别：一种是执行的反讽，也被称为戏剧性的反讽；另外一种是静观的反讽，也可以被看作理论性的反讽。

首先来说反讽与伪装的区别。反讽在执行过程中过于强调本质与现象的反差，因此常常被认为是伪装。如德奥弗拉斯特在《人的性格》中对反讽的定义实质上就是伪装以达到欺诈的目的。伪装与反讽在某种程度上的确有相同之处，它们都指使本质与现象之间不一致的言行举止，但二者存在主观层面的巨大差异，反讽主体在主观上是享受的，但伪装主体却没有这种主观享受，他们甚至会有一种恐惧的主观感受；另外，伪装主体的行为有着外在不可告人的目的，这个目的与伪装行为本身也许并没有什么关系，而反讽主体真正的目的是想感觉到自由，可他恰恰是通过反讽才感到自由的，所以反讽主体没有其他目的，他自己就是目的。当反讽主体以弄虚作假的面貌出现的时候，他的目的貌似是想让人受骗上当，但实质上他的真正目的是想让自己感受到自由，而他恰恰是通过反讽才能感受到自身的自由，在这里，反讽者的目的和手段是合而为一的。

其次来说反讽与怀疑的区别。从否定性角度来看，反讽与怀疑类似，并且也坚持现象与本质、外在与内在的不统一。但不同的是反讽并不局限于有限的外部事物或现象，它只关注反讽主体的生存，是实践性质的，不解决任何理论问题，是主观性的自为的存在，而怀疑却是理论性的，是一种概念性的规定。在怀疑这个层面上，认知主体总是想直接面对认知客体的本质，但认知客体的本质却总是逃避闪躲；在反讽这个层面上，与怀疑相反，主体总想逃离客体，他无时无刻地意识到客体是毫无实在性的。在怀疑中，主体步步为营，想一探究竟；在反讽中，主体步步后退，否认任何实在性，以便超脱万物，保有自身的独立性。

另外，在这个问题上，我们可以对克尔凯郭尔的观点进行一点补充：怀疑需要外在立场的支撑，并且往往受限于某一外部问题，而反讽却无须外在立场支撑，它本身就是主观化立场，通过对外部事物或现象不断地否定来保持主体的独立与自由。从这个角度来看，反讽近似一种虔诚，在这样的虔诚之中，凡尘（低级的现实）永久地丧失了它的有效性。之所以这样，克尔凯郭尔认为是神的境界在同一瞬间获得了绝对的实在性。的确，古今中外，所有的宗教典籍都曾说过，凡事皆是虚空，现实世界中一切都是浮云，这尢非是以这种否定驱除外部搅扰人心的东西，将永恒实在的东西体现出来。但不同的是，大部分的宗教典籍都将人性或人格视作万物中罪孽最为深重的事物，但在反讽中，万物皆虚空是主观性自由的保障，万物愈发虚空，主观性就越是自由轻盈，反讽的主体并不能感受到自身的虚空，而反讽恰恰拯救了自己的虚空。

现代思辨在康德那里得到了极大的发展，但在批判主义之中，自我越是沉迷于对自我的观照，就越是单薄。反思误入歧途，不厌其烦地对反思进行反思，越是反思，越是脱离任何实际内容。克尔凯郭尔由此重点讨论了费希特，他认为费希特解决了康德哲学体系中的最大的弱点，即居于经验以外的物自体。自我本身是否也是一个物自体？费希特以反讽的立场给出了回答，他将作为物自体的自我纳入到思维体系当中，将自我转化为了“自我-自我”，从而使自我无限地放大了，进而无限地解放了思维。然而，这种无限性却是消极的无限性，一种毫无有限性和实质内容的无限性。在这里，自我的无限性更加接近于一种理想主义，使整个现实黯然失色的理想主义。而上观性成了无限的、绝对否定的，成了无限的张力和渴求。费希特的知识学使知识学无限化了，然而通过这种消极的无限化，得到的却并非真理，而是确信；不是积极的无限性，而是消极的无限性的自我；不是积极的追求，而是消极的接受。正因如此，克尔凯郭尔认为费希特的立场具备无限的激情和弹性。

但为了摆脱这种不具有实质内容的运动，必须对这种主观性进行否定，让思维参与现实世界，使其具体起来，自我或主观性具有构建作用，是唯一无所不能的东西。后来的施雷格尔和蒂克抓住了这个原则，他们把这样不成熟的形而上学观念直接运用到现实当中，进而想无中生有地创造出一个世界来。

由此可见，这种反讽的立场并不是为现实世界服务的，它并不是现实的一个环节被另一个新的环节所否定，而是所有的历史现实，以便为自我创造腾挪出地方。这种反讽所持有的立场非常独特，对于它来说没有什么既存事物，它拥有随心所欲、为所欲为的权力。反讽在本质上是具有批判趋向的，这已经充分表明了反讽与现实之间并不相称的关系，但批判者们并不像康德一样，保有批判意识，而是直指现实进行批判。现实中总有这样或那样的事物，给了这些批判者施展批判才华的机会。

对于个体来说，现实也是需要完成的任务。一般认为，现实中的反讽应当大显身手，以更好的东西来取代现实中的事物，可是事实并非如此，反讽使历史现实脱离了实际，成功地超越了它，在这个过程中，反讽本身也漂浮了起来，它的所谓的现实只不过是一种可能性而已。现实中的某个个体为了完成某项事业或者任务，他必须感觉责任重大，感知并尊重每一个合乎情理的结果。但反讽却并不受这种感受的约束，因为它知道自己有随时从头开始的力量。在理论方面，它具有先天的无限制的自由，可以随意进行批判；在实践方面，同样如此。的确，反讽是自由的，没有现实的忧虑，也没有现实的欢乐，更没有现实的祝福。反讽所追求的就是这种自由。

反讽主体总是小心翼翼地生活，唯恐有什么人或事物令他倾倒，只有孑然一身，他才能保持这种自由，才能满足反讽的最高要求，即诗意的生活。但反讽的诗意生活和一般理解的诗意生活并不相同，没有一般艺术家的严肃态度，也没有一般基督徒的虔诚信仰，一般理解层面上的诗意都有一个目的性，这是它的绝对目标，在这个目标下的一切作为都是为了实现这个目标，它在这种现实之中自得其乐，即它的所作所为就是让自在的东西变成自为的东西。平庸的人没有自在的东西，反讽主体也一样没有自在的东西，但这并不像平庸的人没有自在是环境导致的结果，而是他居于一切环境之上，为了能够诗意地生活，诗意地创造自己，他不具备任何自在的东西。很明显，反讽主体已经堕入他所极力克服的东西，他和平庸之辈并无区别，只不过是借助消极的力量，貌似自由地诗意创造，居于自己之上。因此，反讽主体常常幻化为虚无，这在反讽主体所倡导的诗意生活中，甚至还是最为高贵的一种。所以在浪漫主义文学作品中，无用之人是最具有诗意的。

前面已经说过，让自己诗意地被创造是一回事，而诗意地创造自己是另一回事。反讽主体无意适应周围的环境而去改变自己，而是反过来去诗意地塑造周围的世界，慢慢地将自己封闭起来。所以，他总是和周围的世界发生冲突，摒弃了现实的根基构架，即支撑着现实和维持着现实秩序的东西，也就是道德和伦理。如果说现实对反讽主体丧失了有效性，并不是因为现实本身的原因，而是因为反讽主体自身就是永恒的自我，所有的现实对他来说都不适当。反讽主体的生活过于抽象、过于美学，以致他无暇顾及伦理和道德之类的东西。对他来说，生活不过是一场戏，他所感兴趣的不是这场戏的错综复杂的情节，而他跳出这些情节，以观众的姿态来看待生活，即便他是这场戏的主角。他使自己无限化了，尽管时而唯我独尊、时而退缩、时而宽大，但他的无限化的确创造了自己的世界。

由于反讽和虚拟地、假设性地生活，他的生活丧失了所有的持续性，他完全堕入了情绪中，他的生活也完全由情绪构成。可以确定的是，情绪在生活中的确是不可避免的，但在健康严肃的生活中，情绪只是生活中的生命附属品，并不是主导生活和左右生活的东西，人们常常能够很好地控制自己的情绪。反讽主体的生活没有持续性，所以对立的情绪一个接着一个，一个取代一个。但当然也有一个纽带联系着这种对立情绪，各种情绪都会消融于一种统一，我们也的确发现了这种统一，即无聊。无聊是反讽主体唯一具有的连续性，它的消极能统一和消融各种对立的情绪。反讽是完全的消极：在理论方面，它建立了一种理念和现实之间毫不对称的关系；在实践方面，它建立了一种可能性和现实之间并不对称的关系。

克尔凯郭尔借助三个人的作品继续探讨了反讽的概念，即弗里德里希·施雷格尔的《卢琴德》、蒂克和佐尔格的相关作品。《卢琴德》视图摒弃一切伦理，所有的伦理在作品中体现得仿佛游戏一样，同时，作品中又有某种忧郁的庄严贯穿全文——虽然作品试图摒弃一切伦理，但不是局限在风俗习惯上的伦理，而是所有作为精神有效性的伦理，它意图摒弃的是精神对肉体的控制，这与反讽所特有的追求是完全一致的。另外，作品经常被人指责为不道德，但这并不完全对，从这样的评论中并不会得到很大的收获，因为这些评论没有指出诗意的特性。诗意是什么？诗是对世界的征服，通过对不完美世界的否定，诗打开了一种更高的现实，把不完美的东西净化、扩展为完美的东西，从而减轻那种必将使一切黯淡消逝的痛苦。

从这个角度上来说，诗是一种和解。它并不是我和现实世界中生活的我的和解，这种和解并不现实化，而是塑造了一个更高超的、更完美的现实和既定现实中的我的和解。诗意的生活就是无限的生活，无限性可能是外在的无限性，也可能是内在的无限性。以诗意为名，追求享受的人同样也有自己的无限性，但这是外在的无限性，因为在享受的时候，他总是在外部事物中徜徉，这样的无限性必定会扬弃自己。只有我自己在享受之中，而不是在被享受的事物之外，即享受自己，才是内在的无限性的享受。享受外在的人，即便他能享受世界，也仍然缺乏一个享受，即他自己，只有享受自我，才是真正的无限性的享受。

《卢琴德》所体现出的反讽意蕴，并没有经过人的自我构建，成为更高一层的精神有效性，而是走向了它的对立面，即感性。在伦理之中显现出来的是精神与精神的联系，然而，如果个体需要更高的自由，他就会摒弃伦理的精神，反而堕入肉体的本能当中。维护感性的权力实质上是一种随意性，这种随意会随时变化，会转而坚持一种抽象的、过分的精神性，即反讽。

在蒂克的作品中，克尔凯郭尔对他的一些讽刺性戏剧和抒情诗做了讨论。与施雷格尔的直指现实不同，蒂克的作品中蕴含一种诗意的放纵和对现实的漠然，当他不这样做的时候，他才倾向于间接地攻击现实。这种诗意的放纵一旦爆发，会形成不同寻常的反讽，它就会肆无忌惮、忘乎所以。这种反讽越是接近现实，越会脱离诗意的漠然，进而丧失它的无辜，获得一个目的。但这个目的显然不是诗意的自由，而是一个有限的主体，做了一个反讽的杠杆，凭借这个简单的工具妄图撬出生存的结构。在文学创作的随意性面前，整个生存不过是一场游戏而已。

以蒂克为代表的整个浪漫主义学派正在面临或者相信自己面临着一个特定的时代，在这个时代，人在有限的社会环境中仿佛完全固化了，一切事物都达到了尽善尽美的发展，没有一个合乎情理的向往得不到满足，没有一个合乎情理的愿望得不到实现，但这一切却并不是现实。浪漫主义的不幸之处，就在于它没能抓住现实，它在两极之间不断地摇摆，一方面是庸俗的现实，另一方面是理想的现实。这两个环节又是彼此联系的，越对现实进行不满的讽刺，理想的现实就越蓬勃。这种作品在这样的两极之间摇摆不定，所以，它无法将真正的理想统一到现实当中，它总是在某处的彼岸。正因如此，这类作品也不能与读者真正建立一种诗意的关系，诗人所采取的立场是诗意的随意性，诗义所留下的整体印象是一种无踪无影的虚空，这种随意性体现在整体布局中。也正是因为没有统一的布局，作品整体的诗意并未建立。理想的追求并不包含理想，因为在这样的笔触下，任何一种理想也不过是一种讽喻，自身隐藏着一个更高的理想，一个理想隐藏着另外一个理想，直至无穷。蒂克的理想宛若天上的云彩，变幻无穷匆匆划过，但这种不切实际的、软弱无力的理想正是证明了他是误入歧途的。

佐尔格希望在哲学上弄明白，反讽到底是什么，但佐尔格始终没有在学术内做统一的贯通的学术阐述。佐尔格期望能够带来有限和无限的统一，希求以种种方式来摧毁它们之间的间隔，他努力达到绝对的、无前提的起始，所以他的追求是思辨的。通过反讽，他既否定有限者，同时又否定无限者，他认为有限者是虚妄的，是需要被扬弃的，无限者也并不是彼岸的自在。在这其中，理念处于绝对的顶点，它以无限的绝对的否定性面貌展现在我们面前，但如果这些否定的东西想要起作用，理念就必须具体化、有限化。佐尔格的理念并不同于柏拉图的，同时与斯宾诺莎、费希特和谢林的理念观点均不相同，佐尔格无法承认有限的有效性，他更无力使有限者有效化。所有的有限性在佐尔格那里，都是虚妄的，正因为道德的规定是有限的，于是道德没有任何有效性，所谓道德的和不道德的都没有任何有效性，都是虚妄的。

随后，克尔凯郭尔探讨了佐尔格有关宗教教义的一些观点，尽管佐尔格有不少的思辨的能量，但却并未告诉我们应该何去何从，在缺乏任何有效的规定的情形下，这些反讽的否定是否合适，我们无从判断。尽管佐尔格具备否定与否定之否定，但这其中却从未包含有肯定的意味。克尔凯郭尔以反讽为起点，介绍了佐尔格的观点，在美学领域，佐尔格是浪漫主义者的哲学代言人。佐尔格认为有限性是虚无，必须被毁灭，只有非现实的有限性被毁灭，才会有真正的现实，但是哪种现实需要被摧毁？佐尔格似乎想通过在艺术和诗中否定有限的现实而找到更高的现实，但浪漫主义诗歌并没有明确地指出更高的现实，它否定既定现实的同时，更高的现实只是若隐若现、可望而不可即，或者说浪漫主义作品并没有实现这个目标。

佐尔格将反讽和激情推崇为艺术创作的两个必要因素、艺术家的两个必要条件。反讽表现为一种限制性的力量，驱使人留在现实之中，让人在局限中寻找真理。现实应当被摧毁，然而摧毁现实的否定在何种程度上才能在更高层面的现实中安静下来？美好的事物的否定或摧毁，是一种消极的振奋。这是一种反讽的振奋，恰似一种嫉妒，不仅是对美好伟大的事物的嫉妒，同样也是对渺小的微不足道的事物的嫉妒，总之是对有限的事物的嫉妒。现世中伟大的事物的毁灭，这是一种悲剧，诗歌向我们解释的是取胜的真理，从而让我们与这种悲剧和解。

显而易见，佐尔格的立场是一种反讽的立场，只不过是一种思辨的反讽，无限的否定性是一种思辨的环节，它具备了否定之否定，但始终没有推及肯定。

三、反讽的视角

在这里，首先简要介绍一下黑格尔的哲学观点是有必要的，这有助于从整体上来说明克尔凯郭尔的生存性反讽的基本特征，因为从总体上来说，克尔凯郭尔的哲学思想是对黑格尔的哲学思想的一种反拨。19世纪上半叶，作为西方哲学传统的集大成者，黑格尔哲学在欧洲大陆成为主流风尚，这与当时的欧洲科技飞速发展不无关系。

黑格尔哲学把人的理性变得极端万能，认为人之所以能够认知并理解世界与自然，是因为在其内部具有逻辑理性与目的性；宇宙也是一个逻辑体系，黑格尔认为宇宙是一个演化过程，在过程中实现目标或目的，即宇宙的理性目的。但很显然，理性目的只是演化的最终结果，只能在一定程度上体现其实质，而真理却体现在包括结果在内的整个演化过程中；人的理性思维也在宇宙的演化过程之中，因此人的主观思维与客观存在实际上是同一的，万物的存在就是一种唯理的过程，可以被具备理性的人所认知。至此，黑格尔提出了他著名的“理念”，即潜在的宇宙，一切演化的可能性的无时间性的总体，实际上就是一种具有创造性与可能性的理性，并宣称如果没有

"理念"，就没有有限的客观世界。过分地夸大理性思维，几乎是西方哲学的一个传统，当然就黑格尔来说，这种夸大并不是他凭空捏造的，是有着复杂的辩证法与矛盾论等一系列理论支持的。但这种夸大造成了一个后果，如果有不能被理性所思维的事物，理性只能把它归为虚无。正应了美国哲学家威廉·巴雷特所说：如果生存不能够被思维，而只能够被体验，则理性除了从实在的画面上把它划掉之外，就别无他法。但黑格尔似乎意识到了这一点，他企图用理性逻辑把存在带回到他的哲学体系中，于是理性看上去就变得极端万能，甚至可以在其中生发出客观存在。

黑格尔哲学的一个必然结果，即对个体及其意识与智慧的忽视：人类的总体思维具有唯理的必然性、普遍性，并且是一个逻辑的、辩证的演化或运动，真理并不表现在个体上，它只表现在整个种族中，理性在整个人类思维的演化进程中呈现。个体在历史进程中不会独立地起作用，更不会对历史产生任何实质上的影响，当然也没有具体的意义；理性世界的逻辑演化是自发的、能动的，并不依赖于个体，更不会因个体而改变，个人不能创造历史，这就是说，理念的历史由自我创造，并使人们服从它不可抗拒的意志。

克尔凯郭尔深受黑格尔哲学的影响，在他的著作中存在大量的黑格尔哲学的术语，但同时他也犀利地看到了黑格尔哲学体系中的问题，即作为个体的人及其生存的缺失。虽然克尔凯郭尔在晚期的著作中才开始对黑格尔哲学明确地加以批判，但是他自始至终都在捍卫个体的存在，即作为具体的、有限的人的生存与处境。具体来说，存在本身无法用一个哲学概念来表述，更不能被理性思辨，我们无法在理性思辨中寻找自己存在的证明，它是个人非理性的激情的投入，是人的生命与生活，是理性无法固定、无法抓住的无形的生命之流。克尔凯郭尔对反讽概念的明确阐述集中在他的学位论文《论反讽的概念——以苏格拉底为主线》中，尽管在书名中贯之以概念，但他探讨反讽的出发点及落脚点都是苏格拉底的生存，他甚至把反讽概念定义为苏格拉底的生存立场，这与他对人及其生存的关注是密不可分的，是他的哲学观导致的。

克尔凯郭尔选择苏格拉底并非完全出于他个人的崇拜，而是由于苏格拉底没有任何学说直接传授给别人，却在日常生活中言传身教，以自己的行为不断践行着个体生存的真理。从某种意义上说，克尔凯郭尔的反讽概念，正是抓住了苏格拉底的这种生活方式，进而认为反讽是苏格拉底生活的出发点与生存原则。我们说，克尔凯郭尔的反讽是依据苏格拉底的全部个人生活来论述的，这也是他力图还原苏格拉底的真实形象的原因，因为他试图挖掘苏格拉底的生活根基。于是，苏格拉底的无知，或者说佯装的无知，对有限的事物与现象的不断否定，对待理论的消极态度，对自我的不断探究，生活中与家庭、学生，与城邦体制、社会的消极关系，乃至他的一生以及死亡，都被归结为反讽。

作为生存立场的反讽是不能被理性看待的，它与我们通常理解的反讽是截然不同的。它不是一种手段或一个环节，不是一种讲演术或修辞格，更不是某些人所表现出的言语或行为上的优越与高贵，那只是些具体表象；反讽是一种深层次的理想化立场，被贯彻为一种独特的生存方式，是苏格拉底终其一生不断践行的。因此，实践性是反讽必不可少的一个特征，不仅只体现在苏格拉底的个人生存中，也更体现在后来的生存境界论中。我们也可以这样逆向理解：苏格拉底终其一生，通过他的实践为我们形象化诠释了这样一个概念，即反讽；某种意义上，克尔凯郭尔的反讽概念根本不能称其为概念，因为它是苏格拉底的生存，这也许是克尔凯郭尔对体系哲学中"概念"的反讽。

在形成有效的"世界反讽"以前，反讽是属于个体的，而在某种意义上，"世界反讽"一旦形成，反讽也就不再是反讽了，因为"世界反讽"通过实现其有效性把自身所蕴含的否定性因素彻底消除了，转化为现实中的肯定性因素，这种否定转化为肯定也就是一次反讽思潮的有效实现，但这也消除了反讽自身，因为否定性是克尔凯郭尔反讽的，也是苏格拉底的生存立场的一个基本规定。因此，反讽只属于个体。

作为反讽家的苏格拉底是一个特定的个体，当克尔凯郭尔把苏格拉底的生存立场归结为反讽时，苏格拉底突出的个体性也就成了反讽的应有之义。古希腊时期，随着人们的智力水平不断地提高，其自我反思意识逐渐觉醒，现实生活中的种种矛盾与错误也暴露出来，但这些却能通过理性思辨得以解决，其方法就是利用归纳法把特殊归为普遍，对一切事物提出依据并加以证明，这也是那个时代所遵循的"一切皆真"的文化原则。基于这种原则所进行的思辨，也就是所谓的智术；当时的知识分子们（也就是智者）秉承着这种原则，忙于解决各种外部问题，把种种特殊性归结于普遍性，妄图去证明一切。与智者不同，反讽家也进行思辨，但他并不局限于外部事物或现象，他关注的是自己。反讽总在驱使着反讽主体回归自我，通过对既存的有限事物与现象的不断否定，来不断地探究自我，保持自己的独立与个性，反讽的立场是孤独的立场，因此，反讽家就是一个孤独的个体。而智者们不能被称为单独的个体，也无须被称为个体，他们只能属于种、类这些概念，是一个群体；与反讽家相反，他们无暇顾及对自身的探究，继而沉溺于外部世界，对自身却一无所知；他们是集体理性思辨的产物，是普遍性的象征。这种“群体理性”蕴含了某种肯定性思维，有助于维护社会原有的文化体制，但却束缚了人们的自由意识与思想进步，从这个角度讲，作为特定个体的苏格拉底是具有开创性的历史意义的，反讽实际上就是个体思维解放的一种象征。

具体到苏格拉底，他对于个体的重视，对于群体的蔑视，在其日常生活中得到了充分的展现：他的眼里只有作为个体的人，并随处都能发现反讽的必要，与人攀谈、交流是他的强项，而其目的是解放他们的思维并让他们获得与自身同样的自由感；甚至在接受审判的时候，他还是能够紧紧抓住个体不放，并不理会作为群体的城邦法庭审判的实效性。克尔凯郭尔在日记中称赞道：苏格拉底的伟大在于，甚至他受到指控面对公民大会审判的时候，他眼里所看到的不是众人，而是个体。提及苏格拉底的那句被刻在德尔斐阿波罗神庙上的话“认识你自己”，克尔凯郭尔认为这并不是强调人的主观化与内在性，也不是一种自我的认知，而是某种自我的区分，使自己作为一个个体从外部的群体与世界中分离开来。因此，在生存境界论中，反讽只是部分满足克尔凯郭尔对伦理境界的阐释，更多的则是偏向趋于个体化的美学境界与宗教境界。

反讽是一种个体自我反思的主观化立场，它具有主观性的特征。通过对苏格拉底生存的解析，克尔凯郭尔认为，苏格拉底的生存立场完全是一种主观化立场，他完全遵从自身的神谕，以否定的态度来应对既存的外部世界，并在这个过程中享受因否定带来的自由快感，进而确证自己的存在；因此，苏格拉底与外部世界的关系，不论从理论层面上讲，还是从实践层面上讲都是消极的，而反讽的主观性实质上就体现为这种消极的自由。而且，这种主观性是个体性形成的内在原因，但主观性不能体现为偶然的、有限的，即只对有限事物或偶然现象进行暂时的否定，而是一种无限的主观性，即不间断地否定外部世界中一切的有限事物与现象，进而不断地回归自我，在这个过程中它只关注反讽主体自身并只居于其中，这样无限的主观性才对反讽个体持续地保持独立具有决定性的意义。如果说对生存的观照是克尔凯郭尔反讽最为鲜明的特征，那么主观性实际上就是其最基本、最为重要的特征。而从历史层面上讲，苏格拉底的反讽是这种主观性在人类思想发展历史中的首次展现。

至此，我们可以说，无限的主观性是反讽立场的根基；而这种主观性的根基又是什么，即反讽者凭借什么来不断地否定外部现实？依照前文的论述，苏格拉底凭借的是无知，他的这种消极的智慧实际上是最大的智慧。从深层意义上讲，苏格拉底的无知实际上是一种虚无。克尔凯郭尔认为这种虚无是“与存在相交错的虚无”，或者说是生存内里的无意义或虚无性。外部的现实世界呈现出纷繁复杂的相对性与有限性，而没有什么是绝对的，反讽主体就紧紧地抓住了虚无这种绝对的东西，凭借它否定外部现实中的一切有限性与相对性，进而获得作为个体的自由感。而从生存境界论的角度来看，这种消极自由的主观性标志着反讽主体对“直接性”的摆脱：因为实质上是生物属性的“直接性”使得“美学人”的生存因为缺乏反思而不自由，但无限的主观性已经使反讽主体意识到了自我并享受到了自由感，我们从苏格拉底身上也看到了无限的主观性与自由的放纵。基于此，我们可以说无限的主观性使得反讽的个体处于美学境界的最高层面。另外，借此我们也就阐明了克尔凯郭尔的那个著名的论题：恰如哲学起始于疑问，一种真正的、名副其实的人的生活起始于反讽。

克尔凯郭尔在《观点》中总结自己的著作时承认，他在其中整个的思想任务乃是去成为基督徒。从总体来说，克尔凯郭尔的思想虽然意蕴深远、层次丰富，但明显的宗教信仰观也贯穿始终，反讽作为其中的一个概念，虽然更多地被哲学话语所论述，但也免不了受信仰观念的渲染；甚至其在生存境界论中，苏格拉底及其反讽的生存立场超越了美学与伦理境界，达到了宗教境界的高度，与信仰并行。实际上，反讽对美学与伦理境界的超越，很能体现了克尔凯郭尔反讽的宗教性，这在前文已有论述；除此之外，克尔凯郭尔还把苏格拉底拿来与耶稣比较，体现出他的反讽的宗教性特征。

苏格拉底与基督的相似之处恰恰在于不相似之处。克尔凯郭尔把苏格拉底比作基督，也把上帝与门徒的关系比作苏格拉底与其学生之间的关系，而反讽在其中起了中介的作用。克尔凯郭尔认为，因为人的存在或能意识到自己的存在，人们必须信仰上帝[①]，而上帝出于爱（苏格拉底也是出于爱，但上帝的爱是为了获得与人的平等关系）也要与人交往并沟通，并且显然上帝掌握着主动权。由于上帝与人“绝对异质”，所以这种沟通并不是直接的，“这里我们又一次想起苏格拉底，因为他自称的无知，除了用来作为对门徒要求沟通的一种表示外，还会是什么呢？”上帝与人之间的有限沟通也只能是苏格拉底式的沟通，即反讽；同时，这种有限沟通也可能因遭受到人的迫害而中断，耶稣就是这样的实例，而早于耶稣的苏格拉底本人恰巧也是这样。苏格拉底与耶稣、上帝和门徒的关系与苏格拉底与其弟子的关系，它们的契合之处是反讽，其不同之处也是反讽。由于苏格拉底的具有强烈的主观性的反讽立场，所以他缺乏一般教师应有的严肃与教学上的激情，或者说他并不具备教师应有的素质；他的确是出于爱而与弟子们沟通，但是这种爱是更加接近“精神的直接性”的情欲，相较于教师这个角色，苏格拉底更接近浮士德，是一个非凡的“情爱者”。克尔凯郭尔指出，苏格拉底具有精神层面上的强大的引诱能力，他会唤醒青年们心中对认知与真理的渴望，但却若即若离而不去满足他们。苏格拉底的学生亚尔西巴德曾说：“苏格拉底假装

① 在《哲学片断》中，克尔凯郭尔指出：苏格拉底认为自己的使命是帮助别人回忆起他们的真理，而且他认为真理并不是人们后来通过学习而得到的，而是他们原有的；但随后克尔凯郭尔却部分地否认了这种观点，他认为人们只是具备认识真理的条件，而苏格拉底的教育却依赖于这种条件，但苏格拉底不能赋予其他人这种条件，从这个意义上说，只有上帝才是这样一位既赋予学生这种条件的老师。具备了认知真理的条件的才能被称为人，动物不具备，同时人开始接受真理。这种从“无”条件到“有”条件的跨越需要上帝这个绝对异质的外在原因：“如原因是内在的（如苏格拉底的回忆说），那么‘有’就不能鲜明而绝对地从‘无’中区别出来，差异的两端就因其同质性而模糊。”

爱者，而所演的却是被爱者的角色。”从这个意义来说，他是一个“勾引者”，并在其中享受这种快感，当然这也充分体现了“美学人”的特征。

另外，需要强调的是，不要曲解苏格拉底的守护神，它并非严格的宗教意义上的神，而只是他自我意志的外化，否则依照生存境界论，虔诚信奉守护神的苏格拉底也就不是一个“美学人”了。我们把前文克尔凯郭尔对反讽在生存境界论中的论述和以上部分结合起来看，可以看到苏格拉底的个体生存从多方面体现出基督教的信仰原则，这一切都基于他的生存立场——反讽。

四、反讽的真理

作为被掌握的一个必要环节，反讽无处不在，它对所有的特征予以鉴定，以确保恰到好处，确保一切因素各得其所。在诗作的微观世界里，反讽力求达到平衡，确保诗作不偏不倚、自成一体。越大的对立运行，就越需要反讽，以便操纵、控制那些自行其是、竭力冲脱的灵魂。具有越大力度的反讽，诗人也就越自由地、具有创作性地漂浮在他的作品之上。

从某种程度上看，反讽服务于所有诗人：一方面，单篇诗作通过反讽形成浑然一体的作品；另一方面，如果将单个作品看作某一个环节，那么诗人整体的生存也是通过反讽构成的。在这里，反讽被掌握了，适用于诗人的生存方式，同样在某种程度上也适用于普通人。诗人不是为了创作某个文学作品而诗意地活着，如果他的作品与他个人并没有有意识的、内在的关系，那么在他的生活中就没有内在的无限性，而内在的无限性是反讽生存的必要前提。只有当他自己意识到自己的位置，适应于他生活的时代，在他所属的时代是积极自由的，他才能诗意地生活着。实质上，诗意地生活是每一个个体都可以达到的。只有当个体能够对反讽加以掌握，进而进行控制，反讽才能获得它的意义。克尔凯郭尔认为，反讽和生活的关系与怀疑和科学的关系极为类似，恰如科学家们所言，没有怀疑就没有真正的科学，没有反讽也就没有真正的生活。只有当反讽被掌握了，它才会扭转没有被反讽倡导的生活。

反讽能够分辨是非、确定目标、限制行动范围，从而给予真理、现实、内容，一个人如果不懂得反讽，那么他就缺少了作为生活的起点。在那个时代，反讽是需要被赞颂的，但它并不是真理，而是通途。反讽一旦出现，它就会带来道路，自以为已经掌握结果的人却无法通过这条道路占有它，反而，在这条道路上，结果会离开他。在每一个人的生活中，有那么多亟待摒弃的东西，这正是反讽大显身手的地方，反讽一旦被掌握，它的运作就有极其重大的效用，个人生活可以依赖它获得健康和真理。

反讽作为被掌握的环节正是通过轻重适宜地强调现实而展示其真谛的。每个人的心中，都应该有对更好生活或更高生活的向往，但是这种向往并不能侵蚀现实，相反，生活的内容应当成为更高现实中的一个具有重大意义的环节，而灵魂渴求的是更高现实的富足。现实由此而获得其有效性。从实践方面来说，现实即历史，在历史中，意识一步一步地发展。现实不应遭到鄙视，向往也应该是一种健康的追求，而不是疲软地遁世与消极。现实是通过行动获得其有效性的，行动不得蜕化为愚蠢的不知疲倦的勤奋，而应该蕴含某种先验性，不至于在毫无内容的无限性中迷失。

最后，克尔凯郭尔谈到了反讽与幽默的关系。他指出，幽默蕴含着远比反讽更加深远的怀疑，同时，幽默也蕴含着更加深刻的肯定性。对此，克尔凯郭尔并没有进行深入探讨，只是将这个问题的答案置于马滕森的一篇书评。

五、反讽与生存

对人类生存境遇的观照，是克尔凯郭尔整体哲学观念的核心。其中，个体性的审美、人际间的伦理以及对上帝的信仰这三个方面，共同构成了克尔凯郭尔的生存观念。与体系化的思辨统一系统不同，这三个生存层面并不是线性的递进嬗变，而是平行的、互不干涉的，凭借非此即彼地选择，呈现出碎片化的生存样态。克尔凯郭尔旨在建构一种非线性的、断裂的辩证法，即个体生存的辩证法。

在此之前，我们花费了许多篇幅来讨论苏格拉底，并不是因为克尔凯郭尔对苏格拉底的论述颇为丰富且十分有见地，而是因为反讽现象源于苏格拉底，而且克尔凯郭尔把苏格拉底的生存立场归结为反讽，而与之相关的一切理论内容，都可以在他对苏格拉底的论述中找到出发点。至此，我们需要讨论的是克尔凯郭尔的生存境界论中的反讽。

生存境界论是克尔凯郭尔思想中的一条线索，在下面的论述中，我们会加以探讨。通过生存境界论，我们可以串联起克尔凯郭尔许多作品的学术思想及其价值导向，其反讽理论自然也在其中；可以说，生存境界论是克尔凯郭尔思想中最为独特的，也是他哲学思想中较为核心和有影响的内容，因此历来为研究者所重视。克尔凯郭尔在《生活道路的诸阶段》中明确地把人的生存分为三个境界，或者说三个阶段：分别是美学境界（或者说审美境界）、伦理境界和宗教境界。需要指出的是，这三种生存境界并非每个个体所全部经历的生存状态或方式，而是一系列的选项；但并不是说一旦选择就不会变动，三种生存境界实质上是有交叉与重叠的，而且人们也会在一定条件下由一个生存境界跨越到另一个。但在克尔凯郭尔眼里，这三种生存境界并非平等的选择，而是有高低优劣的，它们由低到高依次是：美学境界、伦理境界和宗教境界；他对美学和伦理境界是持否定态度的，而宗教境界是他所推崇的理想的生存境界。

一般认为，反讽处于美学境界与伦理境界之间，这也是克尔凯郭尔所明确表示的，但我们一旦把前文所探讨的苏格拉底的生存与生存境界论相联系，就会发现，反讽实质上贯穿了生存三境界，这缘于克尔凯郭尔对苏格拉底的多重解读。

美学境界是人的一种生存状态，也是处于最底层的生存状态，需要说明的是，克尔凯郭尔的美学与现代意义上的美学不同，他是少数几个“拒绝赋予美学以任何超然的价值和特殊的地位”的哲学家之一，他的美学所指归的首先不是艺术，而是感性经验生机勃勃的全部领域，即产生出有意义的文化产品之前的日常生活现象。因此，在克尔凯郭尔宏大的生存境界论中，“美学”以及“美学的”就能够界定人的生存状态，这便是其著作中的美学的生存境界或生存阶段。

处于美学生存境界中的人，其最大的特点是“直接性”，即追求并沉溺于现时或当下的瞬间的享受。王齐在《走向绝望的深渊——克尔凯郭尔的美学生活境界》中曾根据黑格尔的哲学思想总结出了克尔凯郭尔提出的“直接性”的特征，她认为克尔凯郭尔的“直接性”可以包括三方面：第一是“事物当下所呈现的那个样子，或者说是人原初的生存样态”；第二是从时间角度上讲的，由于自我反思的缺失，它是暂时的、瞬间的以及现时的；第三是“没有任何固定的、确定的版型可依，它永远只是这一刻、这一个”。这种“直接性”的特征使“美学人”在严格意义上并不能被称为一个人，或一个自由与全面的人，因为克尔凯郭尔认为：“人是一个有限与无限、暂时与永恒、自由与必然的综合，简言之，是一个综合。”而“美学人”的追求却只是暂时的、有限的与必然的，这让他们只能算是并不自由的片面的人，这也是“直接性”所导致的“美学人”所共有的特征。

“直接性”不能一概而论，它可以分为两种：一种是感官享受，即追求瞬间的、肉欲的、感觉的愉悦，其特征是感觉或感官的直接性，代表性人物是莫扎特的歌剧《唐·乔万尼》中的主人公唐璜，他终其一生在西班牙勾引了1003名女性，只为追寻那片刻的感官享受；而另一种是精神享受，即并不追求感官上的享乐，或者说感官享乐已经不能满足他的需求，他追寻的是一种精神的直接性，其代表性人物是歌德的《浮士德》中的主人公浮士德，他被自己的怀疑主义精神搞得疲惫不堪，他厌倦了书斋中的思想生活并且认为生活对人已无意义，于是，他抓住了情欲，“因为它具有一种现存的要素，在其中存在一种短暂的安宁，存在一种把注意力从怀疑的虚无转移和引开的努力”。实际上，这种精神的直接性就是浮士德追求的精神上的片刻享受。苏格拉底从某种意义上说也是一个勾引者，也是一个“美学人”，他与其学生亚尔西巴德的关系便是一例。不论是感觉的直接性，还是精神的直接性，它们都遵循了后来弗洛伊德提出的享乐原则，即追求快感而规避痛苦；从本质上说，这也是所有生物共有的属性。这种享乐都只是片刻的、暂时的或瞬间的，不足以填补整个生命过程，于是“美学人”需要不断地重复这种短暂的享乐，但这种重复只能加剧他们的厌倦，因为他们并不知道这种厌倦感是“绝望”的一种表现。“每一种审美的人生观都是绝望的，每一个审美地生活的人都处于绝望之中，无论他是否明白这一点。但是，当人们明白这一点时，而你肯定也明白，那么生存的一种更高形式就成了一种迫切要求。”绝望或者说真切地感受到绝望，就成为“美学人”向着更高的生存境界跳跃的动机。

以上，我们介绍了美学的生存境界，我们关注的反讽的生存立场当然也处于其中，而苏格拉底，如果抛开了他的历史意义与宗教隐喻，也是一个“美学人”。在前文，我们也提到了反讽实际上是苏格拉底追寻的自由快感；而依照克尔凯郭尔在《最后的非科学性附言》中的解释：反讽是美学境界和伦理境界的中间地带……它是精神层面上的陶冶，高于“直接性”，其后是伦理境界……反讽是美学生存境界中的最高境界，与伦理境界相邻，它经常被误解为处于伦理境界，那是因为它涉及了永恒或无限，预设了本质与现象、无限与有限、内在与外在的对立，通过否定有限的事物或现象，从而解放自己来获取自由的快感。至于无限或永恒对反讽主体意味着什么，或者说是什么，作为“美学人”的反讽主体并不关心，那只是他的预设而已，他所追求的是自由的快感。只有当反讽主体明确地把握这种无限性或绝对性，或者说把自己带入到其绝对要求的关系中，在这个层面即社会对个体的普遍性要求，才能说他进入了伦理境界。实际上，只有基于某种肯定性因素的反讽，才是超越美学生存境界，指向伦理境界的反讽。而苏格拉底式反讽，从某种程度上说，是这种具有明确伦理境界指向性的反讽。

美学境界中的反讽，比较典型的形式是针对个别的有限事物或现象进行的否定，以自由的快感为目标，与精神的直接性相类似，这种反讽并不能帮助“美学人”跨越至更高的生存境界。苏格拉底式反讽的非典型性体现在它针对的是整个现实世界，否定的是有限的事物与现象的整体；但其目的也是出于对自由快感的追求，且他对于永恒或无限一无所知，表面上看这和典型的美学境界中的反讽形式并无区别。然而，在苏格拉底的反讽中存在着某种类似绝对的、肯定性的因素。前文已有论述，其中绝对的东西就是虚无或无知，苏格拉底紧紧地抓住了虚无这种绝对性的东西，对一切有限进行否定，这也就是他明确把握的无限；而肯定性因素就是苏格拉底的守护神，他虽然是苏格拉底自身意志的外化形象，但苏格拉底完全信奉他并遵从其神谕，先不论其守护神本身的作用是积极的还是消极的，至少苏格拉底对他的守护神是肯定的。另外，根据克尔凯郭尔的论述，与“美学人”只是不断地追求自身的享乐不同，处于伦理境界的人处处都能发现外界赋予自身的任务，这与苏格拉底的生存也是一致的，因为他把反讽视为己任，随时随地都能发现反讽的必要，并四处与人交谈，尤其是青年人。因此，从这种角度讲，苏格拉底不仅只是个简单的“美学人”，也是伦理境界的代表人物；苏格拉底式反讽也就处于两个境界之间，而反讽实质上也完成了从美学境界到伦理境界的跨越。

克尔凯郭尔在《恐惧与颤栗》中把苏格拉底定义为伦理主义者，如果依照前文的分析来判断，苏格拉底的确是一个伦理主义者。但同样是在《恐惧与颤栗》中，克尔凯郭尔指出：伦理的东西是具有普遍性的，……在普遍性中表达自身，或放弃自己的个别性以成为普遍性，这是他的伦理任务。在伦理生存境界中的人将社会具有普遍意义的伦理道德层面的要求作为生活的准则，或者说伦理的个体就是由这些普遍要求或原则构成的；因为他们相信通过遵循这种普遍的伦理原则或道德义务，就可以把自身作为个体的特殊性或具体性融入社会群体大众化的普遍性中，使自己成为一个普通人或正常人。很显然，这与苏格拉底的生存立场及其生活处境似乎又不尽相同。

实际上，在克尔凯郭尔看来，苏格拉底不只是一个反讽式的“美学人”或伦理主义者，同样也是一个具有某种宗教性质的主观思想家，克尔凯郭尔赋予了苏格拉底太多不同层面的意蕴：我们发现，在克尔凯郭尔对苏格拉底生存立场与处境的诠释和后来他对宗教生存境界或信仰的阐述中，有许多相似之处。

首先，通过分析《圣经》中亚伯拉罕向上帝献子的故事，克尔凯郭尔认为这实际上体现了神学对伦理学的怀疑；亚伯拉罕虽然违背了伦理道德层面的准则，意图谋杀自己的独子，但却被尊为“信仰之父”、后世信仰的典范，这是因为他对上帝的信仰超越了整个具有普遍意义的伦理准则。克尔凯郭尔进而指出，信仰实质上是完全个体性主观化的行为，在宗教信仰中单独的、具备个性的东西比群体性的、普遍的东西层次更高。与亚伯拉罕的个体超越相类似，苏格拉底的生存也是脱离群体的，其反讽的立场也是个体性主观化的生存立场，并且苏格拉底所关注的也都是作为个体的青年。在伦理境界中，作为个体的人实际上是放弃了自身的主观性与内在性的；而在宗教信仰中，个体却保有自身的内在性与独立性，并且通过不断地否定外部事物或现象来维持，变得完全主观化的，这与苏格拉底反讽的生存立场是暗合的。

其次，克尔凯郭尔曾明确指出“苏格拉底的无知即是无限的弃绝”“苏格拉底的无知类似荒谬这个范畴”。实际上这两种说法是一个意思，只不过程度与角度有所不同；以伦理境界的角度来看，弃绝是信仰的前提条件，荒谬是信仰的表象。所谓“无限的弃绝”即是个体对伦理层面的普遍性生活的完全否定，而这种主观化行为是信仰的前提条件；从伦理的角度来看，信仰看上去是悖谬的，因为在道德层面上的犯罪行为，即亚伯拉罕的谋杀行为在宗教信仰中却是完全合理的，这是特殊性对普遍性、个体对群体的僭越，而这对思辨与理性来说是绝对荒谬的。前文曾论述苏格拉底的无知，并非经验性的无知，而是主体针对外部有限的事物或现象的否定；这导致他与城邦生活与宗教的关系十分消极，而他却虔诚信奉自己的守护神，并坚持个体的信仰，这在进行理性思辨的智者们看来同样也是荒谬绝伦的，并且对城邦有害无益。因此，从伦理的角度来看，苏格拉底反讽的生存立场与宗教境界的生存在精神实质上是契合的。

最后，克尔凯郭尔强调信仰的实践性，他认为信仰实际上是一种个体的行为，行动对信仰有着极为重要的意义，行动的信仰能伴随个体生活的整个历程，而这在苏格拉底身上也得到了很好的阐释。尽管苏格拉底生活于基督教诞生之前，不是一个基督信徒，“但他的生活和思想，他的反讽精神以及他身体力行、以身作则的人格典范最能体现基督教的基本原则”。作为苏格拉底的生存立场的反讽，自然也就具备了某种宗教性的特征，而克尔凯郭尔对苏格拉底多样化的诠释，即作为反讽主体、伦理主义者和宗教思想家的苏格拉底，使他彻底贯通了生存三境界，作为生存立场的反讽也经由在美学和伦理两个生存境界之间的跨越，完成了向宗教境界的自我超越。

六、生存的方式

要廓清克尔凯郭尔的生存概念，首先要了解恐惧和绝望这两个概念。在克尔凯郭尔看来，恐惧和绝望这两种状态是每个人都必须经历的。它们是人们通往自由、实现自我的必经之路。

在外部现实世界有一种普遍的说法：唯有劳作者方可得食。但事实并非如此，因为外部现实世界的法则并不完善，在这里，不劳者反可得食。外部世界遵从的是所有者法则，财富的所有者支配着一切。但在精神世界，情况却有所不同。在这里起支配作用的是永恒的神性法则，而所谓神性法则，在克尔凯郭尔看来即劳作者得食、不安者得安宁、沉沦于下层世界才得拯救他人。

但在当时的情势下，克尔凯郭尔认为学术界有一种要将外部世界的法则引入精神世界的风气，认为人们无须通过什么工作，就可以认知伟大。克尔凯郭尔在这里着重分析了亚伯拉罕的故事，不同凡响的故事总是意味深长，但人们却从未认真体悟，以至于对它的认识是如此浅薄。克尔凯郭尔从亚伯拉罕的故事中发现了关于信仰与实际生活的巨大悖论，或者说是巨大矛盾。克尔凯郭尔指出，所谓的伟大和高尚，恰恰是用来形容亚伯拉罕的辞藻，这和他所面对的现实是一个悖论。信仰的地位至高无上，但哲学却始终无法给出类似信仰的东西，但它必须理解其自身，明白它所提供的东西是什么，并去掉虚无。反而，对于信仰来说，和哲学不同的是，它和现实始终无法通约。因而，克尔凯郭尔认为，那个时代并没有人能够造成所谓的信仰运动。人们普遍认为，信仰并不是学术或艺术的产品，而是粗糙俗气的制品，它的存在仅仅是为了粗糙的自然，实质上，事情远远不是这样，信仰的辩证法是一切之中最精致、最出色的。它有一种升华的作用，是对自我形成的一种概念，正如对亚伯拉罕来说，只有经历那最后的永恒的弃绝，才能进一步达到他的信仰。但其他对信仰牵强附会的人，一切对信仰冷漠、麻木、拙劣效仿的人，会认为亚伯拉罕所遇到的情况并非什么紧迫情况，没有必要提前悲伤。而那些更加庸俗的卑鄙小人则会说，事情就是这样，亚伯拉罕或许根本就不知道会发生什么。以上这些对生活中的不幸的曲解，可以用永恒的弃绝无限度地蔑视它们。

克尔凯郭尔进而表明，他只能尽可能地描述信仰，而不能创造信仰，因为创造信仰运动的是无限弃绝的亚伯拉罕。他是幸运的，他造成了奇迹。在无限的弃绝中有和平和安宁，每一个有此愿望的人，都可以做这种无限弃绝的运动。这种运动是在信仰之前的最后一个阶段，所以没有经历这个阶段的人就不能说拥有信仰。唯有在永恒的弃绝中，才能有永恒的有效性，唯有拥有信仰的人才能把握生存。精确地说，由于弃绝在先，信仰绝不是什么美学情感，而是某种高级得多的东西。它并不是自发的冲动，而是存在的悖论。因此，进行无限弃绝的人需要花费力气、勇气和精神自由，来相信荒诞，但得到的，却是奇迹。

弃绝的行为并不要求信仰，因为在弃绝的过程中，赢得的是永恒的自我意识，抛弃暂时的领域以得到永恒的纯粹。而在永恒之中，是没有什么东西可以放弃的，这是一个悖论。正如前面所言，通过荒诞去获得全部暂时性的领域，这种相信是信仰的勇气。然而，暂时性、有限性，这就是弃绝涉及的一切。

同时，克尔凯郭尔认为，还可以以另一种方式来理解亚伯拉罕的故事。整个事在赞美上帝的同时，可以理解为对亚伯拉罕的一次严峻的考验。那么推而广之，我们甚至可以将整个人生都理解为一次考验，所谓的奇迹也根本不可能会发生。如果要领会亚伯拉罕的伟大，就要真切地考虑如果这件事情发生在自己身上，自己会不会有勇气经历类似的考验，而不像现在我们所讨论的，将亚伯拉罕虚无化，或者说神化。为了全面领会这个关于信仰的悖论，克尔凯郭尔采用问题导引方式来阐述这个故事中的辩证因素。

伦理具有普遍的意义，作为普遍性的东西，它似乎适用于一切人，从另一个角度来看，它适用于一切时代。它内在于它自身，并且没有任何外在的东西，它是为其他外物而设置的。在感觉上、精神上都属于直接性的个人，是抱有普遍目的的个人，在普遍性中表达自身，或者放弃自身的个体性以成为普遍性的东西，这是他的所谓的伦理任务。但每当个人进入普遍性，感觉到自身无法维护个体性的时候，他就处于一种精神磨难之中，多数情况下，他只好带着悔意的个体性屈从于普遍性，才能够驱使自己去行动。通过亚伯拉罕的这个奇迹的故事，我们或许能在其中发现一些端倪。如果伦理的普遍性是最高的层次，那么它就是人类永恒的目标，那么神学或信仰是否需要听从，并且个人是否受到它的驱使?

信仰就是这样一种悖论，个体性比普遍性更高，它的表现形式是该运动不断地重复，致使作为个体的个人在进入了普遍性之后又将自己作为更高的东西与普遍性分离开来，在普遍性的东西面前，信仰得到了辩护，个人在作为个体的东西属于普遍性的东西后，又借助普遍性成为比普遍性更高的个体。另外，个人与信仰处于一种绝对的关系之中，这种立场是不可调和的，一切调和都依赖于普遍性来进行，信仰就这样一直存在。

毫无疑问，亚伯拉罕的故事就包含了这样的怀疑，即神学信仰对普遍伦理的一种怀疑。个人的确可以将上面所言的这个悖论与精神考验混为一谈，许多人都这样，以至于他们对信仰总是排斥。亚伯拉罕身上有着与众不同的怪诞，即信仰的悖论，作为一个个体，它竟然能高于普遍性。这样的悖论无从调和，它从一开始就要经受一种精神上的磨炼。亚伯拉罕的行为就是如此，他超越了整个伦理的范围，并且拥有更高的目的，这样的个人或个体行为貌似超越了整个民族大义或者国家兴亡这类伦理制高点。那么，亚伯拉罕这么做的目的究竟是什么?克尔凯郭尔讲述道：他为了自己，也为了上帝。二者完全是统一的。他为上帝这样做，是因为上帝要求他给出信仰的证据；他自己这样做，是因为他的确能够做到这一点。但亚伯拉罕却无法言说，因为只要他一表达，就超越了普遍性的伦理。

亚伯拉罕让人景仰的同时，同样也会让人毛骨悚然。通常情况下，因责任而否定自身，或者牺牲自身的人是会放弃有限而获得无限的，甚至所谓的悲剧英雄，旁人也会充满信任地景仰他们。可是像亚伯拉罕这样，放弃普遍的东西而获得个人的东西的人，他在做什么？旁人可能根本就不会理解他。如果亚伯拉罕没有成功，那么谁会为他哭泣呢？不但没有人会为他哭泣，甚至在看待他的时候，还会带着一种恐怖的家族情绪。但如果合乎伦理的东西在目的论上受到如此的怀疑，那么使合乎伦理的东西在其身上受到怀疑的个人又是如何存在的呢？克尔凯郭尔做出了解释：他是作为与普遍性相对的个体而存在的。亚伯拉罕无法为自己辩护，因为连辩护都成了悖论，他一方面要坚持使自己成为普遍性的东西，另一方面他坚持了使自己成为个体的东西，即他依靠了他的信仰。

然而，这个个体究竟该如何宽慰自己？要把一切存在都并入与国家观念和社会观念同等的水平，一点也不会困难。因为人们无法触碰到那个悖论，个体性一定会高于这种程度的普遍性。在这样的时代里，人们往往是通过结果看待类似亚伯拉罕这样的事情，他们不会关注发端，因为结果往往是对冒犯时代的英雄的最好的辩护。但是，自从世界被创造以来，结果向来就是最后到来的，而世人如果真的想从伟大的事件中学到什么，就必须意识到那个开端。即将开始行动的个体如果要从结果判断自身，就不会有什么开始，尽管结果让整个世界为之欢呼，但对于那些伟大的个体来说，并无益处，因为他们并不知道事情的结果，英雄取决于开端，而并不是结果。

我们对结果保持着好奇，但对于开端并不关心。“我们对不安、灾难和悖论一无所知，却对结果进行着美学意义上的调情。”它的来临既不可预测，又虚无缥缈，克尔凯郭尔指出，实质上，有许多伟大，并非伟大之人刻意为之，而是恰巧在后来的伟大之人身上发生。一个人可能出身低下，但社会会要求他不要不人道地对待自己，当然，那是一般性或普遍性的社会观念。以至于这个人只能远远地遥想国王的城堡，憧憬着它的伟大，并且要求自己充满尊严地活着，决不能蛮横到冲入王宫去掠夺这一切。他应该以一种轻松地、从容的态度看待每一种合适的境遇，并在其间找寻到自己的快乐，这会使他造就一种所谓自由的心灵。克尔凯郭尔的看法在当时的条件下看，颇有见地并且很富有预见性，他认为这种距离实质上是一种精神上的距离感，而且这种距离是一种并不完满的表现。对这个人，最有帮助的应该是成就伟大之前的不安与灾难。

在结果昭彰之前，亚伯拉罕每一秒都是凶犯。我们面对的是这样一个悖论，这是一种神学对伦理学的怀疑。作为个体，它比普遍性更高。他为何会进入这种悖论，或者停留在这个悖论中，让人费解。如果亚伯拉罕并不是处于这种悖论之中，那么他甚至都不是一个悲剧英雄，而只是一个凶犯，同样，将他称为信仰之父就是不可思议的。一个人可以凭一己之力成为悲剧的英雄，但却无法成为信仰的骑士，在悲剧英雄的道路上，有许多人给予他忠告，但在信仰的道路上，却没有人能够理解他。信仰是令人惊奇之事，无人能置身事外，“因为，将人类一切生活统为一体的是激情，而信仰就是激情”。

前文也已经强调，在伦理的生活观中，伦理的个人的任务就是剥夺他的内在性，并且将此表现为某种外在性而体现出来。而信仰的悖论就在于，存在着一种与外在性无法通约的内在性，这是一种全新的内在性，或者更加哲学的说法，即“直接性”。在这种观念下，否认信仰就变得十分可笑，并且也防止了信仰与感情、特质、情绪或者怪癖为伍。其实，在我们现今看来，信仰也难免与它们分离。尽管如此，哲学中的这种直接性是否可以直接用来替代信仰却无法证明。信仰以一种无限的运动为先导，尽管它仅仅起源于荒诞。那么，我们再来看反讽境况中的苏格拉底，他的无限弃绝并不是无知，而是近似于一种无限的运动。当这种弃绝诉诸实践，在这种无限之中，个人成为空无，才可以说已经达到信仰作为冲突的那个点。

在信仰之中，个体性高于普遍性。进一步来说，个体性依靠其对绝对存在的关系来决定其对普遍性的关系，而不是反过来，即依靠普遍性决定其对绝对存在的关系。借此，信仰的悖论就可以进一步深化，即存在着一种对上帝的绝对义务，在这种义务关系中，个人将作为个体同绝对的存在物联系到一起。在这种视角下，合乎伦理的，或者说合乎社会观念的事物具备了一种完全不同的表现，一种矛盾的表现。如果不是这样，信仰在存在中便毫无位置，信仰是一种精神考验。只要亚伯拉罕稍作让步，他就会遭到嫌弃。这种悖论无法调和，因为个人仅仅是个体，一旦个体想要在普遍性中去表达他的绝对义务，或者说，一旦个体在普遍性中意识到他的绝对义务，他就卷入了一场精神矛盾层面的考验，如果他拒不接受，那么他就不会实现绝对的义务，如果他接受了，那么首先他就是有罪的，尽管他在实际上的确履行了自身的绝对义务。那么，我们前面一直讨论的亚伯拉罕的问题在哪里呢？亚伯拉罕的故事包括这样一个悖论：他对以撒的情感表达是伦理的，即父亲必须要爱儿子，但同与上帝的绝对关系相比，这种伦理关系却是相对的。正如我们经常看到，某个人在做着同普遍性并不太契合的事情，我们就会说他没有为上帝而做，而是在为自己而做。信仰的悖论使其丧失了中介物，即普遍性。它体现为两个方面，一是最高的自我主义的表现（为自己），二是最为绝对的献身的表达（为上帝）。信仰本身不能被调和进普遍性，否则它也就不能被称为信仰了，信仰中的个人无法被任何人理解。可笑的是，人们总是想方设法让别人理解自己，但实际情况却是，要么这个人就是投入信仰的个体，无法被他人理解，要么就不是，他是个体，没有伙伴。如果有什么答案能够解释亚伯拉罕或者以撒的问题，那么只能是个体的答案，而不是具有普遍性的答案，它只能够说服自己，而不能说服别人。如果有人怯懦又卑下，要依靠他人成为信仰中的个体，那完全是不可能的。

接下来，克尔凯郭尔继续深入探讨了信仰中的不安与痛苦。悲剧英雄将自己让渡，或者说奉献出去，以便去适应普遍性。而信仰中的个体将普遍性让渡出去，以便成为自身。一切都取决于人的立场。任何相信个体很容易成为自身的人，肯定都不是信仰中的个体。相反的，信仰中的个体却知道属于普遍性的东西是光荣的。他知道将自己转换为作为普遍性存在的个体是美丽而且有好处的，即成为一个纯洁、和谐和尽可能完美的人。他知道，在普遍性中，他可以被理解，也可以以普遍性去理解他人，人们彼此之间都能获得在普遍性之中的安全感。信仰中的个体很清楚，为了普遍性而放弃自身是令人钦佩的，他需要足够的勇气，但正是因为普遍性而放弃自己，也就获得了一种安全感。同样，亚伯拉罕也正如普遍性的大多数父亲那样，爱着自己的孩子以撒，他应该将自己的孩子献给普遍性，但他还是接受了这个考验，并没有考虑任何普遍性的东西，自己经受住了考验。这并不是疯狂，而是因为亚伯拉罕拥有信仰。他知道，以撒是他的光荣，将以撒献给普遍性，与以撒一起生活，更加光荣，但这并不是他的使命。亚伯拉罕的使命就是延续生命考验，一项永恒的考验。他并没有解释，而且也无法解释。

任何无法感受的人，肯定不是信仰中的个体，这是这个故事让人恐惧的另一面。与信仰中的个体相比，大多数人只是做了悲剧英雄的尝试，并且还是东施效颦的那种尝试。克尔凯郭尔指出，悲剧英雄顷刻间就可成就，他的斗争顷刻间就能完成，他在运动中斗争，在普遍性中获得安全感。然而，信仰中的个体却无法获得安全感，他彻夜难眠，正如亚伯拉罕，因为他不断地经受着这种考验，而且他每时每刻都有可能怀着所谓忏悔的心情回归到普遍性中，同时这种可能性也作为一种考验折磨着信仰中的个体。

信仰中的个体，正如亚伯拉罕一样，怀着巨大的激情专注于伦理的层面，即普遍性的伦理整体，以便保证他全身心地爱着他的儿子以撒。如果他不能保证这一点，他就在经历一场试验，而不是信仰本身。同时，信仰中的个体，正如亚伯拉罕一样，也有巨大的信心，如果他不能做到这一点，他也无法向前移动半步。当然，悲剧英雄也具备超越普遍性的特质，但他在普遍性中会有一个根据，信仰中的个体却没有，所以无时无刻不处于恐惧之中。大多数人的生活都与伦理中的责任相互关联，因而每天都有具体的目标。悲剧英雄可以在普遍性中得到帮助，而信仰中的个体却永远孑然一身。悲剧英雄可以在普遍性中找到慰藉，而信仰中的个体却永远处于恐惧之中。

个体是否处于信仰之中，或者说是否在进行一场精神试验，只有他自己可以决定。真正处于信仰之中的个体是孤独的，而假装处于信仰之中的个体却是宗派主义的（这是一种跳出悖论而成为悲剧英雄的尝试）。信仰中的个体是一个矛盾或者说是悖论综合体，他是一个个体，他只为自己负责，同样也会为自己不能被他人所理解而苦恼，但他并不妄想去教导他人，他的信心就是他的诚实，他并没有虚妄的想法，因为他太过于诚实。他是一个见证人，而不是一个教师，他远比伦理中那些以同情的名义介入到他人的悲欢之中的人，更加值得称颂，因为后者实质上是更加虚空的。而见证人只能坦率地承认，不需要有人参与，而在伦理中，甚至最微不足道的人也需要他人的参与。信仰中的个体不会庸俗地受到众人的景仰，却报之以无言的蔑视；他知道，真正伟大的东西，人人都有获取它的资格，且人人都是平等的。克尔凯郭尔认为，一定存在这种绝对的义务，即作为个体比整体更高，信仰中的个体处于这种绝对的关系中。

合乎伦理的即是普遍的，普遍的东西具备一个特质：即它是开敞的。相反地，具有直觉性的、有感受力的、活生生的个人却是隐秘的。因此，个人的任务就是走出隐秘，在普遍性中开敞自己的存在，每当他停留在那些隐秘之中，他都会卷入精神上的试验之中，他唯有开敞自己才能得到解脱。如果作为个体的个人高于全体，那么亚伯拉罕的行为就无须辩护，具有普遍性的事物只是调节而已，但是当把亚伯拉罕当作所谓的信仰之父来讨论时，这种逻辑就有些让人摸不着头脑。因为，信仰不是最初的直接性，而是后来的直接性。最初的直接性是美学的，但信仰却并不是美学的。

在《诗学》中，亚里士多德指出剧情的两个部分，即突变和认知，是十分重要的，但克尔凯郭尔只重点谈论了认知这个因素。如果认知是戏剧生活中消解性、松弛性的因素，那么隐秘就是造成紧张的因素。认知和隐秘是现代戏剧的本质要素。克尔凯郭尔试图通过美学和伦理学两种途径来寻求其与隐秘的关系，他认为这是一种辩证的关系。对此，克尔凯郭尔举例说明：假如某位姑娘暗中爱上某人，但双方都未挑明此事。她的双亲强迫她嫁给另外一个人，于是她接受了父母的命令，隐藏了自己的爱。而这个男人也同样爱着这个姑娘，也决定隐藏此事，以免这件事情摧毁一个家庭。他们互相隐瞒自己的秘密，否则的话，就会组成一个更加卓越的、完善的组合。他们的隐秘是自由的行为，但克尔凯郭尔将他们的行为划归为美学的。但美学的行为是一种知礼节的、多愁善感的，它的行为方式有更多的可能性，这也为这对恋人提供了更多的可能性。随着时间的流逝，通过偶然的方式，这对恋人在未来也许会从对方那里得到相应的默契，或者与社会伦理做长期斗争。事实上，美学的方式并不在乎时间，无论是戏谑或是真挚，时间消逝得同美学方式本身一样快。在这里，这种方式完全可以参考在第一章反讽生存方式中关于美学生存方式的论述，我们在这里对它进一步深入地进行论述。

但伦理的方式却不知道这样的偶合，也并不多愁善感，甚至都没有时间消逝的概念。所以，伦理的面貌和美学的大相径庭。伦理并不适用于争论，因为它有着更加纯粹的范畴。它并不诉诸经验，同样也不能使人聪慧；它不践踏尊严，但却将责任压在人们的肩头；它告诫人们要相信实际，勇于与实际的苦痛做斗争，尤其是与那些自行担负起来的痛苦做斗争。它告诫人们要提防过分精巧的认知和计算，因为这些在它看来，并不比古时的神谕更加可信。同时，它告诫人们不要误用宽厚和仁慈，应该顺其自然，伦理的方式可以提供一切可能的帮助。与此同时，要是在这种生存方式深处，还有某种能够深刻的激励人心的东西，人们对其中的某个任务态度诚恳并且将激励付诸实施，但这对伦理的生存方式却毫无帮助，因为在其中会有更为个人化的隐秘，这会冒犯伦理层面的生存方式。可以看出，美学要求隐秘、褒扬隐秘，但伦理要求开敞、公开隐秘。

美学的生存方式却更加灵活，因为在某些条件下，它也要求开敞，只是看关于隐秘的沉默是否能够符合美学的生存方式。当某个个体处于美学层面的幻象中，如果沉默可以拯救另外的人，那么沉默将受到要求或褒扬，但如果他的行为对他人的生活造成了一定程度的搅扰，那么，隐秘就会受到要求和褒扬。这在一定程度上是偶然的，伦理的生存方式并没有这种偶然性，而美学的生存方式从这个角度来看，是自相矛盾的。

以上这些描述，都不是亚伯拉罕的生存方式。他保持了沉默，当他面对这场考验的时候，他没有同妻子、孩子们讲，没有公开他的隐秘，因为对于他来说，伦理并没有高于家庭生活的表现。但美学的生存方式却允许这样的沉默，并且实际上是要求这样的沉默的，假如这个人知道沉默能够拯救他人的话。

但根据亚伯拉罕的情况，却并非如此，所以他同样也并不在美学的生存方式以内。他的沉默并不是为了保全以撒，他为了自己和上帝而献祭以撒，这是对美学生存方式的一种冒犯，因为牺牲自己可以理解，而牺牲他人则是不可理解的。正如前文所述，悲剧英雄是为了普遍性的全体而牺牲他本人，牺牲他本人的一切；他的感情和行为都属于普遍性；他同样也是开敞的，而开敞能使他成为伦理生存方式的宠儿。但这并不适用于亚伯拉罕，他什么都没做，他是隐秘的。

克尔凯郭尔再次回到了前面讨论过的悖论，要么作为个体的人处于绝对关系中，要么他就只能是输掉他的所有，他既不是美学意义上的英雄，也不是伦理层面上的英雄。在这个悖论中，痛苦和不安是唯一可以想象到的证明。亚伯拉罕仍然保持着沉默，他不能言说。因为在这个悖论中的烦恼和不安，即便没日没夜讲个没完，也无法让他人理解。亚伯拉罕的情况就是如此。而言说的优势就是将个体性的东西变成合乎普遍性的东西，即寻求到一定的理解。悲剧英雄无法理解这种无法言说的痛苦和不安，因为他们可以倾听和言说，也不存在一个人承担这种孤独的不安与烦恼的情况。

克尔凯郭尔直抒胸臆：对于这种烦恼，我非常理解。我敬佩亚伯拉罕。我不怕任何读到这一故事的人受到诱惑，想要成为那种个人。我也承认，我没有那种勇气，我愿意放弃进一步的期望，尽管如果可能，我应该能走那么远。亚伯拉罕每一刻都有机会停止不前；他可以对这场精神考验充满懊悔；接下来，他就可以讲话，而每个人都能够理解他。当然，那样一来，他就不再是亚伯拉罕了。

亚伯拉罕不能说，是因为说出来会使一切释然。克尔凯郭尔解释道，这是一场考验，而伦理的方式只是诱饵，任何经历这场考验的个体都是来自于普遍伦理领域里的人，即没有人对这场考验有任何的预演。但亚伯拉罕做了两件事情，第一是无限弃绝的运动，所以他能够放弃以撒；第二是信仰的运动，或者说，他一直相信那些可怕的事情是不会发生的，一旦发生，上帝也会赐予他另外一个以撒。当然，以现在来看，这份信仰十分荒诞。亚伯拉罕没有说，他只说了一句话，就是回答他的儿子以撒用来献祭的羔羊在哪里，他回答说：上帝亲自准备了献祭的羔羊。

那么，一个所谓英雄是否会说出一些结论性的语言呢？无论这个英雄是在痛苦之中形成的，还是在行动之中形成的。这取决于他的生存方式的领域，取决于他的生活是否有思想意义，取决于他的痛苦、行为是否与精神相关。这并不是说悲剧英雄可以像普通人一样，在关键的时刻，可以说出一些恰当的语言来表示自己的需求。如果他的生活的意义在于他外化的行为，那么他的言语就是虚妄的，并且只能降低他的影响。另一方面，如果他的生活的意义在于他的精神导向，那么他必须言说，缺乏言说同样也会降低他的影响。苏格拉底就是最具代表性的例子，一个有智慧的英雄必须要有结论性的语言。

但以上这些关于悲剧英雄的论述或者说建议，都无法应用在亚伯拉罕身上。关于亚伯拉罕，并没有一句合适的结束语，在那个悖论中，沉默会更加适合，一旦言说，那么悖论将被亚伯拉罕打破。而在整件事情中，亚伯拉罕说的唯一的一句话，也颇具反讽的意味。表面看起来他在说假话，但却凭借着心中那近乎荒诞的信仰，他说的既不是实话，结果上看也全非谎言，可在结果未明了的时候，却类似于什么也没有说。显然，人们有可能理解亚伯拉罕，但只能以悖论的方式来理解他。最后，克尔凯郭尔强调，如果同样的事情发生在其他任何人身上，恐怕他都不会以亚伯拉罕的方式去做。因为，亚伯拉罕身上发生的这件事情是个奇迹。

生存的神秘本质在克尔凯郭尔的绝望学说里体现得更加明显。克尔凯郭尔认为有两种可能绝望的形式：一种是在自身建立自我的情况下，绝望是不要成为自身或者取消自我，但这种绝望形式一般不会存在，大多数的绝望应当是要成为自身。另外一种是在对于自身关系完全依赖的条件下，是对自身不能达到或者存在于宁静的或止于自身状态的表达；“要达到这种状态”只能通过自身与设定的力量的关系相互关联。在绝望中要成为自身不仅仅是一种绝望的特殊类型，它更是所有绝望都能追溯到的源头。如果正在绝望的人意识到他的绝望，倾尽全力试图去挣脱这种绝望，他就会使自己越来越深地陷入绝望。这种绝望的错误关系并不是一种简单的关系。当绝望被完全根除时，自我的状态应当是在自身的关联中、在自身的意愿中，自我完全彻底地依从于建立它的力量。

绝望是优越，还是缺陷？如果考虑绝望的抽象概念，而不去考虑处于绝望之中的人，这种绝望一定就是一种非凡的优越，因为这完全可能是人优越于动物之处。所以，能够绝望是一个无限的优点，而存于绝望之中就不只是最悲惨和不幸的了。一般地说，当涉及可能性和现实性的情况，就不是如此了。如果“能够这样或是那样”是优越之处的话，那么“就是那样”就是更大的优越。或者说，同能够存在相比较，存在就如同一种上升和超越。然而，在绝望的这种情况下，“能够绝望”和“已经处于绝望之中”相比却是一种超越。不处于绝望之中只能意味着处于绝望之中的可能性被摧毁了，如果一个人真的不是在绝望之中，他必须每时每刻摧毁这种可能性。当然，我们在讨论现实性和可能性的时候，就不是这种情况了。相反，在这里，现实性是虚弱无力的被摧毁了的可能性，通常情况下，现实是一种确定性，而在这里，现实却是一种否定性。

前文已述，绝望是自身同自身的综合关系中的错误关系，但这种综合不是错误，它只提供了这种可能。如果综合就是这种错误关系，那么绝望就完全不存在，而是存在于人性本身中的东西。也就是说，它根本就不是绝望，而是落到某个人头上的事情，比如罹患某种疾病或者任谁都免不了的死亡。那么绝望来自哪里？正向前文所言，绝望来自自身与自身发生关联的综合关系中，一旦关系错误了，那么绝望也就产生了。拿疾病来举例子，某人可能由于某种原因患了某种疾病，从那时起，这种疾病作为一种现实性就存在了，它的来源可以一步步回溯到过去，这么说一定是残忍的和非人性的：一个病人眼下染上了某种疾病。这无异于把这种疾病的现实性融入永远的可能性中。也可以这样说，病人对患病负有责任不假，但眼下只是某一次染上疾病的简单结果，不能把他视为病情恶化的原因。他自己招致了疾病，但并不能说是他一直在招致疾病。

然而，绝望却是另外一回事。每一绝望的真实时刻都能追溯到可能性，每一个绝望时刻都是绝望的主体所招致的。在与现实性的关系中，过去了的过去是没有的，它永远是现在时态的。在每一个绝望的真实时刻，绝望中的人在可能性中将全部过去当作现在来承受。原因就是绝望是精神的资格所在并与人发生着永远的联系，而且人并不能抛弃它，因为人每时每刻都不能摆脱掉他与自身的关系，而这也正是绝望的起因。克尔凯郭尔认为，绝望是致死的疾病。严格地说，致死的疾病必须是这样一种疾病，即它的终端是死亡，并且死亡是最终的结局，而这是绝望的含义。

然而，在另一种含义上，绝望甚至是更为明确的致死的疾病。从表面上看，人的肉体死于绝望是绝不可能发生的。相反，绝望的折磨恰恰是求死不得。因为它与在病榻上与疾病搏斗、求生不得而欲死不能的状态相同。所以，这致死的疾病是既不能死，也没有生的希望，在这种情况下，无希望就是连最后的希望，即死亡都没有。当一个人面临死亡的危险时，他希望生。但当危险是如此之大，乃至更加恐怖的时候，他希望死。而绝望就是求死不得。

在这最后的意义上，绝望是致死的疾病，这是最令人痛苦的矛盾。这自身的疾病，总是在死的过程中，死又死不了，而是死于死亡。死亡意味着一切的完结，但死于死亡意味着活着去经历死亡。如果在一个单独的瞬间去经历这“死于死亡”是可能的，人也就永远地处于这个经历之中。如果一个人可能像死于疾病那样死于绝望，那么在他的永恒之中，他的自我必能像死于疾病的那样去死，但这是不可能的。绝望中的人不能死，同样，绝望也无法耗尽永恒。的确，绝望是一种自我消耗，但它是一种不能遂其所愿的虚弱的自我消耗。在虚弱中，绝望主体不能再做任何他愿意做的事，即不能消耗自己。绝望不能耗尽绝望主体，这非但不能给绝望的主体带来宽慰，反而会增添折磨，因为这种宽慰就是一种折磨。

正如前文所言，对自身绝望，在绝望中试图摆脱自身，这是所有绝望的公式。而绝望的另一种形式，是在绝望中成为自身。一个在绝望中的人要成为他自身，他肯定不会摆脱自身，但细究起来，应当是这样：如果这个人更加深刻地检验自我，就会发现矛盾依然在那里，那个他处于绝望之中想要成为的那个人并不是他要成为的自我，他真正的意愿在于摆脱构造他的力量。但，他不论如何绝望，都无法成为他想要成为的自己，因为构造他的力量更加强大。

灵魂的疾病并不能像肉体的疾病消耗肉体一样消耗灵魂，苏格拉底借此来证明灵魂是不灭的。同样，依据绝望不能消耗一个人的自我，而这一点正是绝望的矛盾所在，克尔凯郭尔认为这能证明人的永恒性。如果一个人没有永恒性，他就不会绝望，但如果绝望可能会消耗自己，也仍然不可能有绝望。

绝望，乃是致死的疾病。绝望的人患有致死的病。与其他任何疾病的状态不同，这个疾病尽管侵袭了人的最好的那一部分，但这个人却死不了。死亡不是这样的疾病的最终阶段，而是不断延续着的最终。靠死亡从这种疾病中获救是不可能的，因为这种疾病恰恰在于折磨人，并且人不能死亡。这就是在绝望中的情况，不管在绝望中的人如何逃避它，也不管绝望怎样以一种完全没有被察觉的方式抛弃自身。尽管如此，永恒却要表明，他所处的形势是绝望，并且永恒将他和他自身紧密地连在一起，使他永远无法摆脱自我折磨。这表明，他认为自己成功地摆脱了他的自我只是一种想象罢了。这是永恒必须做的，因为拥有一个自我，去成为一个自我，乃是给予人的最大的承认，但这同时也是永恒对自我的要求。正像一个医生所言，很可能没有一个活着的人是完全健康的。所以任何一个了解人类的人都会说，没有一个活着的人没有些绝望。没有一个活着的人不秘密地藏着某种不安、内心的争斗，不和谐的、对某种未知的事情的恐惧，没有一个人不对生存中某种未知的可能性产生焦虑，或者对他自身产生焦虑。因此，人们同这种精神疾病进行周旋，并且携带着这种精神疾病。这种精神疾病通过人们的焦虑而显现着自己的存在。

一般地说，关于绝望的观点并没有超出表面化的观点。它假定每个人必须清楚地知道自己处于绝望之中，任何说他在绝望中的人被认为存在于绝望之中，而任何不认为自己处于绝望之中的人则不被认为处于绝望之中。这些直接导致了绝望成为稀有的现象而不是常见的现象。而真相却是人处于绝望之中的情况并不罕见，没有一点绝望是非常稀有的。

持这种观点的人对绝望的理解非常贫乏，除了其他的问题以外，他们同样完全忽略了“不在绝望之中和意识不到在绝望之中正是绝望的一种形式”。克尔凯郭尔进一步举例，当一个人不说他自己有病时，就被认为是健康的，更何况他自称感觉良好。可是医生会对疾病产生不同的看法或见解，因为医生有一个关于什么是健康的定义或概念，并以此来确定一个人的身体状况。医生知道，会有想象出来的疾病，同样也会有想象出来的健康，而在后一种情况下更应该去揭示疾病。一个医生的任务并不只是开方治病，首先应当辨别疾病，这也是心灵医生和绝望之间的关系。他知道什么是绝望，他认识它，因此就不会完全听信一个人在绝望中或不在绝望中的话。但必须指出的是，说他们绝望的人也并不总是绝望。绝望能伪装，作为一种精神资格的限制条件，它也可以被搞错或者混同于那些短暂的状态。

辩证地看，绝望不仅不同于疾病，甚至连所有的症状也是辩证的。不在绝望中的事实意味着正在绝望中，并且它还意味着在绝望的状态中获救。安全和平静表示在绝望中存在，这种安全和平静恰恰是绝望，而且它还能表示它已经征服了绝望和已经赢得了平静。以上这些论述，克尔凯郭尔依据的是人和精神永远处于危急的境地。生理的健康只有在出现疾病时，才是辩证的，从精神上来说，当人被看作精神体的时候，健康和疾病永远都处于危机之中，不存在精神的直接健康。人一旦停止由精神定义，而只作为心理-生理综合体，健康就是一个直接的限定，而精神和肉体疾病就是仅有的辩证限定——但意识不到自身是由精神所定义的，正是绝望之所在。

由此可见，绝望并非罕见，而是一种普遍的现象。大部分人活着，却没有作为精神而存在，所以一切所谓的安全、满足都只是绝望。那些承认自己处于绝望的人或是有深刻秉性的人，可能是他们的经历导致了他们具有了这种意识。

绝望的形式可以靠反思自我的组成成分而抽象地达到。正如前文所述，自我是一个综合，由有限和无限组成。然而这种综合是一个关系，涉及自身对自身的关系，这就是自由。然而，绝望必须首先在意识范畴中被考虑到。因为意识对于一个自我来说，是具有决定性的。越是有意识的人就越是具备意志，越有意志，就越自我。一个没有丝毫意志的人根本就不是一个自我。

自我是无限和有限的意识的综合。成为自身就是成为具体者，但成为具体者既不是成为有限，也不是成为无限，因为这个具体者是一个综合体。因此，这个过程就是在自我的无限化的过程中，无限地远离它自身，并在有限化的过程中，无限地回归到它自身。如果自我不能成为它自身，那么它就在绝望之中。在自我生存着的每一个时刻中，它都处于一个成为或生成着的过程之中，因为那个要成为的自我并不实际生存着，但它才是应该生存着的东西。

之所以如此，是因为作为综合的自我的固有辩证性，所以这综合的每个单个成分都是它的对立物。绝望的形式不能被直接定义，而只能通过反思它的对立物才能得到定义。自我是作为限制因素的有限与作为扩展因素的无限的综合。绝望也是这样的综合，无限性的绝望就接近幻想或者不受有限的约束，幻想同想象的关系最为紧密，但想象则关乎感觉、认知和意愿，所以人可以有想象的感觉、认知和意愿。一般地说，想象是无限化过程的中介，但它却不像感觉、认知和意愿那样，是一种能力。想象则可以被说成是使用这些能力的能力。当一切被说和做的时候，一个人的所感所知或所愿都完全依赖于他的想象，这想象即无限化着的反思。而幻想引导人进入无限状态，它使人离开其自身，因而使他无法回到自身之中。当认知、感觉或意愿成为幻想的时候，自我会逐渐消耗掉，在抽象的无限化或抽象的孤立中产生出一个幻想的存在。他不断地缺失自我，并且离自我越来越远。以这种方式沉溺于幻想，进而处于绝望之中，并不意味着一个人不能继续活得自在。他的确正在忙于俗事，结婚、生子、获得荣耀或尊严，并且可能让人察觉不到他在更深层次的意义上缺乏自我。因为自我的缺乏并不会给世界造成任何影响，还不如丢了钱包、甚或是因为事故失去了手指等给世界造成的影响，因为这些肯定会被别人注意到。

无限的缺乏是绝望着的还原主义和狭隘性。克尔凯郭尔进一步解释道：这是伦理的狭隘和局限性造成的。事实上，这个世界只对知识、审美的局限性或无关紧要的事情感兴趣，世俗的心智往往把无限的价值归于无足轻重，世俗的观点总局限于人与人之间的区别，自然不会理解一个亟需理解的东西，即人的精神性。在这种心智或观念下，作为主体的人更多只是“一个人”，而不是自我。每一个人最初都想成为一个自我。这样，每一个自我肯定是具有某种角度的，并且意味着要被世俗磨成某种形状，而不一定是圆的。在这样的遭遇中，一个人仍然是自为地，即为他自己而成为自己。一种绝望是十分鲁莽地投入无限，另一种绝望是被“他人”骗走，被大众包围着、被各种世俗之事吸引着，越来越精于世故，这样的人忘了他自己，忘了他的名字，不敢相信自身。因为他发现成为自身太过冒险，反而成为一份拷贝、一个数字更加容易，更加安全。这种绝望在世上通行无阻，而且实际上并未被充分注意。

克尔凯郭尔认为，正是靠失去自身这种方式，这些人已经得到在商业社会中取得极大成功的能力。他的自我和无限性没有拖延，他像鹅卵石一样光滑，像硬币一样可以流通，从表面上看，完全看不出丝毫绝望的感觉，以至于他就是一个人应该存在的样子。 绝望不是在生活中产生出的任何不便，而是舒适惬意，所以绝望并不被当作绝望。这实际上就是有限的绝望，一个人处于这种绝望中，他能暂时活得很好，实际上是更好。他能表现为这样一个人，即得到了公众的喝彩、尊敬和荣耀，被所有暂时的目标所吸引。实际上，所谓世俗的心智正是由这样的人组成的，他们把自我抵押给了世界。不管他们在各种外在形式上体现为追求自己，他们实质上都并没有追求自己。

以上是由有限性和无限性定义的绝望，同样，可能性和必然性也可以定义绝望。没有可能性的自我处于绝望之中，没有必然性的自我也处在绝望中。之所以如此，是由于作为综合的自我的辩证性。正如有限对于无限是限定的，必然对于可能也是一种强制性的。潜在的自我既是一种必然，同样也是一种可能，因为它的确仍旧是它自身，但同时它还有成为它自身的任务。就它是它自身而言，它是必然的，就它的任务而言，它是一种可能性。

但如果可能性超出了必然性，以至于在自我的可能性中脱离了它自身，就没有让自己回归的必然性了，这就是可能性的绝望性。这时，自我就成了一个抽象的可能性，它挣扎于可能性之中，直到精疲力竭。但是它既离不开它所在的位置，又达不到别的地方，因为这个地方属于必然，在这个地方成为自我就是在此不断地运动。可能性对自我来说，似乎就越来越多，因为没有什么现实。最终，任何事情都只是可能，这也是吞噬自我的那个深渊。每一个微小的可能性成为现实性都要花费时间，最终本应该用于实现可能性的时间变得越来越短促，每件事情成为越来越即时的。可能性得到了不断的强化，但这是在可能性的意义上，而非在现实的意义上，现实意义上的强化意味着去实现某种可能。当某种东西显露出成为可能的特质时，另外一个可能又出现了，以至于那些可能性如幻影前后相随，就好像每件事情都是可能的，而这正好是个体自我变成幻想的一个临界点。

以目前的情况来看，自我就是缺乏现实性的，即我们通常所说的变成非实在的个体了。当自我以这种方式在可能性中丧失自我的时候，它所缺乏的是服从的能力，服从于人的局限性的能力。所以，悲剧并不是自我在这世界上没有什么了不起，而是他没意识到自己，没意识到自己是个非常确定的东西，是有必然性的。反之，他失去了他自己，因为这自我在可能性中幻想着自己。在可能性中，每件事情都是可能的。以任何一种方式迷失于可能性都是可能的，但通常会有两种方式：一种是采取欲求、渴望的方式，另一种是忧郁、想象的方式。这样的例子不胜枚举。

同样，必然性的绝望是缺乏可能性的。一般认为某个人在某个人生阶段，或者在某个时代，是极具希望或者可能性的。然而，克尔凯郭尔并不认可这种说法，他认为这是不达真理的人的说法而已。因为在希望和绝望中，并没有真正的希望和绝对的绝望。关键性的问题在于克尔凯郭尔的信仰，他认为在上帝那里，每件事情都是可能的。这是永恒的真理，并且在每一个时刻都是真的。这是在当时的社会条件下，普遍被认可的真理，但只有当一个人被带入了某个极端的境况时，没有任何可能性的时候，关键性的抉择才会出现。然后，就是他是否相信刚刚说到的永恒的真理，即在上帝那里，一切皆有可能，也就是说他是否有信仰。但同时，这也是丧失了基本的理性的过程，信仰的确是为了得到上帝而丧失理性或知性。

可能性在某种极端的境况下，是拯救人们的唯一手段。抓住某种可能性，身处绝望的人就又能喘息，就又能活过来。在濒临绝望崩溃的时刻，考验的是人们的信仰，是人们是否相信。相信者对于绝望有着永远有效的解药——可能性。可能性的缺乏意味着每一件事情或者已经成为必然，或者已经变得琐碎平常。决定论者和宿命论者是绝望的。一个绝望的人已经失去了他自己，因为每件事情对于他来说，都是必然的。绝望中的宿命论者已经失去了上帝和自我，因为没有了上帝，他也就没有自我，宿命论者没有上帝，或者说他的上帝就是必然性。克尔凯郭尔进而指出，决定论者或宿命论者并不同于当时广泛存在的庸俗资产阶级的心智状态，即琐细浅薄，这也是完全缺乏可能性的另一种方式，但他们是缺乏精神性的。决定论者和宿命论者是精神性的绝望。同样，缺乏精神性或者无精神性也是绝望。这群人中，不论是酒馆老板，还是总理大臣，他们的想象力是被剥夺了的。他们活在事情是怎样进行的、什么是可能的、什么是经常发生的这一类的琐碎当中，而已经没有了上帝的存在。

一个人如果要意识到自我和上帝，他就必须拥有绝对的想象力，通过超出他的经验和标准的可能性，去希望或畏惧。所谓庸俗资产阶级是缺乏这种想象力的，但是宿命论者和决定论者并不缺乏这种想象力，他们具有发现可能性的可能。庸俗资产阶级认为它控制着可能性，但却察觉不到被奴役的无精神状态。迷失在可能性中的人带着无穷无尽的绝望鲁莽地翱翔在天空，视一切为必然性的人在生活中把自己搞得精疲力竭，并且在绝望中被碾压。

克尔凯郭尔认为，绝望的程度依赖于或者说取决于意识的程度。进而，克尔凯郭尔界定了绝望的最高和最低两种情况，最高的绝望是一种挑战和违抗，最低的绝望是一种近似无知的状态，他甚至还不知道这就是绝望。但是，不管一个人是否自知自己是否绝望，也改变不了他处于绝望之中的这个事实，如果绝望是一种困惑，那么无知就增加了他的错误。相较于一个有绝望意识的人，对他的绝望无知的绝望个体更加远离真理和获救的否定性。因为绝望本身就是否定性了，那么对它的无知又增添了一层否定性。若要达到真理，人们要经过每一层否定性。无知不可能破除绝望、变绝望为不绝望，某种程度上来说，甚至它能成为绝望最为危险的形式，但同时它又是安全的，它以一种相对安全的方式来对抗绝望的力量。

当个体对绝望无知的时候，他的自我精神最缺少意识。反过来说他意识不到自身也恰恰就是绝望本身。对绝望的无知的这种绝望的形式是世上最为常见的，以至于很少人谈论起绝望，仿佛这只是少数人的专利，因为无精神性没有提供什么是绝望和什么不是绝望的判断标准。意识到绝望的绝望并因此而意识到其中有一个某种永恒性的自我，于是要么成为自我，要么不成为自我。在这里，克尔凯郭尔明确指出了判断标准，即那些意识到绝望的人是否对绝望有明确的概念，即按照他自己的对绝望的概念，他能相当明确地说出他是在绝望之中。虽然他处于绝望之中这个事实是正确的，但这也不能证明他有真正的绝望的概念。首先，绝望的真实概念对于有意识的绝望是必不可少的。其次，对自身的清晰的看法也是必不可少的。我们无法明确：在什么程度上，人对于绝望中的自身状态完全明了；在什么程度上，人能够同存在于绝望中的状态结合起来；这种明确和明晰是否可以将一个人留在绝望中，使其恐惧得不想再滞留于绝望中。因为现实的生命是如此的复杂，以至于我们无法在其中指出完全意识不到绝望和完全意识到绝望之间的抽象的差别。绝望中的人大概都有关于他自身的朦胧的概念，但他意识到绝望的方式，类似于某种带着疾病的人不愿承认自己的隐疾的方式。

意识的更高的水平会强化绝望。如果一个人越是滞留于绝望之中，他就越是具有绝望的真实概念，对于绝望中的状态的意识就越清楚，他的绝望的程度就越强。克尔凯郭尔从宗教角度进一步阐释绝望，强化了的绝望就是罪，需要指出的是，这种说法是以“在上帝面前”或具有上帝的概念为前提。进而，克尔凯郭尔提出了“诗人生存”这种状态，这种生存状态与舍弃的绝望颇为相通，但同样也有区别，最为显著的区别就是所谓的“诗人生存”是带有上帝的概念的。所谓“诗人生存”的状态就是罪，而“诗人生存”状态类似于前文我们提到的美学生存境界，我们在后文也会详尽加以论述。“诗人生存”以诗化代替存在，通过想象力和善与真发生关系，而不是真去善与真。“诗人生存”与“一般的”绝望不同的是，它的确有一个上帝的概念在其中。但上帝在这种状态中被诗化了，与其本来面貌相去甚远。具体来说，在上帝面前和在绝望之中要是自己或者不要是自己。

对于上面的概念，克尔凯郭尔进一步解释道：它是否过于精神化了？一个关于罪的定义是绝不会过于精神化的，因为罪正是精神的资格所在。肉体的罪过是低级的自我意愿，但是一种邪恶经常是被另一种邪恶逐出的，以至于最后一种情况更糟于起先者。一个人首先出于意志薄弱而犯罪，然后对于他的弱点而绝望，或成为一个在绝望中还要维持某种合法正义性的伪君子，或在绝望中就此陷入罪恶。这个定义包括了罪的每一种形式，关键在于罪是绝望，罪并非欲望的蠢动，而是精神对于它的屈从。

需要补充的是，苏格拉底对于罪的定义是：罪是无知。这是广为人知的定义。但克尔凯郭尔从宗教方面出发，指出了苏格拉底定义的缺陷性，指出它并未说出无知的意义、起源等。换言之，即便罪是无知，这无知是原本的无知，还是至今不知道的一种真理状态呢？如果是后一种情况，那么从根本上来说，罪并不在无知之中，而在于有所知的企图中。如果一个人开始去遮掩他的知的时候，他是否意识到了这样的情形？如果他并没有意识到，那么他的知在之前就已经被某种方式遮掩了。同样，这个问题可以反复出现。如果他有明确的意识，他在遮掩自己的知，那么罪并不在知，罪在行为。

因此，苏格拉底并未达到罪的范畴和定义，这个定义暧昧不清。如果罪是无知，那么罪实际上就不存在，因为罪只是意识。如果罪是无知于怎么做是对、怎么做是不对，那么罪就不存在。克尔凯郭尔认为，苏格拉底关于罪的这种定义缺少了意愿和违抗意志这样的要素，罪植根于意愿，体现并达到了违抗的概念。这种解释体现了克尔凯郭尔极为浓重的宗教理念：罪植根于意愿而非认知当中，而这种意愿的堕落影响到个人的意识。进而，克尔凯郭尔这样解释道：个体并不自认为完美，同样也乐于承认距离完美有多远，那他就明确地知道罪是什么吗？答案是否定的，因为他远未认清完美和罪是什么，在这方面，他所知道的的确是最少的。在这个意义上，也可以说罪是无知，无知于何为罪。

在前面，我们详细阐述了克尔凯郭尔关于恐惧、绝望这两个概念，这两个概念是生存概念的先导概念，如果没有这两个概念，我们是无法继续对于生存概念的探讨的。

克尔凯郭尔所讲的生存概念，完全是个体的体验化的生存。阿多诺曾说："在克尔凯郭尔所有的概念中，生存概念是当前最有作用的。"克尔凯郭尔对真理的追问，并没有独断的整体，也无思辨的反题，而直接指向个人的生存。克尔凯郭尔并没有把生存理解为一种存在方式，尽管生存的确是一种自我展现的方式，同样，他认为存在的意义并不在于存在本身究竟是什么，而在于究竟是什么把意义赋予了本身并无意义的存在？他对于生存的追问，或者说他的研究对象并不在于存在或生存本身，在于观念，即研究这些观念如何在生存的运动中运动变化，而不在这些存在中停留。克尔凯郭尔将本体论的意义等同于形而上学，他的哲学目的是建立真理的形象，因此生存本身或者说存在本身并不能被认为是本体论的。当然，不能否认的是本体论也同样和存在物本身相连，本体论只有淡化为思辨的不确定性，才能同存在物本身互相脱离。一切重要的认识都涉及生存，或者说，只有在本质上同生存的认识互相联系的认识才是重要的认识。那种不是向内的、内在的反思中涉及的生存认识，以及从本质上看是偶然的认识，其程度和范围都是无关紧要的。

克尔凯郭尔的生存概念覆盖的不只是单纯的存在，而是一种运动的、占有的一种超验意义的存在，一种绝不同于绝对的单纯的存在。个体的意识活动也不是追问一种绝对的单纯的存在，而是追问一种作为历史的存在。克尔凯郭尔对黑格尔哲学的攻击，并不像同时期的生存哲学一样，赋予了存在以超验的意义，因为他确信自己比黑格尔更加相信这种超验的意义。克尔凯郭尔的目的在于保持显现的超验意义的内在意识，并把它作为哲学活动的场所。现实的东西是理性的，可能会使关于本体论的解释直接客观化：在反思客观的道路上，主体反而会成为偶然的，并致使生存成为无关紧要或正在消失的东西，走向客观真理。当主体或主观性变得无关紧要的时候，这也正体现了真理的客观有效性，一些抽象思维、数学、历史等知识总是离开主体，主体的存在与否，都不影响客观真理的正确性。但这里面隐藏着一个矛盾，即主体永远不会认为自己真的无关紧要，也就是客观也并不完全客观，这条道路最终导致只产生了客观性，而主观性却消失了。这是生存的主观性，它试图成为人们在生存的抽象意义上的主观性，但主观地看，已经产生的完满的客观性却是一种假定和近似，因为每一种永恒的客观恰恰都存在于主观性之中。这对所有的对象化的世界的科学理解应当是一种批判，同样也是对主观性的“客观化”的回击，最重要的是它先验地否定了对存在的分析的可能性。在克尔凯郭尔来看，费希特的自我与自我的统一、黑格尔主体与客体的统一，是在同一性标志中的客体化，它们都在“单个的个人”面前被彻底的否定。如果存在者真的能在其自身之外存在，那么真理就是某种自成一体的东西，但是这个存在的突破点在哪里？同样，像黑格尔所描述的完成了主观和客观的统一性的生存者又在哪里？个人的存在成了本体论的活动场所，因为个人的存在并不是本体论的，所以个人的存在就成了一种纯粹主观的变化，而没有客观化的参与。

克尔凯郭尔认为，生存的个人应当通过激情参与真理，而不能被本体化，人的本性就是激情，在激情中，人理解他人，也理解自己。人最高的激情就是信仰，而在信仰中，这一代人同上一代人并没有任何进步或者区别，都是从同一个地方出发，也并不会比上一代走得更远。同样，客观化的真理也无须摆脱真理。真理并不是现存的，而是在对其无限否定的过程中形成的，在否定性和不确定性的范畴下，它从一切对个人的本体论的构想中分离出来。实质上，真理是被充满激情的内在性抓住占有的客观不确定性，这也是一个生存者所具有的最高真理。克尔凯郭尔的真理观念即在一种假设的无限性与有限的自我相分离，同时这种有限的自我与无限是绝对对立的基础上设定的。如果客观地追求真理，把它作为一个认识者所追求的对象，认识者并不是在追求与真理建立关系，而是在追求认识对象本身的真理，这是最真实的东西，认识者就在真理之中。如果主观地追求真理，那么认识者就会主观地追求他与认识对象的关系，如果这种关系的情况在真理之中，那么认识者就会主观地认为他就在真理当中，即便以这种方式来认识或追求非真理。

通过以上假定的主体和客体对真理的参与，并没有使真理的内在性和超验性得到和解，真理的客观化始终并未得到克尔凯郭尔的承认。而真理的超验性产生于对内在主观性的否定，产生于无限的矛盾。这样，主观性和真理形成了一种悖论：生存主体的内在性顶点就是激情，真理则是对它的否定。这种悖论在克尔凯郭尔那里有一种强大的召唤力量，而他关于悖论观念的哲学也起源于内在性和本体论的关系中。

对于克尔凯郭尔来说，本体论的意义并不在于如何解释主体，以及主体如何认识自身存在的意义，相反的，意义是受生存召唤出来的，这个意义往往是多义的，并且与单纯的生存本身混淆在一起。这还要从康德的纯粹理性批判说起，纯粹理性批判曾经也被称作理性的本体论批判，这一批判的难点在于经受在范畴上不可推导的直观材料的偶然性的考验。如果论题作为经验内容无法进行正常推导，那么就作为形式加以推演；如果没有被证明为那种无力的、确定的超验性，就退而求其次变作先验综合判断。但在这些原理进行组合的过程中，内在的东西和偶然的外在的东西之间的转化还是被控制的：它们由于知觉的统一而从主观中产生出来，属于内在的意识性；同时，它们作为一切具有客观认识的建构性而具有客观性。本体论就具备了双重保护：一是在偶然性面前，依仗本体论的理论体系而得到保护，二是在思辨体系面前，凭借经验的有效性而得到保护，得到这样双重保护所付出的代价即抽象性，它们只有是“普遍的”，才是“必然的”。唯心主义通过排除材料的偶然性把丧失的本体论内容拉拢过来，这种材料是从知觉的统一中推导出来的，作为“内容”从主观性中发展出来，通过这种“发展”从而和主观性保持一致。这实际上就是克尔凯郭尔的哲学模式，在他看来，康德的主观内在的本体论由于它的抽象性而表现得十分无力，黑格尔晚期将世界作为整体的意义来构想，即现实的东西和理性的东西的同一性致使本体论消失。因为他把本体论扩散到整个存在，并且放弃了所有用于提高存在和“意义”的令人信服的标准，这种标准在这种情况下面临着无处存在的风险。

克尔凯郭尔的本体论并不单纯地屈从于存在，而是将存在接收进自身，放弃了同一性的要求。在康德的本体与现象割裂的情况中，克尔凯郭尔放弃了“结果”的科学有效性，个人的特殊意识作为具体的东西与外部经验的偶然性形成对照。个人是具备内容的和意义的承担者，这在同一性的哲学中是不可想象的。但偶然更加接近感性材料，是个体的存在和如何存在，它并不能从任何意义层面来理解。具体的个人为了使他的存在不丧失意义，将经历一场程序，这个程序将个人抽象化，并且破坏了应当在个人身上寻找的本体论规定，这些规定诸如意义、自由、观念等，它们并不比所谓抽象范畴逊色，但它们作为单纯事实的规定性获得了同样的偶然性，于是被排除在外。这种自我的抽象性构成了与普遍东西的抽象对立，“自我”正是意味着普遍东西被规定为个别东西的矛盾。只有当个别的概念存在的时候，才能谈到自我，虽然有成千上万个自我生活过，但我们依然无法从普遍的角度说，这样的自我究竟是什么。自我是一切具体化的保护伞，如此聚集在唯一性之中，没有什么东西可以将它精确描述，它变作最为抽象的东西，只有个人知道什么是个人，这也正体现了它的不可知性。自我唯一可以确定的就是不确定性。

在克尔凯郭尔看来，自我是一切逻辑的中心，即原本具体的东西成为不确定的、不可确定的、抽象的东西。这种抽象性是对最高普遍性的反映，自我隶属于这种普遍性，它是观念、精神的决定，它不仅适合于“自私的”“利己的”自我，同样也适合生存的自我。但如果这种具体的主观性只是为了实践所保留的，那它本身就是没有方向的，并且拒绝了认识。所以，克尔凯郭尔为了得到主观性的理论含义不断进行尝试：首先，他认为自我意识并不是一种自省，而是一种非常具体的自我意识，这种意识处于不断的变化之中，任何主体不可能是独立的自省者，它实质上是一种行动。在这里，克尔凯郭尔堕入了一种将理论与实践相结合的模糊的同一性哲学。其次，他谈到了表面上无实质的抽象概念，这种抽象概念即自我；如果有人在这里想用值得商榷的方法来寻找克尔凯郭尔生存概念在实践中的论证联系，那他一定是还不够具体化。克尔凯郭尔的道德“行动”是自我决定的“严肃态度”，这种态度可以使自我的和生存的人们发现自己的内容，但却并不是从外部的客观化世界中，而是从内部出发得到定义。所以，这样的定义和态度本身只是同义重复。

在这里，主体仍然是他的客体，问题在于人们是否会首先对自我保持这种严肃的态度，内在性、确定性就是这种严肃的态度。首先，严肃态度是主观性，纯粹的主观性，具有绝对意义的主观性，同时，它也是内在性，因为一旦缺乏内在性，精神就被扼杀了。内在性是一个人身上的永恒性或者永恒规定。生存主体中的否定性，是建立在主体的综合之上的，所以自我是 ·种生存着的无限精神。无限性和永恒的东西是唯一确定的东西，但由于主体一直在这些无限和永恒之中，于是被这巨大的事件一直欺骗，即“他将会永恒，于是永恒才产生”。

自我概念中的抽象性表现为从自然环境中脱离出来的精神，它同时也是表达，它表达了生存概念本身的内容。可以说，抽象性是一种神秘的印记。在自然联系中，一切都未加区分地相互关联，这种自然联系的多义性并不了解真正的具体化。在自然联系的情况下，存在物的名称是混乱的，其中保留着虚假的材料或者空洞的标志，人们习惯于把直观的具体的东西归结于原始的思维。但这种直观并不能将对象保持在固定的界限中，如果这种直观主体用自己的话语体系来思考一切个体的东西，那么个体的东西就在他的注视下僵化为一个简单的偶像，并且这个偶像已经完全将自己限制住。从直观对象中得出的普遍概念和为了满足自身需求而临时直观得出的结论并无二致，存在的原因在克尔凯郭尔那里是最具有“隐蔽性”的。

在克尔凯郭尔的生存概念里，他将生存规定为精神，并且将“生存的”与思辨的相互对立起来，人的生存是精神，精神又是什么？精神是自我。那么，自我又是什么？自我是自相联系的关系。人是什么？人是一种综合，是有限性与无限性的综合，是暂时和永恒的综合，是自由与必然性的综合。简言之，人是一种综合体。以这种方式思考，人就还是一个自我。

克尔凯郭尔并没有将自我解释为静态的，而是解释为精神的，自我就应当是超越自然的联系，这种联系学说实质上是神秘而且无法明确解释的。自相关联实际上是一种对原初的、创造性统一的隐喻性描述，这种统一使矛盾形成既对立又统一的关系。因此，在这里，我们可以看出在克尔凯郭尔的自我概念中，既有康德的“先验综合”，同时也有黑格尔无限创造的总体性。很明显，这种在原初性中完全被规定和进行规定的自我，作为没有被分割的自我，是与有机的、纯粹的自我相一致的。由于在自然和超自然之间分裂的人作为自我，从自身出发产生出自然和超自然的二分性，所以人明显地以创造者自居。但是这样，他就把他所需要的精神朝下拉向自己，并将它变回自然。作为神秘的、自身被规定的人坚持自然的没有分离的联系，用有机生命的概念来衡量自身的最高概念。他只有在超越中才有可能是清晰的。他自身则是不清晰的。克尔凯郭尔根据他自己拟定的这一假定来拯救不清晰的、自发的和被自身规定自我的透明性，自我在自相关联中，它若想成为自我，就必须要清晰地建立在自己设定的力量的基础上。但是作为“自我关联的关系”的自我，就是设定的力量本身，所以它的透明性只是一种映像，克尔凯郭尔的“自我”在自律与映像中并未明确，自律从内在产生意义，在本体论的映像中看到自身。在这里，有必要重复一下绝望的概念：绝望是在综合关系中对自身产生的不协调。但综合并不是不协调，不协调的是关系，综合只是可能性，或者说在综合中有不协调的可能性。与综合关系相反，不协调作为绝望只能在反思中产生，不经过反思，在一种关系中是没有“不协调”的，不协调只可能通过一个经过反思的第三者加以衡量。克尔凯郭尔反对把绝望变作关系范畴中的一个自然形成的东西，但这会使本体论的透明性在这种绝望的概念下变得模糊。自我的规定性并没有从这样的关系中分离出来，克尔凯郭尔甚至将其与“生存”这样的概念混淆，于是，自我概念仍然是神秘的，它需要“召唤”。

在克尔凯郭尔那里，绝望的人着手改变这一切，用以得到他想要的自我，这个自我是通过不断地否定产生出来的，于是绝望的人就想成为自己的自我，但并没有给生存留下任何走出混乱的出路。克尔凯郭尔的一切生存都是绝望，并未给希望半点空间。绝望应当成为生存相反的概念，但在克尔凯郭尔那里，“生存”中非人格性的东西在绝望中成为人的意识。只有通过自我的不确定性，才能防止绝望的非人格性。由此，绝望在这里成了客观的，没有意识到绝望也是绝望的一种形式。

为了达到真理，人们必须经过不断地否定，不断地重复和反思，通过独立甚至孤独的行动才能达到自我，而独立是保护人的本质不受分解，即作为自然反对自身解体和分割的绝望抵抗。但一旦自我在绝望中躲避到自身的内在性里，试图逃避这种崩解，那么，它就是正在崩解。在这里，绝望是一种疾病，而不是药物。

第二章

审美的阶段

在前面关于反讽的讨论中，我们对克尔凯郭尔的审美境界、伦理境界和宗教境界都有粗略的描述。下面我们就克尔凯郭尔关于审美、伦理和宗教三个阶段的人生观念进行详细的描摹。

在《或此或彼》和《人生道路诸阶段》中，克尔凯郭尔对审美阶段有丰富的描述。这两部宏大的著作都有着诸多的“作者”，实际上这是克尔凯郭尔的写作风格，他通过诸多代表了各种不同人生观念的笔名，来表达各自的看法，进而互相批驳。概以观之，《或此或彼》上下两卷中，最吸引人的是关于审美阶段人生观念的上卷；而在《人生道路诸阶段》中，审美阶段不再占有那么大的篇幅，取而代之的是伦理阶段对审美阶段的批驳和最后的宗教阶段。有趣的是，《或此或彼》和《重复》中的人物又重新出现在《人生道路诸阶段》中，约翰纳斯、康斯坦丁，当然还有法官威尔海姆。书中的主题，或者说书中人物所讨论的主题都是男人和女人之间的关系，关于婚姻或恋爱，透过这样十分具体化和生活化的主题，克尔凯郭尔表达了自己的人生观念，并且也对自己的生活做了诠释和解读。正如我们都知道的，他和自己的未婚妻雷吉娜解除了婚约。

一、审美生活的片段

在克尔凯郭尔的假名著作《或此或彼》中，审美生活的片段主要体现在克尔凯郭尔假借对诗歌、音乐和戏剧的评论中的说明。下面，我们一一加以描述。

在《诗篇》中，克尔凯郭尔指出，诗人是什么？诗人是不幸的人，他将极度深刻的痛苦隐藏在自己的心里，将叹息或者哭泣化作美妙的音乐。很多人将悲哀看作生存的便利之一。这在下面的"审美的悲哀"中将得到深化阐释。在某些方面，对于欲望的力量方面，民间文学和诗歌的力量非常明显。

克尔凯郭尔继续描述，审美阶段中的人，有勇气怀疑一切，并且有勇气同一切进行战斗，但却没有勇气承认任何东西，没有勇气拥有、顺从任何事物。大多数人抱怨世界没有诗意，生活中的不如意没有小说中那样易于忍受，但审美人则抱怨生活中的空虚、周而复始的生活本身。在审美人的眼中，最为荒谬可笑的事情，是做一个对自己的膳食和差事保持兴奋的人。那些忙忙碌碌的人到底获得了什么？审美阶段的人无法理解，他们缺乏生活的耐心。生存对于他们来说，是一杯苦酒，然而他们必须一口口地、慢慢地算计着喝下去。另一类审美人则紧紧追逐着快乐，以至于过犹不及，这导致他们的生活同样也是空虚的、毫无意义的。美好的事物总是转瞬即逝的，没有什么是永恒的，生活总是改头换面地重复，不断地重复。如果说有什么区别的话，那么也许就是第一种是为了活着而劳作，另一种则没有这种需求。而真正的享乐并不存在自己所享乐的东西中，而是存在于观念之中。也就是说，享乐并不在所享乐的东西里，而在于以自我的方式获得。

对处于审美阶段的人来说，回忆是很危险的。只要他们一回忆一种生存关系，那么就表明这种关系实质上已经不存在了。在他们的回忆中，可以想象得到最完美的生活，而且它具有任何现实都不具备的安全可靠性。在回忆中，这种生存关系才会是永恒的。在审美人的生活中，是缺乏必要性的，没有任何东西对他们来说是必须的，他们也没有必要关注自己的激情或者心情。人们说，在世界上活着，应当把自己的悲哀同世界交流，对此，审美人一定是会保持缄默并且不闻不问的，因为他们认定自己的生命是一种诗意的存在。

二、或此或彼的深意

在《一场欣喜若狂的演讲》中，克尔凯郭尔也许写明了“或此或彼”的意思。结婚，你将为之后悔。不后悔，你也将为之后悔。结婚或不结婚，你都将为之后悔。嘲笑世界的愚蠢行为，你将为之后悔；为它们悲叹，也一样会后悔。无论你是嘲笑还是哀叹，都会后悔。信任一位女孩，你将为之后悔，不信任她，你也将会后悔，不论信任与否，你都将为之后悔。自己上吊或者不上吊，你都为之后悔。因为，后悔，这就是全部生活智慧的精髓。乍一看，不明就里的读者一定会不明白，实质上，克尔凯郭尔在此讨论的是永恒。很多人做了一件事情后，会把这件事情的对立面结合起来进行调和，这在实际生活中并不少见，但这其实是一种误解，因为真正的永恒并不在或此或彼的背后，而在它的前面。永恒也是一种痛苦的暂时结果，生存的双重悔恨将存在于生活之中。

为了把握整个演讲的要义或者演讲者的准则不是出发点，必须要区分这前后两种阶段的辩证法，即或此或彼后的辩证法和在它前面的永恒的辩证法。当说起准则并非出发点的时候，并不是说含有另外一个出发点，而是一种准确的否定性表达，通过它，准则在成为出发点或不成为出发点的对比中领悟了它自身。如果让准则作为出发点的话，那么演讲者就无法停下来，停不下来的话，演讲者将为之后悔，停下来的话，他也将为之后悔。但如果永不开始，总是停着，那么永恒的开端就是永恒的停止。经验表明，对哲学来说，开始并不难，完全不难。事实上，它无从开始，因而可能总在开始。

三、直觉情欲的诸阶段

在《直觉情欲的诸阶段或情欲音乐喜剧的诸阶段》中，审美人被莫扎特的音乐所震撼，他把一切事物都看作偶然的，恋人们彼此相遇是偶然的，他们彼此相爱是偶然的，从中见不到别的东西，只有生活游戏中各种力量的非常侥幸的结合。正如他有可能与上百个别的女孩在一起，他同样也有可能爱上她们。只要机会出现，许多诗人都有可能像荷马一样，流芳百世，许多作曲家都有可能像莫扎特一样，名垂千古。这种“智慧”包含了许多对一切平庸之辈的慰藉与安慰，在自欺欺人的立场上来看，他们会以为那些优越之人并没有那么遥不可及，这是一种非常实用的乐观主义。但这种方式当然不被每个品格高尚的人所接受，对于他们来说，用这样一种可鄙的方式来拯救自己，无法与通过对伟大的沉思而使自己专注相提并论。

就莫扎特的歌剧《唐·乔万尼》来说，也许也是运气的一部分，莫扎特把不那么不朽的两组人，用他们的姓名和作品相互结合起来，但却赋予其庄严的音乐主题，成了永恒。然而审美人对待音乐的态度是沉迷于音乐而不能自拔，所谓灵魂受到震撼、存在的核心都受到了恐吓。对于它的颂扬，比对自己生命中最幸福的时刻要热情得多，对于它的不朽比对我自己的存在要热情得多。在一部经典作品中，好的运气和不朽的内质是两种力量的绝对联系物。这种联系是如此绝对，以至于在审美人后来的评论中都无法将它们分开。再如荷马的史诗，并不是荷马的好运气才使他获得了史诗级别的题材，而是完美的史诗题材只因荷马而变质，通过变质后，才会使我们明白这样的题材。当时有些派别的美学家主要强调形式的意义，与之相反的是，有些美学家的理论主要依附于黑格尔哲学，因为当时他们极其强调题材的重要性，尤其与审美相关的题材。不过，这两者在本质上是一体的，主题并不是不重要，但更为经典的在于形式。莫扎特的情况也是一样，《唐·乔万尼》使其成了经典作曲家。

从某种程度上来说，某些经典作品是没有题材的，而某些经典作品中的题材却起着非常重要的作用。前者是在建筑、雕塑、音乐等艺术形式中，就存在题材的问题而言，只在偶尔的情况下才具有重要性。后者就是诗，宽泛地理解诗的意义，诗即表现一切以语言和历史意识为基础的艺术作品。这样，题材被当成了划分的原则，就涉及艺术构成活动。构成活动一方面强调差异，而在另一方面又承认题材，所以构成活动和题材同样成了分界点。当然，某一个方面并不能作为经典作品的基础。

克尔凯郭尔进而借助审美人的观点指出，黑格尔恢复了题材、观念的重要性，而把只重于形式的作品摒弃掉，并赋予它们永恒，但这种永恒性只是艺术作品所具有的不朽要素，而并不是在时代变迁之中充分的永恒性。这些作品缺乏的是观念，而且它们在形式上越是完美，就会越快地将自己消耗殆尽。观念只有在一种有限的形式中能够成为支撑，并且具有透彻性时，才可能存在经典作品的问题，这时它亦能抵挡时代的侵袭。而作为前面提到的分界点，题材与形式的分离或者观念与形式的分离在这时都是失败的。

当然，也可以把观念称为可见之物的媒介当作考虑对象。一方面，如果注意到一种媒介较为丰富，那么就可以通过在不同的丰富性或贫乏性中找出一种促进的因素或者障碍，把分离形式与观念作为差异的基础。因此，观念越抽象越贫乏，那么媒介也越抽象并且因此也越贫乏，而能想象到的毫不重复的可能性也就越大，观念得到彻底表现的可能性也就越大。另一方面，作为媒介的观念越具体，重复的可能性也就越大。那么，观念如何变得更加具体呢？通过历史的渗透。但这种具体性却不能包括语言，因为语言是一切媒介中最为具体的。所以，雕塑在整体上是抽象的，与历史毫无关联，通过它而显现出来的观念也是抽象的。于是，关于它们的重复性也就很小；而语言是很具体的，类似于荷马的古典主义的史诗有很多，而古典的重复性也不胜枚举，历史不断地在提供新的史诗题材。

那么，到底哪种观念最为抽象？可以肯定的是，和作为媒介的语言相去甚远的媒介最为抽象。最抽象的媒介并不总是像其主题一样具有最抽象的观念，建筑所使用的媒介无疑是最为抽象的，而建筑所体现出来的观念却并不是最为抽象的。雕塑、绘画和音乐与建筑一样拥有最为抽象的媒介，但这并非能够进一步深入研究的领域。最为抽象的观念在根本上源于给人的享受，媒介能够通过它得以表现的，唯有音乐。观念在雕塑中无法表现，在绘画中也一样，理由是在抒情性方面，它是一种力量、一阵风，是激情、情绪等，而雕塑和绘画并不是在这样的瞬间或一连串的瞬间中以这样的方式存在。同样，它也不能通过诗歌，因为它不能用最为具体的词语表现，它是源于直接性的内在运动，它只能通过音乐。音乐本身就具有一种时间要素，但音乐却不是在时间中产生的。

莫扎特的《唐·乔万尼》深刻地表现出了观念与其相应形式的完美统一，观念如此抽象，而媒介也是。歌剧《浮士德》也同样是一部经典作品，但它是一种历史的观念，已经盖棺定论。音乐在《唐·乔万尼》中并不像在《浮士德》中那样是一种伴随物，而是表露出它自身最内在的本质，尽管看上去，它是为恋爱中的人而写就的。以上这些讨论正是审美人的目的，克尔凯郭尔力图通过《唐·乔万尼》的评论，来解释情欲音乐喜剧的所谓的意义，即它们全都具备直觉情欲的特征，它们本质上全都是音乐喜剧。

进而，克尔凯郭尔借助《唐·乔万尼》开始深入讨论审美人的精神实质。作为一种精神品质的唐·乔万尼的放荡，要被基督教精神所排斥，正是因为要被排斥，所以才可以坚定地认定它是一种本性、一种力量，所以，那种应当被排除的精神，它本身就是一种本性，必须是某种自身显现为一种本性的东西。耽于声色之乐肯定先前就存在于世上，但它并不具备精神性的品格，这指的是在希腊时期，感官享受被控制在美的个体之内，或者更加准确地说，它是不受控制的，因为它并不是要被征服或者制服的敌人，它自由地在美的个体之中生活、欢乐。那个时候，感官享受并不被认定为一种本性，构成美的个体的心理方面如果没有感官享受是不可设想的。由于这个原因，以感官享受为基础的情欲也不被断定为一种本性。情欲之爱作为一种要素存在，并作为美的个体的一种要素而存在。那么，是谁将感官的享受断定为一种本性？是宗教。这种观念被基督教引进了世界，从联系到精神世界的层面来考量，它是以精神排斥这样一种方式来界定的。反思在语言里是内在的，所以语言不可能表现直觉，反思对于直觉来说是致命的，而表现音乐对音乐来说则是不可能的，但语言的这种表面上的贫乏恰恰是它的财富。直觉是模糊不定的，所以语言无法把握住它；但直觉的模糊不定不是直觉的优点，而是它的缺陷。

如果直觉这种模糊不定的精神品质在音乐中能够得到恰当的表现，那么哪种直接性在实质上是音乐的主题？具备精神品质的直觉可以用这种方式来描述：它或者在精神领域之内，或者在精神领域之外。当它在精神领域之内，可以肯定的是可以用音乐来表现，但并不是音乐的绝对主题，因为此时此刻的音乐处于异己的领域；如果受到精神限定的直觉以外在于精神领域的方式来表述，那么音乐在这种情况下就拥有绝对主题。就先前的直接性而言，在音乐中得到表现对它来说不是必不可少的，而对于它要成为精神并最终以语言来描述出来却是必不可少的。在精神领域之外，它只能通过音乐得到表现，而不能通过语言来表现。因此，受到精神限定的直接性的媒介，是以外在于精神领域的方式来描述的，这才是音乐的绝对主题，尽管它也可以表现许多其他的事物。当然，音乐是比语言更加感性的媒介，因为着重点显然更应该放在音乐的感性声音而非语言上。音乐创造力中的感性方面是音乐的绝对主题。克尔凯郭尔认为《唐·乔万尼》证明了这一点，它与其他一切歌剧之间存在着一种质的差别，这一点肯定不可能在别的东西中找到，而只能在观念、形式、题材和媒介之间的纯粹关系中找到。

音乐始终是宗教热情多疑的关注对象，因为宗教越严格，就越要放弃音乐并强调言词。在世界的宗教史中，所有的宗教到了最终的阶段，都放弃了音乐，重点都在语言上面。宗教要表达的是精神，所以它需要语言，语言是精神的恰当媒介；它抛弃音乐，因为音乐是感性的媒介，所以用音乐做媒介来表现精神时，它总是不完美的。如同已说明的一样，宗教热情排斥音乐是否正确是另外一个问题，但它对于音乐和语言的关系的论点，应该是完全正确的。如果在精神的领域内来理解音乐，那么它是一种不完备的媒介，它不可能拥有自身纯粹的主题。

克尔凯郭尔将他考察的作品《唐·乔万尼》分成了三个阶段，各个不同的阶段构成了直觉的阶段，各个特殊的阶段以这样一种方式显露了自身的本质，但并不是互相割裂的，所有的本质都汇入到下一个阶段的丰富性之中。最终的阶段，它也未能获得所谓的精神意识，克尔凯郭尔从直觉的整个直接性上加以阐释，这也是审美生活的一个重要特征。第一个阶段是在《费加罗》中的侍从身上暗示出来的，在他身上，我们看到的并非个体，但当我们在想象中或者在现实中看到一个个体人格展示出这样的一个阶段时，我们很容易受到这种倾向的诱惑。这种情形也或多或少地发生在剧中的侍从身上，难免就会有某种偶然的，或者不相关的理念混进来，以至于他到头来不仅是他所应当就是的人，或者“更多”。因为一旦他成为一个个体，他在某种意义上就立刻变成这样；变成“更多”，他就不再有固定的理念。所以，他根本没有台词，音乐成为表达他的唯一的方式。

在音乐中，“感官性的”醒来不是运动的，而是静止的，不是向着喜悦和欢乐，而是向着忧郁。在欲求中，被欲求的东西持续地存在，欲求本身拥有将要成为“欲求对象”的那个东西，但却是“不曾去欲求这对象地”拥有这对象。这是让人痛苦的，带着忧伤、沉郁。欲求是宁静的，因为“被欲求的东西”凌驾于欲求本身之上，却又落到欲求之中，这一运动不是因为欲求自身的吸引力或者因为“有所欲求”这一事实而发生的。“被欲求的东西”并不消失，并不出离欲求的拥抱，因为如果那样，欲求就会醒来。一旦欲求醒来，欲求与“欲求的对象”就分开了，这时，欲求自由而健康地呼吸，而在此之前，它因为“被欲求的东西”而不能呼吸，受“被欲求的东西”引诱。

欲求在这一阶段中，存在于自身的隐约的感觉中，这时的欲求没有运动、没有不安，只是被内在的涌动摇晃着，就像植物的生命被囚禁在大地上。这在本质上是因为在更深刻的意义上并没有什么对象，如果欲求有了对象，那么它马上就会运动起来，决定下来。

当然，克尔凯郭尔还对歌剧本身从台词到声乐做了部分的评论，在这里就不赘言了。仅就我们所讨论的《费加罗》中的侍从而言，他的唯一的属性就是陶醉于爱欲的，但陶醉也可以分为两种方式，一种是兴奋的、透着生命的喜悦，一种是阴郁的、朦胧的忧伤。后者是音乐里的情形，但音乐却无法给出理由，正如心境本身也是语言所无法表达的，它过于沉重和隐秘，以至于一般化的言辞根本无法承受它，它只能通过音乐来描述。

克尔凯郭尔指出，第二阶段是通过《魔笛》中的帕帕吉诺来表示的。我们要做的是把本质从偶然的东西中区分出来，把神话式虚构的帕帕吉诺召唤出来，而去忘记那剧中实实在在的角色。这样做或许会显得有些随意，但克尔凯郭尔认为这是因为莫扎特对帕帕吉诺有着过多的关注，而对歌剧中其余的部分关注得太少。

欲求醒来，将欲求和“欲求的对象”区分开来，它把一个对象给予这欲求。这是一种必须被严格地坚守的辩证定性：在欲求存在的时候，对象才存在，在对象存在的时候，欲求才存在，没有谁先谁后来到这个世界，而是同时“进入存在”的，而进入存在的意义并不仅限于“统一”，更多的却在于“分离”。这一“感官性的”运动，在瞬间将欲求和它的对象无限地分隔开。分隔直接导致了欲求被从自己的实体性，也就是“栖于自身”中拉扯出来。作为感官性运动的结果，对象不再落入实体性的定性之中，而是将自己分隔成多样性。

欲求来临，而欲求的对象逃走，欲求不断瞄准了对象，它自身也被撼动。但这种欲求只在分秒之间被短暂地感受到，很快就会被忘却，而进入到下一种欲求当中。虽然可以如此完美地描述它的特性，并且解说这种特性的渊源，但总有东西无法被描述清楚，因为太过于直接而无法用言辞表达。精神的直接性在语言中有着它的直接表达，相反，在这里谈的是一种感官上的直接性，这种直接性有一种完全不同的表达媒介。

克尔凯郭尔进而尝试用一个单一的属性来描述莫扎特这

一阶段的音乐，那是欢快的、生命力旺盛的、情欲奔涌的。那么，帕帕吉诺的整个生命就是这样一种不停息的叽叽喳喳，在一切毫无意义的轻浮言辞里无忧无虑没有休止的叽叽喳喳，并且这样的叽叽喳喳是喜悦和欢欣的，因为这是他生命的内容。然而与之相呼应的，是塔米诺的笛声，克尔凯郭尔认为这是失败的，因为塔米诺作为戏剧形象，完全是在“那音乐的”之外的——当音乐步入一个陌生的领域，也就是语言的领域的时候，它只能作为伴奏。

最后一个阶段，克尔凯郭尔将唐璜作为标志。第一个阶段的矛盾在于欲求无法得到任何对象。在第二个阶段，对象在自己的多样性中显示出自己，但由于欲求在这种多样性之中寻求着自己的对象，从更深刻的层面来说，它仍然没有对象，它也还没有被定性为欲求。而在第三个阶段中，欲求则被绝对地定性为欲求，在强度和广度的意义上，都是先前两个阶段的直接统一体。第一个阶段理想地欲求着“唯一”，第二个阶段是“多样的”定性下欲求“单个的”，第三个阶段是由此得出的统一。在这里面，有某种诱惑性的东西，欲求在第三个阶段是绝对健全的、胜利而且欢悦的、不可抵挡的、有魔性的。因此我们绝对不可以忽略，但我们在这里谈到的绝不是单个个体的欲求，而是作为原则的欲求，它是前文所言在“精神上被排斥的东西”。这是感官性天赋，对这种理念陈述和表达的是唐璜，对唐璜所陈述和表达的只能是音乐。

在关于唐璜的理念出现的时候，没有人知道，显示出来的某些材料只是很零碎的：它隶属于基督教，而且通过基督教，它又属于中世纪。在中世纪，如果想展现一个个体的理念，必须要放另外一个个体在他身边，这两个个体形成的关系一般来说是一种喜剧的关系，比如国王身边的小丑、浮士德身边的瓦格纳、唐璜身边的勒波拉罗。这一形式结构在本质上也是属于中世纪的。这种理念属于中世纪，并不属于某个诗人。各种有着原始力量的理念带着本源性从民俗生活中的意识世界中爆发出来，而它就是这些理念之一，并且把基督教带入了这个世界的那种肉体和精神间的分裂当作自己的思考对象。而为了这个目的，这些斗争着的对象就被分别地当作一种观想的对象，所以，唐璜就成了肉体的化身，或者说是肉体自身的精神所达成的精神化。这种精神化是普遍的、整体性的。

以感官性作为原则来理解唐璜，是克尔凯郭尔的原创。也正因如此，“爱欲”也通过另外一个属性被定性，那就是诱惑。在古希腊时期，完全没有“诱惑”或“诱惑者”的概念，原因在于，“灵魂的”是占着统治地位的，而且与“感官性”和谐共存。所以，情欲是有灵魂的，而不是感官性的，正是它使得支配着所有古希腊情欲之爱的谦逊与端庄渗透弥漫开来。这与唐璜有着一定的相似之处，但唐璜从本质上就是一个诱惑者，他的情欲之爱不是灵魂性的，而是感官性的。这种感官性的情欲之爱就不是忠诚的，而且是绝对的不忠诚，这种情欲之爱所爱的并不是“唯一”，而是“全部”，诱惑的也是“全部”。感官性的情欲以一种重复的方式呈现出来，它持之以恒地重复着。灵魂性的“情爱之欲”包含着双重的辩证元素，一方面它在自身之中有着怀疑与不安，对于是否会实现自身、是否会被爱存在着怀疑与不安，另一方面，它总是存在着成为自己想象的绝对的胜利。看起来这种情形是唐璜的长处。

克尔凯郭尔指出，灵魂性的情欲之爱在时间里消失，感官性的情欲之爱也在时间里消失。这项特色是音乐里最出色也最擅长的，它比语言更为抽象，因而它不是说出“单个的”，而是说出“普遍的”；它并不是通过反思来说出普遍性，而是在直接性的具体化中直接说出这种普遍性。音乐过于抽象，无法表达细节的差异，但在表达普遍性方面，却有着语言无法企及的高度。

唐璜是诱惑者，他的情欲之爱是诱惑，他的感官性的欲求所具有的能量，是在这个过程中有着感官性的理想化的权力，借助于这种权力征服或者美化自己的猎物。这种巨大的激情把“欲求的对象”进行美化和发展。在这个关系之中，一切有限的差异都消失了，只剩下唯一的事情：“是一个女人”。在唐璜身上的这种力、这种全能以及这种生命，只有音乐可以表达；他只是“生机勃勃的欢悦”，没有其他的属性。因此，言辞、台词并不适用于唐璜，如果有的话他马上会变成一个反思着的个体。他没有这样的持续化的恒久，而只是匆忙地消逝了。这一属性和音乐也颇为类似，因为音乐也是一种瞬间艺术，转瞬即逝。

当然，唐璜作为处于审美阶段中的人的代表，虽然在莫扎特那里，并不适用于台词，但仍然拥有一种使用语言作为媒介来表达的方式，那就是拜伦的创作。当然，从很多方式看，拜伦的确有这种天赋造就一个唐璜，我们可以肯定，如果这项创作失败的话，原因不在拜伦，而在更为深远的地方。拜伦可以让唐璜在我们面前进入存在，向我们叙述他的童年和青年时代的生活，把他从有限的生活境况关联中构建出来。就这样，唐璜成为一个反思的个体人格，失去了唐璜在传统想象中所具有的那种理想性。在《唐璜》中，有一种被自然力量驱动着的生命，带着魔性的强力而且势不可当。唐璜在文字中可以被领会为一个个体，那么也正因如此，他也会与他所处的世界有所冲突，作为个体也会感觉到环境的压抑。个体要去克服整个世界或者与之敌对，可以以一种外在的形式。唐璜作为情欲之爱是必须要胜利的，如果我们强调外部世界，才会发现唐璜的另外一种重大的意义，这样的一种发现将构建出与音乐中的唐璜相对立的一面。在音乐性的唐璜之中，我们看到的是一种广延的诱惑者，而在后者之中，我们看到的是一个强化的诱惑者，是一个反思的诱惑者。这让我们关注到他的内在，他是怎样的狡黠与巧妙。音乐性中的唐璜享受着“满足”，而反思着的唐璜享受着“欺骗”与“诡诈”。欲求在唐璜身上醒来，因为他看到一个女孩在与她所爱的人的关系之中感到幸福，他开始嫉妒，但在歌剧中，并没有这个简短的反思过程。音乐中的唐璜是直接诱惑了1003个，而反思中的唐璜只需诱惑一个。对于克尔凯郭尔关于歌剧本身的讨论和一些音乐方面的评论，我们就不在这里详细阐述了。

四、审美生活的悲哀

悲剧自古如此，但古典悲剧和现代悲剧有着本质的差异，这在读者和观众中间已经形成根深蒂固的观念。可在这样的观念下，现代的美学家们依然会返回到“古典悲剧”当中去，找寻那些所谓悲剧的定性和要求，把它们作为穷尽概念的定性和要求，这个作用在于——不论世界怎样改变，“悲剧”观念的本质仍然没有变化，就好像“哭泣”对人的作用一样自然。所以，克尔凯郭尔决定进一步去考察“古典悲剧”与“现代悲剧”的关系，试图去显示“古典悲剧”这种特有的东西是怎样被吸收到“现代悲剧”之中的，尤其是整个时代都在向着“喜剧性”的方向努力。在一定程度上，生存被那些主体们的怀疑严重破坏了，隔绝越来越多地占了上风，这是某种我们在留意那多种多样的社会性努力时能够得到确认的东西。也就是说，这些社会性的努力通过“去抵制时代的被隔绝的努力”而得到了证明。如果一个人想使自己作为单个个体来起一定的作用，那么这就是一种隔绝。克尔凯郭尔认为这是具有一定的喜剧性的，主体性想要证明自己作为单纯的形式在作用，每一个被确定的个体想要在发展的必然性面前确立起自己的偶然性而变得滑稽可笑。让一个偶然的个体去获得最普遍的理念，甚至去成为整个世界的解放者，无疑这包含了深刻的喜剧性。

亚里士多德给出了三种因素作为悲剧中的情节的来源，一是思想，二是人物性格，三是目的。个体不是为了展示性格而做出行为，进而构成情节，这些性格却为了情节的需要而被安排在戏剧之中。在古典悲剧中，情节行为不仅仅出于人物性格，情节没能得到主观上的反思，而是情节行为自身有一种“承受”。所以，古典悲剧也不曾把对话发展成如此详尽的反思，以至于让一切都被结合到了对话之中，在独白和合唱中，有着与对话截然不同的环节。情节自身包容了一个叙事环节，它既是事件，也是情节。尽管个体自由活动，但他的性格取决于各种社会性因素的定性，取决于国家、家庭，取决于命运。

克尔凯郭尔将“古典悲剧”和“现代悲剧”之间的差异定义为“悲剧性的辜”及其不同的类型，例如亚里士多德要求悲剧英雄必须具备罪过或者错失，这个“辜”是这样一种东西，即悲剧之中的冲突。但是，主体性越多地获得反思，“辜”越是具备伦理色彩。如果个体根本没有任何悲剧冲突，也就是这个“辜”，那么悲剧性肯定也被取消了。相反，如果这个个体有着绝对的“辜”，那么它就不再会在悲剧的意义上让读者或者观众感兴趣，因为不发生悲剧的可能性被取消了，也就不存在所谓的“悲剧”了。所以，在现代，我们努力追求让所有命运攸关的东西都在个体性或者是主体性中得以脱胎换骨，这无疑是一种对“悲剧”的误解。克尔凯郭尔进而指出，对于悲剧英雄来说，读者或者观众不想对他的往昔有任何了解，而是把他的生命作为他自己的所作所为而扔在他的身上，使得他可以承担一切，但因此，我们把他的“审美上的辜”转变为一种“伦理上的辜”。于是，悲剧英雄变坏，“恶”成为悲剧性的对象，而且这个对象并不具备任何审美上的情趣，“罪”并不是一个审美上的对象。毫无疑问，这一误解的追求在催促整个时代向着“喜剧”努力，而“喜剧”恰恰就在隔绝之中。

在前文中，克尔凯郭尔主要尝试着将古典悲剧和现代悲剧间的差异体现出来，这是真正的焦点，从这个焦点出发，一切都在各自特有的差异性之中。在古典悲剧中，亚里士多德要求在悲剧中应当在观众或读者中唤起畏惧或者怜悯，他将畏惧和怜悯进行了区分，我们考虑到畏惧的时候马上就想起了那种伴随着单个的人的心境，而怜悯则是那种作为明确的印象的心境。怜悯是克尔凯郭尔的主要考察对象，它所对应的就是“悲剧性的辜”。进而，克尔凯郭尔指出，在古典悲剧中，所谓“悲哀”更加深刻，而“痛苦”更加渺小，体现在现代悲剧中，痛苦则更大，而悲哀比较小。相较于痛苦，悲哀总是包容了更多实体性的东西。痛苦暗示着一种对于苦难的反思，然而悲哀却没有。举例来说，孩子没有足够的反思去感受痛苦，但悲哀却无限深刻——当一个孩子看到成人受苦的时候，这孩子怎么也不会对这种情境进行反思，但在他的悲哀里仍然有一种对这种受苦的原因的隐约的感觉。那古希腊式的悲哀正是这样，温和又深刻。相反，当一个成人看到一个孩子受苦的时候，痛苦却大于悲哀。对“辜”的概念呈现得越多，痛苦也就越大，而悲哀也就愈发不深刻。克尔凯郭尔认为，在古典悲剧里，悲哀更加深刻。而在我们当今的时代，痛苦则更大。

实际上，克尔凯郭尔在这里真正想要讨论的是“审美的悲哀”，悲哀与痛苦有着相反的运动轨迹，无辜的程度越高，那么悲哀也就越深。人们总不会将基督的生命历程看成一种悲剧，其实这是有原因的。基督的悲剧性的情节总是包含一个“承受”的环节，承受是绝对的、自由的行为，也就是说这就是顺从。这没有经过反思，于是悲哀更加深沉。

真正悲剧性的悲哀要求有一个“辜”的环节，悲剧性的痛苦要求的则是“无辜性”，悲剧性的悲哀要求一个“透明性”的环节，真正悲剧性的痛苦要求一个“朦胧晦涩”的环节。以上就是克尔凯郭尔对于悲剧性的辩证法做的阐释。为了获得悲哀，悲剧必须在“辜”与“无辜”中游移，那么“辜”必须是一种实体性的定性；但是，既然那种悲剧性的“辜”为了获得悲哀必须具备不确定性，于是，反思就不能在自身的无限性中，因为反思在其无限性的主体性中不能让“辜”继续遗留在那里，提供悲哀的却正是“辜”。所以，在审美生活中，反思不会让主体反思出悲哀，而是反思进悲哀，它会在每一个瞬间将悲哀转化为痛苦。

克尔凯郭尔认为，喜悦比悲哀更容易被艺术描述，喜悦属于愿意开放而且揭示自身的，而悲哀却更加愿意隐藏自身，甚至是欺骗。悲哀是内闭的、沉默的、孤独的，并且寻找着回到自身的路，尤其是“反思性悲哀”。悲哀是无法以艺术的方式被描述的，它不具备内在的静态，而不断处于运动之中，因为它缺乏一种内在的宁静，它无法与自身达成一致，而且它也不依托于某种确定的简单的表达。如果悲哀在其自身之中有着安宁与平静，那么它就会从里向外地显现。反思性悲哀则向里面运动。这样，通过寻求着向里走的道路，它终于找到了一种内闭、一种内在深处，自己能够在其中停留，开始自己那种形式单一的运动。那种导致反思性悲哀的东西部分地内在于个人的主体品性之中，部分地内在于客体的悲哀或者导致悲哀的缘由之中。审美人，或者说一个有着反思症状的个体，会把每一种悲哀都变成反思性的悲哀，他的心理结构导致他不可能把这种悲哀吸收掉，这实际上是一种病态。而个体自身对“客体的悲哀”或者“导致悲哀的缘由”产生悲哀，进而成为“反思性悲哀”这一过程的反思，是另外一回事。客体的悲哀也许会有很多种品性，不论它有着怎样的品性，在它自身没有完成或者说存疑的情况下，它的情形都是如此。这里，一种巨大的多样性呈现出来，如果一个人生活和经历过许多，或者将自身的敏锐用于某些实验，这种多样性还会增强。然而，克尔凯郭尔的意图却并不是去一一论述整个多样性中的各种细节，而是一些个别的方面，比如，悲哀的缘由是一个欺骗，那么这种客体的悲哀本身就有着这样一种特性，它在相应个体的身上呼唤出反思性的悲哀。一种欺骗是否真的是一种欺骗，常常难以明确，而这一切又必须以明确的结论来作为依据，只要所谓的欺骗或歧义仍然存在，那么悲哀就无法得到安宁而不得不在反思中。如果这个欺骗没有击中一个外在的东西，而是击中了一个人的内在，那么这一反思的悲哀的持久性就会越发长久。

由此可见，反思性的悲哀无法成为艺术性的描述对象，因为它从来就不是“正式进入存在”的，而是在不断的形成之中，那些外在的显现根本就是无关紧要的。这种反思性的悲哀，克尔凯郭尔将其图像化地定义为剪影。如果拿起它，不会有什么印象，并且也难以产生想象，如果看它的影子，才能展示出来，仿佛它太过于具有灵魂性而无法被直接看见。然而，这种悲哀有时会被隐藏得更好，外在的表象中，我们根本什么也看不到，没有一丝一毫的征兆。它能够长久地将自己隐藏，却在一次偶然的机会中，将我们吞噬。随后，克尔凯郭尔将歌德的《克拉维果》中的玛丽·博马舍、《唐璜》中的多娜·爱尔薇拉和《浮士德》中的玛格丽特作为所谓的剪影，对这种反思性的悲哀进行评论，她们就是这种悲哀。

五、无聊与厌烦

有这样一个命题，即“所有人都是无聊乏味的”，克尔凯郭尔从这个命题出发，指出这一命题在最高的程度上有着那种令人厌恶的力量，这种“否定的”在根本上是一种运动原则，不仅仅是令人厌恶的，而且还无限地令人觉得可怕。也就是说，如果这个命题是真的，人们只需要从自身去考虑，无聊对于个体来说有着多么大的腐坏作用，我们可以根据自己想要在怎样的程度上保持无聊而进行调节。无聊所施展的近乎一种魔法，这个作用并不能吸引人，而是排斥人，让人反感。

当亚当觉得无聊乏味，他只有一个人，于是夏娃就被造了出来。克尔凯郭尔指出，从这个瞬间，无聊就进入了世界，随着人口的增长，而不断地增长。亚当独处时觉得乏味，和夏娃在一起也觉得无聊，该隐和亚伯同样也觉得无聊与乏味，进而全世界都会觉得无聊乏味。为了获得不那么无聊乏味的快感，他们决定造一座塔，而这座塔要冲入云霄，即巴别塔。正是因为这座塔，人们形成了不同的语言、种族，进而无法沟通，以至于产生战争。当今，人们在为找到某种消遣手段而进行恰当思考吗？没有，人们仍在加快着毁灭到来的步伐。

无聊与乏味这两个词本身就是一种划分的可能性，它能标示一个让别人觉得乏味的人，那些使自己感到无聊的人，或者让别人感觉乏味的人。有这样一个现象，即那些使自己感到无聊的人，一般会使别人感觉愉悦，使别人感到无聊的人，一般都不会觉得自己无聊乏味。从某种角度来说，使自己感到无聊乏味的人，往往是卓越的，他使得别人愉悦，而别人大多是他相知的同类。他对自己感到越无聊，他提供的消遣就更加有力。从这里我们可以看出，克尔凯郭尔在这里有些许自诩的意味。

“闲散是万恶之首。”人们常常这样说，为了遏制这种“恶”，人们需要去工作。这个观点出自一种非常庸俗的市井理论，在人们不无聊的时候，闲散本身并不是什么邪恶之源，我们甚至可以这样将克尔凯郭尔的说法深化一下，不无聊也无法闲散，相反这种所谓的“闲散”是一种“真正神圣的生活”。尽管所谓“闲散”可以让人失去财产或者正常富足的生活，但有着高贵的天性的人却并不怕失去财产，他们更加惧怕无聊。闲散就这样被克尔凯郭尔与所谓邪恶隔离开来，以至于被认为是“善”的东西。对闲散没有感觉的人因为没有这种感觉，而被克尔凯郭尔认为还未将自身提升到“人性的”水准上。在这种人的生活里有一种不知疲倦的活动，使得他被隔绝在精神的世界之外，他更加类似于一种动物，这种动物的本能是不得不处于运动之中。克尔凯郭尔认为人的定性不应当是“去工作”，而应当是“让自己开心”，或者说人的定性应该与“去工作”这类定性同样正确。

如果一个人持续不变地处于类似于无聊的状态，那么他就是“恶的”，一旦“恶的”被取消——通过“去工作”而被取消，那么这种状态就是不确定的，因为无聊这种状态无法被“去工作”取消，只能通过“让自己开心”来取消。因此，克尔凯郭尔指出，人们应当让自己开心。这是他的生存哲学。

无聊是一种直接的天赋，同样也是一种后天的获得。无聊是一种建立在空虚之上的，立足于缠绕生存的乌有，这种无聊是没有回响和共振的，恰恰是因为在乌有之中，甚至没有足够的东西使得一声回响成为可能。如何克服这样的无聊，克尔凯郭尔指出，我们不要被无聊迷住，以至于在我们想要逃避它的时候，反而深陷其中，所有无聊着的人们呼唤着变化，但在这里要依照原则行动。那么，是什么原则？克尔凯郭尔指出，通过“轮作”。轮作在于不断地轮换土壤上的作物，克尔凯郭尔的轮作并不是向着无限性和广延性方向拓展的。这种轮作是粗俗的、普通的、非艺术性的轮作，并且处于一种幻觉之中。一个人厌烦于生活在农村，他就到首都旅行；厌烦于自己的祖国，他就到国外旅行。这种运动就是广延性的，克尔凯郭尔的建议并不是这样的方法，而是近似于限制的原则，它被认为是世界上唯一的拯救的原则。克尔凯郭尔指出，一个人越是限制自己，就越变得有创造力，他举例道：一个孤独的囚犯是非常有发明力的，一只蜘蛛可以是他的娱乐物。同样，我们可以回想自己的学生时代，在那时候，教学的老师们在美学上没有任何的考虑，但作为学生的我们，一样有着许多突发奇想，一只苍蝇、房檐滴水，都可以成为娱乐项目，哪怕最小的声响和动静都逃不过我们的注意力，因为那里有原则的锋芒，它并不是通过广延性来寻求到的。当我们丢弃希望的时候，我们才能开始艺术性的生活，克尔凯郭尔指出，只要还存在希望，人们就无法限定自己。

当人们遇到什么令他们不愉快的事物的时候，他们总会去羡慕那种能够去忘却的人，但“去忘却”是一种艺术，总要事先去训练。能够遗忘，根据的是怎样去记得，但人们如何去记得，依据的是人们怎样去体验现实。带着希望的人们奋力疾跑，他们会去回忆，而没有能力去遗忘。记性最好的年龄，同样也是最容易遗忘的年龄，那就是童年的时代，一个人诗意地记得越多，他就越容易忘却，因为“诗意的记忆”实际上就是对现实的遗忘。被体验的现实，已经有了一种变化，这种变化、被体验到的东西的失去，就有了使人痛苦的成分。如果我们通过这样的方式去回忆，那么就必须要注意到一路走来的生活中的享受，如果一味地享受，那么我们就无法遗忘。因此，在审美生活的阶段里，享受或者一个生命环节过于强烈地使我们沉迷，那么人们肯定会停下去回忆，一开始就会对享乐进行控制，并带着一种怀疑的态度投身其中。

在“遗忘”的这个层面上，可以确定一个人的弹性或张力。无法去忘却的人，总是达不到很多。但人们通常的做法是忘掉那些不愉快的，而记住那些愉快的事物。这是一种完全的片面。遗忘是一种平静的活动，愉快与不愉快有着同样的关系，作为过去的时间，愉快中藏着一种不愉快，通过这种不愉快而唤醒缺憾，这种不愉快就通过遗忘而被取消了。遗忘是我们用来剪除我们不能使用的东西的剪刀，但是有必要说明，是在记忆的最高监督下剪除。进而，克尔凯郭尔借审美人的想法指出，要警惕友谊和婚姻。因为不能轻易进入任何契约性的生命关系，通过这种关系，一个人往往就不再是本身了，而是更多的人。在人们有着多个角色的时候，人们就会失去自己的自由，不能漫无目的。从这个角度看，友谊已经够危险了，婚姻则更加危险。但这并非要让生活成为没有爱欲的生活，爱欲在克尔凯郭尔这里，具备着无限性，诗意的无限性。

人们也不应当将所谓职责这种东西招惹上身，那样便使自己成了一个别的什么人，而停止了对于自身的耕耘。虽然远离了所谓的职责，但我们却不应当怠惰而无所作为，相反我们应当把重心放在“徒劳无益”的工作上，即耕耘自己的工作上面。

好比一个农民只能在土地上耕作，那么为了维持生计，他永远无法闲置这块土地，但土地的闲置又是如此的重要，因此我们要不断地变换自己，这才是真正的秘密。为了这个目的，我们必须控制自己的各种心境。这看起来随意，实则是对可能性的探究。在随意性之中能够探索全部的秘密，“随意”并不是什么艺术，但我们却需要不迷失其中且能获得乐趣。我们并非在享受直接性的东西，而是其他的东西，即偶然的东西。

一个人之外的偶然性和这个人之内的随意性是互相呼应的，为此，我们要蓄势待发。那些所谓的有预期的社会性的喜悦，提前个把月为其准备，并无多大意义；相反的，那些最为微不足道的事物，也可以在一个偶然事件中成为娱乐的丰富材料。

六、《勾引家手记》

《勾引家手记》是一部彻头彻尾的处于审美阶段的人的日记，克尔凯郭尔说这是一部精心写下的日记，日记的主人对去实现“诗意地生活着”这一任务进行了尝试，所以，他的日记并不带有真实的准确性，也不是简单的叙述，或是陈述，而是虚拟。他并没有任何别的企图去写这样的日记，日记本身只对他个人产生意义。尽管日记里的这些内容的确是被体验后的现实，但却这样戏剧地、生动地展示出来了。忽略了被体验的现实，日记以一种诗意来展示，只能说明日记的主人身上富有一种天生的诗意，这种诗意既不够丰富，也不贫乏。他还不能将诗歌与现实这二者区分开来。诗意的成分是他自己身上所带有的“更多”，这种“更多”是他在现实的处境中所享受的诗意的内容，在诗意的反思的形式中又将其收回。这种情况下，就体现了两种享受，一种是外部的，另一种是内部的，在第一种情形中，他个人亲身享受“那审美的”，而在第二种情形中，他享受的是自己的人格。第一种情形的关键在于他以自我为本位，亲身去享受由现实给予他的一切；第二种情形的关键在于他的人格得到了升华，这时他在处境中享受处境与自身。第一种情形是他不断地需要现实来作为机缘，第二种情形是现实被淹没在了他那“诗意”之中。第一种情形就是他在写日记时所处的心境，第二种情形以一种不同于前一种情形中的意义来理解，他的生命就在一种模棱两可的暧昧中流逝，这样的一种方式因为暧昧而不断拥有着“诗意”。

克尔凯郭尔指出，在我们所生活的世界的背后，远远地隐藏着另外一个世界，它与我们所处的世界的关系，就像舞台与后台的关系。透过一层薄纱，我们仿佛看到了一个薄纱的世界，轻盈且空虚，有着与昏沉的现实世界不同的质感。许多人有形地显现在这个世界里，但他们却并不生活在这个现实世界中，而是生活在另外一个世界。这样的人从现实中消逝，要么是以一种健康的方式，要么就是疾病所致，疾病中的人并不属于这个现实世界，但他和现实世界还有着很大的关联，他不断地奔向这个现实，在他最为投入的时候，他依然是在现实之外。

这部日记，就是他的。

一个女孩构成了他日记的主要内容，但他在日记中所表现出来的性格特征，表现出的在这些事情的实践上的熟练程度，使我们可以毫不犹豫地怀疑他是不是也引诱了很多其他的女孩。他在很大程度上又可以被定性为是一个精神性的，所以也无法将他看作一个一般意义上的诱惑者。他借助自己精神上的天赋，完全知道怎样去引诱一个女孩，去吸引她，但却并没有在严格意义上去占有她。可以想见，他完全清楚如何将一个女孩的情感引向最高点，当这个女孩准备奉献一切的时候，他就终止了，没有什么关于爱的承诺，哪怕一个字眼都没有。

这个女孩无法向谁去倾诉，她也没有什么可以倾诉的内容。一切关于他的爱都化为乌有，也只有她自己能够感觉。没有人能够把握，她自己也不能，但是这种不安却沉重地压在她的心上。她不是不幸的那类女孩，被社会抛弃或者被别的什么遗弃，她只是健康而又强烈地伤心。这样的受害者，从外部来看并未发生明显的变化，她们像平时一样受到喜爱和尊敬，然而她们却因为这个事情改变了，几乎无法解释，对别人来说更加无法理解。

诱惑者的生活过于精神化，以至于他并不是一般意义上的诱惑者，这在前文，克尔凯郭尔也已经强调过，然而他有的时候却利用一个纯粹的感官性躯体来支撑其精神性，最终，他将误入歧途，正如他也将别人引入迷途一样。与迷失于外部世界不同，这样引诱别人误入迷途并没有沿途的风光，而是一个没有出口的死循环，他将别人引诱进来。他欺骗了她，但在某种程度上，是他唤醒了她，是他让她去反思，在审美上有了足够的发展，使她能够不再专听一个声音而听到许多不同的声音。在这种情况下，回忆在她的灵魂深处醒来，她忘记了迷失，回忆起那些美丽的瞬间，不仅如此，她还用一种洞察力来理解他，这显示了她得到了多么强而有力的个人发展，她看不出他的高贵与罪过，只看到了审美。对于女孩来说，这却又是可怕的，因为这让她根本无从解脱。

这个诱惑者，是约翰纳斯。被诱惑的女孩，叫考尔德丽娅。克尔凯郭尔用书信和日记将约翰纳斯和考尔德丽娅的所谓的恋情做了描写。为我们还原了一个不是一般意义上的诱惑者。

七、婚姻的审美效力

在《或此或彼中》，克尔凯郭尔写给了约翰纳斯一封书信。当然他也指出，如果是别的什么人看到了这封书信的话，那么一定会觉得这封信是古怪而且多余的：一个已婚男人看到了，那么他会说，婚姻是生活的美学；一个未婚的年轻人看到了，会说，爱情是生活的美学。但是他们都没有搞清楚，笔者为什么要以审美效力来评判婚姻本身，这都源于收信人约翰纳斯对待婚姻的态度。

克尔凯郭尔在信中指出，约翰纳斯并不是婚姻的敌人，但却在滥用反讽的目光奚落和嘲笑婚姻，他的确显示出了诸多敏锐的观察，但这也正是他的错误所在。他的生命变成了对于“去生活”的纯粹的尝试性的努力，对于婚姻也至少没有“心生反感”，他所喜欢的也只是最初的盲目钟爱，他知道怎样让自己沉迷于一种梦想、陶醉于情欲之爱中。但是，他已经是成年人，而不是孩子，是一个实践者而并非作为一个观察者，尽管他有兴趣去扮演宙斯。人们并不会对他真的产生愤怒之情，因为这些在他身上体现出来更多的是类似幼稚的气质。但一旦考虑到婚姻，仅仅作为观察者就有着背叛的性质了。

回到事情本身。克尔凯郭尔试图呈现婚姻在审美上的重要意义，尽管在生活中，有各种各样的阻碍，但在婚姻中的审美意义却依然能够被保持下来。他写道，在生活里的偶然事物所显示出的积极意义，比约翰纳斯所迷恋的偶然给出的意义要深远许多。因为婚姻以及背后所代表的唯一，使得生活中的每一种情感、每一种心境都获得了更高层面的意义。所有的情感，甚至最高的宗教情感，在一个人总是独处的时候，也会具备一定的慰藉，这并不是在最初钟情的日子里的曲意逢迎，也不是在爱欲中的实验和尝试，而是生活的严肃，当然这并不是冷漠，更不是不美的、不具备情欲和诗意的。婚姻中的两个人的确相爱，并且在婚姻关系中这种相爱更加坚固。这种关系，既存在一种审美意义，同样也存在一种宗教意义，所有的爱欲中的事情，一旦与婚姻有了关联，在基督教中就有着其神圣的有效性。这种对于爱欲的青春化，不仅是一种忧伤的回顾，或者是一种人们最终用来使自己沉溺的诗意回忆，它也是一种“去行动”。

克尔凯郭尔在信中指出，约翰纳斯是靠猎掠来生活的，在女孩们不知不觉中潜入她们周围，在她们那里偷走她们幸福而美好的瞬间。的确，这些女孩并没有失去什么，因为她们甚至都不知道哪一个瞬间对于她们来说是比较幸福的，她们甚至应该对约翰纳斯心存感激，正是他启蒙了她们，她们是否会留下忧伤哀怨的回忆也未可知。但可悲的是约翰纳斯，他失去了他自己的时间、安宁以及活着的安稳的耐性，因为他自己也很清楚自己多么没有耐性，因为承受生命之重是一种非凡的美德。他的生活消失在纯粹的“令人感兴趣的”简单性之中，他总是不断地转变着自己的计划，一旦某个计划失败，另外一个计划马上就浮现出来，他持续地沉沦于“一句话可以改变一切”的那种可能性。这对于别人来说可以说是没有关系的，但对约翰纳斯本人来说，却是绝对有害的，这是以某种极其没有信义的东西为基础的，如果还有人真的相信他的话。

回到婚姻的美学意义，这种东西经常被人们频繁地指出，数百年以来，很多骑士和冒险家们承受了令人难以置信的辛劳与艰难，以求在最终获得一种幸福婚姻的平静与安宁。数百年来，小说家们和阅读者们在一卷又一卷的书页中跋涉着，以求驻足于一场幸福而安定的婚姻。数百年来，只要在第五幕中可能会出现“一场幸福婚姻”，一代又一代的观众们就忍受着前四幕的艰难与复杂。尽管这些努力十分巨大，但对于婚姻的美学意义的达成效果却微乎其微，以至于让人产生了怀疑，是不是真的有人曾在这类文字或者戏剧中感觉到自己已经具备了更大的技艺，可以更加熟练地去完成他为自己设定的任务，或者感到自己在生活的实践中是有着确定的方向的。在承受了诸多命运的劫数后，那些相爱的恋人们终于成为眷属，书章结束、幕布落下，但读者还和原来一样，并未变得更加聪明，因为，人们具备了足够的睿智和勇气，在最初的爱情中竭尽全力地斗争，却不具备审慎、智慧和耐性去克服通常会在愿望实现之后的那种迟钝和懒惰。

拥有爱情的人，并不会因为爱情路程中存在着诸多的麻烦，而放弃它。这是很自然的事情，即便没有任何威胁在场，爱情自身也会制造一些。一旦爱情被获得，有情人终成眷属，那么小说、戏剧就将迎来结束。在这些全部的艰辛的发展过程中，被作为真谛的东西、真正具有审美意义的东西是：爱情被设定了，被设定在追求之中，这种追求体现在了被设定出来的一些挣扎和斗争之中。那么，问题出现了，这种挣扎和斗争是完全外在的，而爱情则是从这些挣扎和斗争中出来的，它和这些被设定的外在一样，并没有内在化。但真正的爱情需要内在化，需要同“伦理的”“宗教的”关系建立观念上的关系，那时它才是内在化的。到那时，读者或者观众们也就不再需要铁石心肠的父亲、魔女、巨人或者精灵妖怪来让爱情显现它的力量。

人们很少能看到这样的作品。

克尔凯郭尔进而谈到了那个时代的创作，包括了所谓“罗曼蒂克的爱情”，即“直接性的”爱情，这在前文已经有所描述。直接性的爱情在克尔凯郭尔的时代已经尽显颓势，因为它在宗教层面来说是不符合信仰的。每一场婚姻，即便是经过了深思熟虑的算计而达成的婚姻也至少包含着以下一种愿望：至少在某一个特定的瞬间，即作为精神的上帝也爱着尘世间的爱情，这是很美好的。

罗曼蒂克的爱情，或者说直接性的爱情在其天赋之中是自由的，而这种天赋也恰恰是它的伟大之处，它依存于自然的必然性，也正是这一点，让它自身显现为“直接性”。它的根本在于美，部分在于感官性的美，部分在于借助“感官性”而展现出来的美，但却并不是通过一种深思熟虑而展现出来的。相反的，它总是蓄势以待要表现自己。尽管爱情在本质上是基于感官性的，但它吸收进自身的那种永恒的意识所展现的，却仍然高贵。因为，它具备永恒的烙印，它将直接性从自身之中区分出去。那些相爱的人们确信着自己的关系是永不变更的、完全的。然而，这种确信却依然是以自然性或者是直接性为前提的，“永恒的”也只是“现世”的，而且它也没有更高的依据和任何的考验，甚至可以说是作为幻觉而显现出来的，所以，使其变得可笑也就非常容易，这也是克尔凯郭尔在信中指出的当时那个时代某些作品所展现的东西。

爱情的直接性的弱点很容易被当作攻击的对象。爱情中“那永恒的”被当作了讥讽的对象，爱情中那感官性的东西无法驻留，那直接性的一瞬间是最美丽的，人们就满足于那样的瞬间。这样的一种倾向自然不符合伦理，因此笃信直接性的人们发动了对婚姻的抗议。具体的方式是克尔凯郭尔十分抵触的，即在一个时间段里可以忍受共同生活，但是并不具备任何约束力，让另外一条路的出口始终保持着开放，这样，如果另外一种更加美丽的瞬间展现出来的时候，人们可以做出选择。

婚姻已经成了人们的事务安排，而并不是婚姻了。对于个体来说，这是种奇怪的关系，而且目前人们也并未看到它在现实中实现，而时代总不断地以此作为威胁。这在克尔凯郭尔看来是高度厚颜无耻的，同时它泄露出一种濒临于堕落边缘的轻浮，这对于那个时代来说，具有一定的标志性。紧接着那个时代的轻浮，克尔凯郭尔谈到了那个时代的沉郁，正是沉郁，让人们失去了发出命令的勇气、听从的勇气、做出行动的力量以及坚持希望的信心。除了在场的东西以外，其他的一切都被割除了，人们在“失去这一切”的持续的恐惧中渐渐失去一切。一个人不应消逝在一种飞逝的希望之中，如果真的要享受，那么这个人必须有呼吸的空间，无论是在悲哀或者喜悦的瞬间，这都同样重要。也许，让约翰纳斯去认知这个事实，有一定的困难，不过反过来说，约翰纳斯在强烈程度上的享受方面却是鉴赏大师。

然后，克尔凯郭尔仍然继续坚持讨论沉郁，自我本位的沉郁自然是为了自身的缘故而畏惧，并且像所有沉郁一样，它是自我放纵于安逸享乐的。它有着某种过分的恭敬，对于整个生命的关联，它有着一种神秘的恐怖感，如果说有什么可以让人相信的话，那只能是变化，一切都会变化。就像其他的沉郁性一样，这种沉郁性也是目中无人的。而沉郁涉及的同情更加痛苦，但却更加高贵，它为了另一个人的缘故而沉郁。谁能够知道自己不会变化，也许约翰纳斯身上那具有诱惑力的东西会消失，而她只能在那里无端地失望、受到欺骗。约翰纳斯当然也警告过她，但也正是这个警告同样诱惑了她，在她身上约翰纳斯看到了更加善良的自己。这样的一种思维方式只是“每天都有其烦恼”的一种尝试，这种尝试使在其中的每一天的生活仿佛都是决定性的，人们在其中面临着种种考验。如果这种关系是婚姻，那么将毫无裨益，信守终生的婚姻就是如此，并没有给婚姻关系中的人们以生活的力量，反而是削弱它的力量，消解生活意志力的能量以及在最初获得的信任与祝福。这样的结合并不是婚姻，虽然在反思领域里达成了信守，但却没能达到那种永恒的意识，这种永恒的意识是道德和伦理所具备的，并且只有它才能使婚姻形成。

另外一条路，即理性结婚才是正路。人们在反思的领域里达成信守，对“结婚”总是怀疑，人们在“直接的爱情”和“算计的理智”之间瞄准了“结婚”，在真正的意义上，应当将其称为“理智结婚”，人们带着极大的模棱两可推荐使用“尊敬”来作为对于婚姻性的结合的一种坚实的基础。这个时代要借助于像“理性结婚”这样一条出路，这就说明了它的确经过了集体反思。如果这样的一种结合放弃了真正的爱情，但它至少有着统一的一贯性，可它却通过这个而显示出这并不是问题的解决方法。一场理智的结婚可以被看作是一种投降，生命的复杂性使得这一投降成为必然。这是多么悲哀的事情，这就仿佛是我们时代的诗歌所剩下的唯一的安慰，即“去绝望”，这种婚姻结合就是一种绝望。在那些早已成年并且也自认为早已明白“真正的爱情是一种幻觉，它的实现至多就是一种虔诚的愿望”的道理的人们之间，这一结合也常常得以信守。所以，它与之发生关系的东西就是生活的日常、生计、社会生活中的名声而已，他们的婚姻里中和抵消了那“感官性的”东西，那么它看来就是符合伦理道德的，但是这种情况滋生出了一个问题：这种中和抵消的行为，是不是也在某种程度上不符合伦理道德。尽管“爱欲的”并没有完全被中和抵消，它却还是因为一种漠然的理智观察而气馁，会气馁于谨慎、不能拒绝。所以，“永恒”也就同属于每一场婚姻，可是它在这里并没有真正的存在过，因为理智的算计总是属于现世的。这样一种结合既不符合伦理道德，又是脆弱的。

显而易见，罗曼蒂克的爱情，直接性的爱情建立在一个幻觉之上，而它的永恒又建立在“现世”之上。它让人们坚信自己的持恒性，但这种持恒性又是不确定的。在这样的关系中，人们有能力带着一种美好的虔诚来接受婚姻，但除此之外并没有得到任何更加深刻的意义。可以看出来，这一直接的、美丽的但也十分简单的爱情，被接纳进了一种反思时代的意识中，而且还成了这个时代讥嘲与反讽的对象。从另外一个角度来说，一个这样的时代也把婚姻接纳进了自身之中，一方面时代自己宣告赞成爱情，这样婚姻就被排斥掉了，另一方面，它通过“一个人放弃爱情”这样的方式来宣告自己赞成婚姻。

终于，婚姻在克尔凯郭尔这里得到了阐明。婚姻在本质上属于基督教，克尔凯郭尔认为其他的宗教国家或者无宗教国家不曾将婚姻完美化。在基督教中，爱情必须饱受灾祸与逆境，一个人才能够看到那些被安置在婚姻之中的平淡深刻、美丽真实的东西。在一个反思的时代，要展示出这一点，已经实属不易。但对于直接性的爱情来说，“它没有得到反思”这一事实就是它的缺陷，流行的做法是让那真正的婚姻性爱情带着一种怀疑开始。因为怀疑去实现“最初的爱”的可能性而消灭了这最初的爱，通过这种毁灭而使得婚姻性的爱情成为可能并且实现。这在本质上是否属于婚姻的一部分？那么，亚当和夏娃的婚姻则可能是有史以来的唯一例外，问题仍然是，这直接的、最初的爱是否被吸取进一种更高的、同心汇聚的直接性中，而使婚姻中的双方不受怀疑的侵蚀。如果是这样，那么婚姻性的爱情就没必要设定最初的爱的美丽期望，这种婚姻性的爱情反而就是最初的爱本身，只需要再加上一些附加的定性，这些定性并不是在贬低最初的爱，而是使其崇高。

克尔凯郭尔以直接性的爱情和反思性的爱情相互对立作为立足点，表明了在怎样的范围里更高的统一是一种向着“直接性”回返，在怎样的范围里更高的统一也包含了原来那种最初的直接者中所蕴含的东西。反思的爱情持恒不断地侵蚀自身，但它总指向自身以外的一种更高的东西，问题是这种东西是否能够进入与“最初的爱”的关联。这种更高的东西是“宗教的”，知性的反思终结在这更高的东西之中，正如对上帝而言没有什么是不可能的，同样对于宗教的个体来说，也没有什么是不可能的。在“宗教的”之中，爱情再次找到那种它在反思的爱情中徒劳寻找的无限。如果，我们将“宗教的”定义为高于所有尘俗事物的东西，它相对于直接的爱情而言也不是一种偏离中心的东西，而是一种与之同心汇聚的东西，这样的统一必须让痛苦成为必然，尽管“宗教的”可以解除这痛苦，但是这种痛苦将会一直是一种深刻的痛苦。对于信奉直接性爱情的人来说，他们并不怎么喜欢婚姻，而许多婚姻性的爱情并没有更深一步的爱欲就达成了信守，基督教却一直坚定不移地维护着这种婚姻。这样，婚姻性爱情并没有包括所有“最初的爱”中所具有的爱欲，这在很多爱情中是最为美丽的东西。于是，克尔凯郭尔做出大胆的假设，基督教根本不是人类的最高发展，这是一个矛盾，整个社会的文学艺术中都回荡着一种绝望，这种绝望的出现源于这个矛盾。

随后，克尔凯郭尔指出，下一步主要是要显示出直接性的爱情要能够与婚姻达成统一并且存在于婚姻之中，婚姻是直接性爱情的真正崇高化。婚姻是对最初的爱，或者说直接性的爱的崇高化而不是对其的毁灭，是它的朋友而非它的敌人。

那么，究竟什么是一场婚姻。首先，真正有着建构性作用的东西是爱情。一旦爱情被去掉的话，共同的生活要么就是对感官性享乐的单纯满足，要么就是一种为了达成某种意图的合作伙伴的协和关系。爱情中有着“永恒”的定性，不论它以哪种形式表现出来。

每一个阶层都有自己的叛徒，婚姻者阶层也有。当然，克尔凯郭尔指的不是那些诱惑者们，因为他们本身并没有加入那个神圣的婚姻者阶层，也并不是退出婚姻阶层的人，他们是有勇气的公开的造反者，而不是叛徒。克尔凯郭尔所说的是那些只在思想中叛逆的，那些根本不敢把这些叛逆思想表露为行为的人。这些人叹息着、慨叹着、抱怨着爱情早已从他们的婚姻中消失。实质上，这些叹息与抱怨无非就是一种对于直接性的爱情与婚姻的分离，直接性的爱情被放在了一个时间环节之中，婚姻则在另外一个时间环节里，这二者无法保持统一。那么，直接性的爱情所归属的时间环节归属于哪一个环节？人们普遍定位为订婚，订婚状态中的美丽时期。克尔凯郭尔认为，这一状态中的人们带有一种滑稽的骚动和感伤，就好像人在要下水之前，往水里探手探脚，一会儿觉得水太冷，一会儿觉得水太热。如果订婚状态真的美好，那么人为何要去结婚。当然，在最后还是要结婚，这样的做法暴露了人们的浑噩与麻木。

现在，如果一种这样的对于直接性的爱情和婚姻的分离有着任何有效性，那么这样一种分离的有效性或者说正当性立足于合理的基础上吗？实质上这已经认定了，直接性的爱情就是无法保存的，这里有着明显的猜疑和怯懦，它认为发展就是倒退和毁灭，这样柔弱而卑微的、直接性的爱情不会有能力去抵挡住生活风暴所吹起的一小阵风，而通过婚姻表现出的伦理和宗教的东西也无法被统一。直接性的爱情同样也有可能凭一己之力在生命中屡战屡胜一路斗争。这一看法将把前面所说的问题引导回去，要么回到直接的爱情所具有的未经考验的悲怆，要么回到个体一时的情绪和突发的兴致——这种情绪认为依靠自身可以坚持下去。

婚姻中实体性的东西是直接性的爱情，但究竟是婚姻在先，还是直接性的爱情是最初的？婚姻在先这种考虑方式在理智有限的人们那里受到敬仰，父辈们认为自己已经有了这样的经历，所以他们的孩子们也应当有这样的经历。他们的思考方式是如此狭隘，以至于克尔凯郭尔只是为了一种完整性的缘故才提到它。在克尔凯郭尔那里，直接性的爱情才是最初的东西，它也有着如此脆弱的自然天性，尽管天性自然，却矫揉造作，以至于它根本不能够与现实进行接触。那么，现在来看，“订婚”在这里获得了意义，是一种不具备“现实”而只靠甜蜜的“可能”支撑起来的最初的直接性的爱情。这种关系没有现实的实在性，停留在婚姻前的“虚无缥缈纵情迷醉”的姿态之中。订婚者们自己越是不现实，就会越觉得有更多的必要去躲避婚姻的严肃形象。订婚看上去不具备一种必要的结果，对于那些没有勇气进入婚姻的人来说，这是一条绝妙的出路。在他们要迈出决定性的一步的时候，他们会觉得有一种需要，需要一种更高的权力的指引，或者达成某种协议，通过责任来与自己达成协议，或通过参与教堂的祝福而达成协议。这里又出现了一道介于直接性的爱情和婚姻之间的沟壑。这种情况下，直接性的爱情不是理想的那种爱，它缺乏那种在婚姻中有着伦理道德表达的感官性的环节，以至于这样一种婚约甚至可以发生在男人之间。反过来说，它一旦强调起“感官性的”作用的时候，它就立即转而进入那些在前文谈论过的倾向中。订婚无论如何都不完美，克尔凯郭尔说道：它是一种试图欺骗上帝的努力，而在整个事情出现问题的时候，又将自己托付给上帝，在宗教方面，它也没有完美性可言。

婚姻不应当将自己与直接性的爱情对立起来，相反它应当是这份直接性的爱情的延续，而不是作为一种过去式的东西，应当作为一个在场的东西来继续这份爱。但在婚姻之中，有一个伦理和宗教的环节，这是直接性的爱情所没有的，婚姻立足的基础是“放弃”，而直接性的爱情则不是如此。直接性的爱情可以与婚姻互相统一起来。

克尔凯郭尔将自己的表达与一个词联系起来，即“最初的爱”。这个词对克尔凯郭尔来说，和生命中各种美丽的东西一样，在年华流逝后回忆起它来，是美丽的。比起那平庸的理智，这种理智类似于一种“让自己以为自己健康而充实，实质上却是深刻的消耗”的疾病。但相对于约翰纳斯来说，“最初的”是一种被高估或者低估的神秘，有时他只因为是“最初的”而热情洋溢。在这“最初的”之中，约翰纳斯不断地在精神层面扩展自身，处于追猎“最初的”快感之中，但如果要让“最初的”不断地涌来，这确实不可能。作为最后的结果，只能是根本没有达到“最初的”，要么就是已经确实拥有过了“最初的”。如果要求那“最初的”本身以外的其他东西总是在场，那么，约翰纳斯的这种要求就是一条歧途。那“最初的”也并不是最初的了，而是一个谎言。

“最初的”这个词对于某个个体有着怎样的意义？对于他整个精神状态来说有着真正的决定性的意义。如果这个词对某个个体没有什么意义，那么这个个体的灵魂根本没有被更高的东西触摸和震颤的倾向，如果获得了某些意义，那么这个个体则有两条路。一是包含了关于“将来的”应许，是催促向前的东西、是无限的脉搏。二是处于“最初的”那种力量并没能成为启动性的力量，而是抵制性的力量，使个体不断地远离那“最初的”。如果那个个体不是完全咎由自取的话，后者一般是不会发生的。一种事物能够被重复的概率越大，“最初的”所具有的意义就越小，从另外一个角度来说，“最初的”所具有的意义越大，它能够被重复的概率也就越小。那种永恒的东西，“它能被重复”的概率几乎为零。如果一个人带着某种严肃或者忧伤谈及最初的爱，就仿佛它永远不会重来，那么，这就不是对爱情的轻视，而是对那“永恒的权力”最为意义深远的赞美。

“最初的”之中暗示出自身的东西，依赖于一种“现世的”或“永恒的”综合，那么，这一切就保持了有效性。在那“最初的”之中，“整个的”内蕴是隐秘在场的。于是，“最初的爱”也是那第二次的、第三次的直至最后一次的，“最初的爱”有着“永恒”的定性。当然，这是对幸运的人来说的，对不幸的人来说，“最初的爱”只是缓解，它得到了“现世的”定性。对于前者，只要最初的爱存在着，这最初的爱就是一种在场的东西；对于后者，只要最初的爱存在着，这最初的爱就是一种过去的东西。如果在那些有幸的个体中存在一种反思，那么，只要这种反思是“现世的”，这种反思对于爱情就是一种破坏。

“最初的”爱之中有着一个“感官性”的、一个“美”的环节，然而它却不仅仅是感官性的。“感官性”就其本身来说，通过反思而出现，但“最初的”爱缺乏反思。这就是那种“最初的”爱之中的必然性。它像其他所有永恒的东西一样，有这样的双重属性：它将自己设定为永恒。诗歌中经常会提到，对于相爱者们，他们似乎早就爱过对方，甚至刚见面就是这样。这就决定了爱的本质就是自由和必然的统一，个体在必然性中感觉到自己是自由的，同时也感觉到了整个的个体能量。在这其中，始终保持着一种崇高与神圣。在宗教意义上来说，得到发展的个体当然是习惯于将一切都联系上帝，将上帝的思想渗透到每一种有限的关系中，并且由此将之神圣化和高尚化。如果出现了上述这种情感，作为宗教中的人不求教于上帝，这无疑是令人疑虑的。但如果将这段情感带到上帝那里，那么这种关系就会失掉原来的平衡。如何使这份情感成为可能，或者在这一情感中继续停留，成了微妙的矛盾。这种做法具有庄严意义上的“宗教性的婚姻”的形式。在这种形式上，自由是缺乏的。而“最初的”爱是自由和必然的统一体。个体觉得自己被一种不可抗拒的力量拉向另一个个体，但在此之中感觉到了自己的自由，这种“普遍的”与“特殊的”的统一，甚至在情愫偶然发生的时候也是如此。他们通过一种无法抗拒的力量相互吸引对方，在这之中享受着全部的自由。

“最初的”爱之中有着直接的、天赋的保障，它什么危险也不怕，藐视整个世界，它具备极大的权力。从这个角度来看，这“最初的”爱无须任何保障，同样也不需要任何支持，如果需要，那么它也就不是什么“最初的”爱了。因此，“最初的”爱在其自身是直接的、确定的，但那些个体们则在宗教意义上得到了发展，当然，这是预设“最初的”爱和婚姻能够相互在一起持存。但一场不幸的“最初的”爱教会了那些个体逃向上帝或婚姻来寻求保障的时候，就是另外一回事了——“最初的”爱出离了平衡状态，尽管要让它重新回到平衡的可能性依然存在。于是，他们就习惯让一切都归于上帝，但“让一切都归于上帝”自然也就包括了一种由不同方式构成的丰富多样性，他们寻求上帝的日子也就并不悲哀，驱使他们祷告的东西也不是畏惧，外在的危险对他们也丝毫没有作用，而内在的危险，处于“最初的”爱之中的人对其也一无所知。通过宗教的形式，这“最初的”爱并没有任何改变，任何起着打扰或者搅扰作用的反思都没有走进它之中，它自始至终保持着一种同心集中，或者说通过宗教形式进入了更高层面的同心集中性中，因为它得到了更加确定的祝福。于是，克尔凯郭尔通过“同心集中性”，相对于伦理和宗教，将“最初的”爱勾勒了出来，并且得出，通过这种描绘，它并没有打破平衡状态，而是更加和谐。

的确，在基督教里，“美”和“感官性”是被否定的。的确，步入教堂出嫁，对于一个年轻的姑娘来说是欢欣鼓舞的，可教徒们会像看着一个不完美的、无法抵抗尘世间欲望与诱惑的生物一样看着她。基督教中上帝的确是精神，基督教本身就是精神，在肉体和精神之间被设定出了分裂，但是肉体不是“感官性的”，它是自私的，从某种程度上来说，精神也可以是感官性的。这种感官性，更类似于寻求美的本性。如果“最初的”爱在其中有着“美”的环节，“感官性”这种本性，以及所具有的这种喜悦和充实，完全能够被接纳进基督教。

当然，在婚礼上，这种宗教性的权力会要求在这“最初的”爱之中的人们互相忠贞，这并不是强行逼迫，而是这份“最初的”爱在宗教性方面的发展，它获得了宗教性权力。同样，这并不是对爱情的扭曲，“以某种方式把爱情弄成一种义务性”来寻求一种强化确认，这是一件很自然的事情。在婚礼的誓言里，这其中的一切才能有效力，否则，对着月亮、星辰或者父亲的骨灰，都可以起誓。这说明依据于爱情的一切，都获得了实在性。

显而易见，让爱情在一种更高的层面崇高化，这是约翰纳斯所不具备的。因为那“最初的爱”并没有什么需求，而只是直接就这样去做了，约翰纳斯有这种需求却不去满足它。如果现在看一下约翰纳斯这种假想出来的“最初的”爱，这种爱情还未出生就已经死亡。“最初的”爱是步入“伦理的”和“宗教的”关系又无须通过一种出离了平衡状态的反思，只是被向上牵引进一种更高的直接性的“同心集中性”，“最初的”爱被导向了上帝，这种变化以这样的一种方式发生，恋人们也为此而感谢上帝。在这其中，一场高贵化的变化就此发生。男人会自以为征服了所爱的女孩，在这之中感到自己的优越，却绝不是审美性的。在他感谢上帝时，他则是处于自己的爱情之下的谦卑。

在前面的文字中克尔凯郭尔已经暗示，最初的爱情之中就有一种永恒，尽管它是幻象的永恒，但它还是让爱情变得道德化和伦理化。在恋人们把他们的爱情引向上帝的时候，这一形式就已经为他们的爱情打上了永恒的烙印。

克尔凯郭尔继续说道，“最初的”爱包容在了婚姻之中，那么，蕴含在“最初的”爱之中的同一种“审美”也蕴含在婚姻之中，“审美的”处于无限之中，处于对立面的统一体之中，而爱情就是这种对立面的统一，它既是感官性的，又是精神性的，是自由的，也是必然的，处于即刻的环节之中，高度地在场，但它在自身之中有着一种永恒。所有这些也是婚姻具备的，婚姻是感官性的但又是精神性的，但它“更多”。或者说，“最初的”爱是灵魂性的，它是被精神渗透了的感官性；它是自由和必然，并且也是“更多”，是“更多”灵魂性的自由，但自由越多，放任也就越多，只有拥有自身的人才能够挥霍自己、放纵自己。在宗教性中，个体变得自由，同时也让这种“最初的”爱在其自身之中有着内在的无限。婚姻是许多对立面的统一——“精神的”和由此而在一种更为深刻的对立之中的“感官性的”。但婚姻中的人离“感官性”越远，就能获得越多的审美意义，这里的感官性是纯粹的感官性，而不是精神的感官性，否则，动物们的直觉就变成最为审美的了。

婚姻是精神的审美，而“感官性”也并没有遭到否定，而是得以崇高化。精神的爱情会将自己无限化，正如前面所阐释的，它是自由并且是必然的，在其自身之中并且也在其自身之外。正因为婚姻以这样一种方式内在、和谐，那么它自身之中就包含着自己的目的。既然它不断地以自身为前提条件，那么对它的目的的讨论也就非常容易造成误解，即“为什么”。“为什么”是非常容易让人误解的一个问题，并且会将婚姻本身置于一种可笑的境地。克尔凯郭尔要强调的是婚姻中美丽的东西，“为什么”越少，爱情越多。当然，对于轻佻浮躁的人来说，在婚姻背后会显示出一个小小的“为什么”；对于严肃认真的人来说，在这里显示出来的则是一个极大的“为什么”，对于他来说，“为什么”越少越好。通常婚姻无须什么重大的“为什么”就可以缔结，但这些婚姻的重点在于“怎样”，该怎样相处、怎样抚养孩子等等。除了婚姻自身所具备的“为什么”以外，没有别的什么是属于这个婚姻的，但克尔凯郭尔认为，这是无限的，也正是在这样的意义上，这种婚姻没有“为什么”，更容易使自己确信。如果我们要严谨地回答这样的“为什么”，也许获得的是一个新的谎言。真正的“为什么”只有一个，而且它自身中有着一种能够镇压住所有“怎样”的无限能量和能力。

通常，人们认为“为什么”这个问题背后所给出的最为体面的答案之一就是：婚姻是一所品质的学校，一个人结婚以求陶冶自己的品质并使其高贵。但常识情况下的理智反思并不会使婚姻道德化，甚至会让婚姻不道德化。克尔凯郭尔举了个小例子来说明，大概情况就是在一场家宴上，彼此不熟悉的人们猜忌着主人家的婚姻情况，这也是世俗的人们在日常生活中的普遍心理。感官性的爱情只能有一种神圣的变形——在此之中它在同样的程度上不是审美的、伦理的和宗教的，这只是爱情。而尝试情况下的理智算计也并不是审美性的与宗教性的，因为“感官性的”没有处于它应处的位置。因此，一个为了这种或那种缘由而结婚的人，他同样也不是审美性的。他的意图中的善意根本毫无用处，错误就在于他有意图。婚姻应当是自然发生的，而非意图下的理智算计的产物。理智算计的人们构成的阶层，带着极大的鄙视将“审美性的”视作粗鄙的、低贱的，并且在自己的可怜的目的论中自以为高高在上。但其实恰恰相反，这样的人既不是伦理的也不是审美的。

前面说过，婚姻是一所品质的学校，也有其合理的一方面，或者换一种更加贴切的描述：它是品质的渊源。但更加确定的是：为了这个原因而结婚应当被送到别的什么地方去，而不是爱情这片区域。况且，一个人永远不会在这里因为他的意图而获得什么好处。首先，他去除掉了婚姻中婚姻所意味的东西，理智算计对于婚姻来说大错特错，因为婚姻是一场冒险；其次，他让爱情的巨大驱动资本流失了，同时也错过了宗教给予婚姻的那种谦卑。他过于聪明，以至于无时无刻都要随身携带一种关于他如何发展的固定而完备的观念，但也正是这个观念使他的婚姻成了不幸。

或者，一个人结婚是为了有孩子，为人类在地球上的存续做一份小小的贡献，想一想，如果没有孩子，那么他的贡献就会变得微乎其微了。国家允许人们对婚姻有这样的意图，并且会用奖金鼓励那些生了孩子的夫妻，这种情况显示出了这样的意图：在某种程度上，人们并不愿意让单个的人成为一个单纯的环节，而是想让单个的人成为一种完全的人。国家被领会得越抽象，那么个体人格就会越少地被消灭，这样的一种鼓励也就是自然的。实质上，可以看出，在我们这个时代，人们在赞美一种没有孩子的婚姻，没有孩子可以避免很多麻烦，而且这还是很多人不去结婚的强大理由。在很多所谓优雅的国家中，父母悄无声息地通过将孩子尽早地送去寄宿学校这样的方式来表达，他们希望孩子远远地离开。现在看来，对人类的繁衍而做出贡献而结婚是高度客观又高度自然的理由了。貌似这是将自己置于上帝的立场，并且从这一立场出发去看待如何维护人类。落实到个体身上，家庭中的家长往往希望儿子尽快结婚，以便延续家族的香火，尽管一个个体很有可能对生活毫无要求，但却不无忧伤地回想，想到自己的父母，他如此地爱他们，希望无论如何这个姓氏不至于消失。如果他能向下一代孩子们讲述他们的祖父母，通过这种独特的回忆来强化他们的生活，通过祖辈的生活去激励他们获得高贵和伟大，那将是多么美好。同时，也许他还会觉得自己可以通过这个补偿对父辈的亏欠。这一切是善良而美好的，但与婚姻毫不相干，并且如果婚姻若是因为这个原因而达成，那么既不审美，也不道德。婚姻只能在一种意图下达成，它才能既是符合伦理的，又是审美的，这个意图是内在的，“精神性的”和“感官性的”都包含其中。

由是观之，所有类似这样的婚姻都有着这样一个错误，人们把婚姻中的一个单个环节弄成婚姻的意图，而当他们不得不承认一场婚姻比获得一个舒适、被认可的家庭稍微多出一些东西的时候，他们常常很失望。并不是每一个人都能把自身的活动展开得那么广泛，有许多自以为是并在为某种所谓“伟大的事物”效力的人们早已陷入了一种谬误之中。的确，一个人能够在这个世界所能达成的东西是微不足道的，只有在相应的信念之中，一个人才会确信自己达成的任何东西。另外，婚姻之后人们才会有家庭。“获得了贤能的妻子，就是获得了最好的产业……哪里没有垣墙，财产必被抢掠；哪里没有妻子，人就要漂泊嗟叹。谁能相信一个随时能够武装起来，从一城窜入另一城的强盗呢？同样，谁也不会相信一个没有家室，一到晚上便到处寻找居所的人。”当然，克尔凯郭尔在信中直抒胸臆：并不是为了一个家而结婚，但有一个家，这是一个极大的祝福。我有一个家，但这个家对我来说并非一切，但是我的妻子，我是她的一切。一个人对于另一个人来说意味着一切，这其中的美好无须任何个别的事情来单独阐释。克尔凯郭尔继续说道：约翰纳斯对于一大群人都是一切，但在根本上却什么都不是，也可以设想一下，在人们所进行的瞬间即逝的接触中，约翰纳斯可以以一种“令人感兴趣”的形象出现，能够唤醒那么多的创造性，但却没有发现一个“你希望自己去成为其一切”的人，这太令人痛苦了。

必须与“一个家庭”的观念联系起来的，是“一种作为”，而且是伦理性的。另外一个与“一个家庭”的观念联系起来的，是一种对于细节的具体化。每一个家庭在细节方面，都有自己的特殊性。如果能够去认识这一类的多种样式，那是非常令人感兴趣的事情。每一种细节上的特殊性都被某一种精神渗透着。

那些为拥有一个家庭，或者说以拥有一个家庭为目的而结婚的人总是叫喊着，没有什么人等着他们，没有什么人迎接他们，这充分地显示了，他们其实只是“在外”的时候才想有一个家，或者说，这样的人们只是世界上的旅客和寄居者。一个家庭恰恰会让这样的人感觉到舒适，感到欣悦，通过轻松仿佛已经在此之中达到了一种亲密，但这并不是真正的亲密，他们在离开时依然是旅客和寄居者。家庭应该无处不在，既不用为了记住也不用为了忘记“我有一个家庭”。一个人在有了一个家庭的时候，他就有了责任，这一责任本身就给予人安全和喜悦。但不愿去作为的人，却没有这种安全和喜悦。

如果人们怀有诸多意图去结婚，那么他们的婚姻既不是审美的，也不是宗教的，当然还有更加可怜的意图，比如为了金钱，或者出于嫉妒等。如果一场婚姻是审美的和宗教的，婚姻完全可以等同于“最初的”爱，婚姻中的“审美性”就是那“最初的”。婚姻用来区分自身和“最初的”爱的东西是“伦理性”和“宗教性”，这两样东西在婚礼中最为显著。

首先，婚礼并不是由那些恋人们在某个丰富的瞬间想象出来的，也不是某种想象出来马上又能放弃的东西。这实质上体现了婚礼的权力性，但是，爱情需要承认这样的权力吗？当然，一旦怀疑和忧虑占据了一个人并且教会他去祈祷，那么他就会在这样的一种权力之下折腰，但“最初的”爱并不需要这个。值得指出的是，也正是某些不幸的爱情能够让一个人变得有宗教性，宗教性的个体也能够爱。宗教性是在人性之中的，但需要有一个“先行的断裂”来唤醒它。如果那些相应的个体是宗教性的，那么他们在婚礼上所面临的这种权力就不是陌生的，正如他们的爱情将他们结合在一个更高的统一体之中。

其次，婚礼给出了一种“进入存在”的概念，并且由此将新的婚姻锁定在人类巨大的族群之中。它在人的意识之中将“普遍的”“人性的”呼唤出来。这刺激了人们，或者具体地说是参加婚礼的人们。在这个瞬间，一个人让自己与另一个人如此亲密地结合了起来，以至于其他的东西都消失了，只留下了这样一个瞬间。但从另外一个方面来看，这对于“最初的”爱来说却有着相反的作用，比如某某先生和某某女士在何时何地结婚，这样的论述本身就包括了一种反思，反思的是婚礼的普遍，而忽略了他们之间的爱情。爱情是“普遍”与“特殊”的统一，但是约翰纳斯却认为的“若要享受那特别的”，就必须将其置于“普遍的”之外，可“普遍的”和“特殊的”越是互相渗透，爱情就越发美丽。婚礼在这其中，起到的作用就是回首指向那“普遍的”，它也将这些相爱者们带回到最初的父母那里，并不是停留在一般意义上的“普遍的”。

最后，婚礼使得相爱者们之间的爱情，也就是处于运动之中的爱外在地显现出来，使得“普遍的人性”得以落实。教堂里，牧师会询问婚礼上的双方，并要求他们为爱做出保证，这是为了让已经坚定的东西外在地显现出来。可是牧师并不会问那“最初的”爱，因为他已经将这份感情预设为前提条件。最终，教堂获取了一个许诺，这个许诺中的意向使得个体得到自由，越是自由，婚姻就越是审美性的。于是，只要一个人在直接的无限性的“最初的”爱中寻求着审美性，那么婚姻也就是“最初的”爱的神圣崇高化，并且比“最初的”爱更加美丽。

那么，最后的问题就是，这样的爱情能够实现吗？在婚姻之中蕴含着自身的运动法则，“最初的”爱作为一种非现实的自在者，永远无法获得内在的实体性内容，因为它只是在一种外在的媒介中运动。在“伦理性”和“宗教性”的意向中，婚姻性爱情有自身的内在历史，并且会将自身从“最初的”爱中分离，这种爱情是十分强大的。婚姻性爱情不仅将自身的注意力对准了外部世界，以维持自身的完整，而且也将自身对准了内在，在其中有着现世性的永恒。婚姻在双重的意义上显示为爱情的理想。婚姻性爱情能够实现，并且比“最初的”爱更美，婚姻性爱情远远超过“最初的”爱，是“诗意的”，但前提是以“最初的”爱为这理想的源头。

婚姻性爱情在自身之中包含了更多，前文已经论述，而且也可以看出，它有能力去放弃它自己。如果“最初的”爱无法实现，那么个体就能够放弃它。婚姻性爱情是一种吸收和同化的过程，它在被体验的东西中试验自己的身手，对于所发生的事情，它并不是漠不关心的，而是一个本质上的参与者。“最初的”爱当然也会体验，尽管“最初的”爱能够体验一段时间，但却永远不会让爱情具有历史。或者说，它也会让爱情具有短暂、庸俗和呆板的历史。另外一种则是实验性爱情，但它更加倾向于询问爱情的状况，然后获得一种喜悦，一方面是在事实结果符合预测的算计的时候，另一方面是在事实结果显示出了别的什么东西的时候。在后者发生的时候，它同样是心满意足的，因为它终于找到了一个任务，来为这段实验画上阶段性的符号。婚姻性爱情则在自身之中有着天性，并且也有着持恒性，这种持恒性所具有的力量就像运动法则一样，是同一种东西，是意向。婚姻性爱情就这样战胜了这一切。反过来说，“宗教的”和“伦理的”在婚姻性爱情中走向“最初的”爱，绝不是在贬损“最初的”爱，而是在内在本质中相当深刻地使其确信，并且绝不会否认这样一个宗教出发点。

每一种“进入存在”，恰恰是因为它越是健康，就会在自身中有着某种争议性的东西，并且每一场婚姻性的结合也有着这样的情形。如果婚姻性爱情是一种真正的“最初的”爱，那么它也有关于自身的某种隐秘，这些不会公之于众。所以，隐秘性是在婚姻中保存“审美的”必须具备的首要条件。前面也已经阐释，“最初的”爱无法具备历史性，因为它总要将自己置身事外，无法通过其他的方式来实现自己，这是它非历史的特性。婚姻性爱情的独特之处在于：它留在了丰富多样性之中，又保存了自己的隐秘。婚姻性爱情有许多外在的事情需要考虑和涵盖，根本无法在某个小事情上或者单个事物上耽搁。

以上所说的首要条件从内在的角度来说，是在可以想象的最大尺度之下的坦白、诚实和公开，这是爱的原则。但是这种公开需要勇气，这并不是那种盛行的在家庭婚姻中的轻佻随意的谈话，而是更多，只有在隐秘的地方，才能公开地谈论。如果一个人要显示出其真实所是，那是需要勇气的。如果在这整个观照中，还有关于爱情双方的审美意义上的美的东西的话，一方面，就要从爱欲的羞涩中去寻找，另一方面，则是不断地挖掘和获取，不在任何瞬间把自己所爱的人作为已经获取的事物来拥有。克尔凯郭尔在信中指出，约翰纳斯则紧紧依附着一种就其本身而言的直接性、自然定性，而不敢让它在一种共同的意识中明了，因为，“使之在一种共同的意识中明了”就是婚姻中的公开。神秘的消逝不会导致爱情的停止，恰恰相反，神秘的东西消逝后，爱情才刚刚开始。一个人只有在知道了自己所爱的东西究竟是什么之后，他才真正地开始爱。

约翰纳斯的爱情缺乏真正的祝福，因为他的爱情缺乏逆境，或者说，“它不是真相”。“它不是真相”也是一种幸运，因为逆境也是婚姻的一部分。在意向所包含的放弃中，已经蕴含了“把逆境看成是其中的一部分”。逆境不会获得某种特定的形态而令人不安，恰恰相反，它已经被克服。逆境的反射属于婚姻性爱情的共同历史。只有在爱情之中，个体真的打开了他的心灵，以这样的方式把一切都投注进了共同的意识，隐秘性才能获得力量、生命和意义。只有迈出公开的这一步，一个人才能显示出，他不是爱自己，而是爱另一个人。爱情是奉献，只有从自身之中走出来，奉献才是可能的。在婚姻性爱情中，隐秘已经丧失，同时隐秘性的人也随着隐秘一同丧失，在他丧失自己并将自身遗忘在另一个人那里时，他对于另外一个人来说是开放的。

诚实、坦白、公开、理解是婚姻的原则，如果没有理解的话，婚姻就是不美的，在事实上也并不是道德的。爱情所结合的两者——感官性的和精神性的就会被分开了。只有在这样的情况下爱，婚姻才是道德的，并且在审美意义上才是美的。我们常常听到经验丰富，或者貌似经验丰富的人们谈论在怎样的情况下，应当劝阻一个人去结婚，但这种谈论一般不会有什么太大的意义。从公开的角度来说，如果你的内在发展史中有一种不可说的东西，或者一旦隐秘被泄露，需要付出生命的代价，那么就不要结婚。这样的婚姻并不美好，而作为婚姻中“审美的”，是婚姻性爱情的绝对前提。

“变得具有历史性”在本质上是婚姻性爱情的一部分。克尔凯郭尔这样解释如何变得具有历史性：婚姻性爱情所赢得的每一场胜利在审美意义上胜过其他任何胜利，在赢得这种胜利的时候，它也获得了荣耀。婚姻性爱情无所畏惧，它要进行的斗争和克服的麻烦，并不具备多么重大的意义，但对于“审美性”来说，它无所畏惧。从现实角度来说，如果一个婚姻不得不去斗争的对象是贫困，那么，就去工作，一切都会好起来。既然讨论的领域是一个诗意的世界，那么，就要虚构出这样或者那样的现实，让处于婚姻中的人们疲于生计。约翰纳斯就是这样“诗意”的人。在一般意义上，这些麻烦是内在和外在的，并且，考虑到婚姻方面，在婚姻之中一切恰恰都是内在的。就让我们看一下外在的麻烦，与诗意的戏剧创作不同，生活现实中的不幸与悲惨并不会被“审美性”所战胜，贫困与不幸的人有很多，但克尔凯郭尔坚持认为，没有什么东西能够完全碾碎一个人身上的“审美性”，这样一种信念，是那么强而有力，那么真挚。这是一场斗争，一场严肃的斗争，斗争中的人没有区分开诗歌的世界和现实的世界，而是在诗歌的视角下与现世为敌。

克尔凯郭尔进而补充，婚姻的外在的考验如何转换为内在的考验？如果要保存这样的内在的审美性，就必须要将外在的考验转换为内在的。这与逆境本身并没有直接的关系，无论贫穷还是富有，能够将外在考验转换为内在经验的人，不论是身处何种逆境，实际上从婚姻的角度来说，已经战胜了这场考验，他在承受种种考验的苦难的瞬间就已经发生了实质性的变化。“最初的”爱要在生活中持恒，肯定会遇到这样或那样的不幸遭遇，比如“习惯”，比如“单调”，这是最为简单的遭遇，但这样的遭遇却不可避免，婚姻中的个体的任务就在于去战胜它。那么，这种“习惯”和“单调”到底是什么呢？克尔凯郭尔指出，关键在于要解决“诗歌”和婚姻之间被臆想出的矛盾性的错误。这个错误在于历史性的思维。约翰纳斯在到达顶点之前，并不那么担心和害怕，通过各种丰富的反思，他会努力使得那些再生产的瞬间比它们原本所具有的时间更加持久，一旦到达了顶点，或者可以将到达顶点理解为将“最初的”爱的对象征服，一切也就变了样，一切都变成贫瘠的、令人无精打采的。因为约翰纳斯的天性就是征服，而不是占据。

“占据”比“征服”要艰难得多，并且要更伟大，但“占据”却并非更美丽，而是更加伦理。在多数人那里，这种看法得到了广泛的认可，这种认可把“审美意义上美丽的东西”和“可以在审美意义上被美丽地描绘出来的东西”混淆了。我们可以看到：多数人通过艺术、文学来寻求深层次审美意义上的满足，另外，也有一些人是通过自己的生存去观照那如其所是的审美性的东西，自己在审美的观照下，对待自身的生存，并不只是享受诗意的再创造。克尔凯郭尔指出，在一种审美环节的描绘之中，总会有着某种浓缩，这种浓缩力度越大，审美的作用也就越大。所以，那幸福的、不可描述的、内容无限丰富的环节就获得了唯一的有效性。艺术只能做到这种程度，而忽略了历史性的东西，它只能浓缩地表示历史，这种浓缩的环节所蕴含的历史越多，它就越艺术化。

艺术和诗歌使得我们缩短了这种历程，并且让我们在完成的环节中获得喜悦，把“广延的”变成了“密集强烈的”。但那出场的东西意义越是重大，历史的过程就越缓慢，过程本身的意义也就越重大，这都是人们所忽略的。从个体的生存角度来说，历史有两种类型，外在的和内在的。第一种又具备两个方面，一是个体并不具备他所追求的东西，他的历史就是斗争，在这种斗争之中追求这些东西；二是个体具备他所追求的东西，但却没有“占据”，不断地有外在事物阻碍他去达成，他的历史就是这种斗争，通过历史去“占据”。第二种类型是从“占据”开始的，他的这种历史就是一种发展的过程，不断地“占据”或者说让“占据”持恒。第一种情况下，历史是外在的，被追求的东西是外在的东西，这种历史就不具备真实的实在性，艺术和诗歌将这种历史简化和浓缩的处理方式，是完全适当的。相反，如果我们所说的是内在的历史，那么每一个环节都很重要，内在的历史才是真正的历史，每一个小环节都有着极为重要的意义。内在的历史与作为历史中的生命原则的东西斗争着，它与时间斗争着。我们在与时间斗争的时候，“现世”当中每一个小环节恰恰因此而具有极大的实在性。

克尔凯郭尔进而说道：征服的天性和占据的天性的最大区别，就在于征服的天性是外在的，而占据的天性则是内在的，前者得到外在的历史而后者得到内在的历史。外在的历史不会因为表达方式，也就是浓缩或简化而受到损害，那么，艺术和诗歌自然就容易对它进行描述，相反内在的历史却很难进行描述。因此，“最初的”爱很容易被艺术把握并描述出来，而婚姻性爱情则恰恰相反。

如果个体从历史的角度出发，去追溯“审美意义上的美”的发展过程，这一运动中的方向是从空间定性走向时间定性的，并且，艺术的完美依赖于这样一种连续发展着的可能性，越来越多地将自身从空间中解脱出来。绘画作品要将自己限定在某一个环节中，音乐作品在时间中发声，在时间中退去，没有任何持存。诗歌到最后是最完美的，并且它指导怎样去使得时间的意义起到相应的作用。但诗歌同样有自身的极限。如果一样东西的真相恰恰是时间的持续，那么它就无法描绘，这类东西如何体验，给出的结论大概都是：“在生活中去体验。”音乐之所以存在，因为它不断地被重复，它只存在于那演奏的瞬间。绘画之所以存在，因为它锁定了某一个美的环节。而克尔凯郭尔所谈到的东西，可以被审美地描绘，但绝不是在绘画、诗歌或者音乐这类艺术表现形式之中，而是通过个体的生活去体验，在生命中去实现。以这样一种方式，审美将自己抬高了，并且与生活和解了，正如诗歌和艺术在某种意义上是一种与生活的和解，而在另外一种意义上却是与生活为敌，因为它们只和解了某一个侧面。

接着，克尔凯郭尔在信中继续论述了“最初的”爱和婚姻性爱情之间的关系，介于征服着的天性和占据着的天性之间的关系不会有任何困扰，“最初的”爱如果一直保持抽象的状态，那么它就无法得到任何外在的历史，那么它也就濒临死亡，婚姻性爱情从占据那一刻开始，获得了内在的历史，它是忠诚的，这并不是说“最初的”爱不忠诚，而是以“最初的”爱为基础的婚姻性爱情开始之后，它在时间之中保持了高度的审美，在时间中保存了永恒，而这正是“最初的”爱不具备的。

婚姻性爱情在时间中有其敌人，在时间中又有着胜利和永恒，它具备内在的考验，并且在持恒之中有时间的定性，这样的爱情是无法集中地、艺术地描绘的。它是忠诚的、持恒的、谦卑的、忍耐的、宽容的、诚实的、知足的、有意愿的和快乐的。几乎所有的美德都被克尔凯郭尔加到了婚姻性爱情上面，它是个体身上内向的定性，它是宁静精神的不可侵犯的本质。

但在这种宁静的表象之下，婚姻中又有着不可避免的习惯。在一般的情况下，人们都会认为有某种富有激情的东西被与婚姻生活无法分割开的习惯消灭了，甚至不仅是消灭，而是亵渎。那种所谓富有激情的东西，也就是“最初的”爱或者情欲之爱，而在婚姻中，一般情况下这种东西看似不复存在。可是，克尔凯郭尔进而在信中进行了反驳，他指出绝不应当把爱情限定在一定的年龄之中，把爱情限定在一个处于一种短暂时间段里的人身上，这种对于爱情对象的征服更像是一种实验，更是对永恒的亵渎。

前文也已经几次重复，婚姻性爱情在时间中有着斗争，在时间中也有着胜利，并且获得祝福。克尔凯郭尔只把时间看成一种简单的进程，而现在来看，它并不只是简单的进程，而且也是一种成长的进程。人们大体上分为两类：一类是生活在希望之中，另一类生活在回忆之中。这两类实际上都蕴含了一种与时间不正确的关系，真正的个体是同时生活在希望和回忆之中的，并且，唯有如此，生命才能获得真正意义上的内容丰富的连续性。希望在“最初的”爱的婚礼上面盘旋，随后持续着一直到永恒，到了某个时间节点，又可以供作回忆。而习惯，则是其中的安定、宁静，但约翰纳斯却相信只有骚动不安的精神才是活着的，所有有经验的人则认为只有宁静的精神才是真正活着的。婚姻性爱情的家庭生活亦如此，宁静、适度、轻吟漫语，没有很多变化，却以习惯性的节奏缓步向前。

另外，被约翰纳斯攻击的婚姻之中，还有一个对象，那就是“义务”。如果要让“最初的”爱保持不变，就无法谈论义务，正是“最初的”爱的永恒性和生长性才可以谈到义务。因为，“最初的”爱总会随着婚姻性爱情的到来而消逝，但在婚姻性爱情中，在那“伦理的”和“宗教的”之中，早已存在了义务。义务并不是爱情的敌人，而是朋友，是一个真挚的保障。如果义务是爱情的敌人，那么爱情必然会想办法战胜它，如果爱情失败，就只能陷入困境。一旦产生爱情无法战胜义务的想法，爱情的失败就已经基本注定了。

义务看起来似乎处在一种与爱情对立的关系中，但正因为爱着，并且这份情感是最高的东西，这也就明确了一定要克服义务这个敌人。如何去克服，克尔凯郭尔指出不能根据义务给出的“适当”的尺度去相爱，而是要用整个灵魂，尽自己所有的能力去爱，如果义务可能允许他不用去爱，那么他也会在义务范畴内尽可能地去爱。这里的义务只有一个，就是真实去爱，用真挚的心灵去爱。关键性的问题在于对义务的阐释。由此观之，婚姻之中首要的事情是内在的，是无法被人指出和展示的，最恰当的对这种东西的表述就是爱情。

第三章
伦理的阶段

一、非此即彼

二、审美的绝望

三、忏悔与自由

四、伦理人的心境

五、神秘主义

六、伦理的生活

七、审美和伦理的关系

八、为生活而工作

一、非此即彼

在伦理的阶段，克尔凯郭尔仍然借助着假托作者、信或者演说的形式来继续着他的阐释。他继而提到了“选择”这个话题，也就是“非此即彼”。在世上，有这样的境况，即在其中运用一个“非此即彼”会是一种可笑或者一种疯癫，然而也有灵魂过于松弛的人，他们根本没有搞明白在这样的两难之中蕴含着什么东西，缺少那种能够带着悲怆去说“非此即彼”的能量。而现在，处于审美阶段的人却常常说起“非此即彼”这个词，甚至作为一个口头禅，但是对于他却毫无意义——在这之中有他全部的生活智慧，但从来没有人将它宣示出来，无论怎样抉择，都会感到后悔。这不仅是一种深刻的讥嘲，更是对生活的一种怀疑。审美人是不真实的，是娱乐之情取之不尽的原料厂，是一场盛大的化装舞会，并且还没有人认出他，于他而言，与别人所有的关系都存在着表演的成分，可这样也让他自身无处可存，成为一个近乎子虚乌有的神秘形象。审美人以这样的方式失去了一个人身上最真挚、最圣洁的东西：人格的联结能力。

而从伦理的角度来看，“一个选择”与审美是有着本质性的不同的，非此即彼，不论如何选择都会后悔，这并不是一种选择的推进，而是在阻碍选择。选择的瞬间是非常严肃的，在一个人做出选择之前，他从人格角度上来说，就已经对选择保持关注，如果一个人推迟这种选择，那么人格或者人的各种朦胧不清的力量就无意识地进行选择。人们会为选择付出代价，即错了就得重头体验和开始，所以，去选择和及时地做出选择是多么重要。相反，审美人则有另一种方法，即用来面对这个世界的非此即彼的选择并非他的本质，而是或此或彼，或者模棱两可。其实他根本没有选择，只不过在某种比喻的意义上面做出了选择。这种选择貌似是一种审美的选择，然而一种审美的选择不是什么选择。从总体上来说，“选择”是对于“伦理的”一个有严格说服力的表述。在任何地方，只要是在更加严格的意义上涉及一个非此即彼，我们就可以肯定，“伦理的”在这里起到了绝对的参与作用。而“审美的”选择，要么是完全直接的，要么就迷失在极大的丰富多样性之中。于是，一个人要么伦理地生活，要么审美地生活。但我们依然没有在一种严格的意义上来谈论“一个选择”，审美生活的人，他没有选择，如果一个人在“伦理的”显现了之后选择了“审美的”，那么他就不是在选择生活，而是在行罪。在各种伦理的定性之下，他的生活是不伦理的。

克尔凯郭尔的“非此即彼”并不是用来标示“善”与“恶”之间的那种选择，它所标示的是人们在“选择善恶”和“排除这一善恶选择”之间的选择。在这里的主要问题他也指出来了：再怎样的定性之下，一个人才回去观察整个存在并且自己去生活。在善与恶之间选择的人选择“那善的”，无疑是正确的，但这要到生活过程中才可以显示出来，而“审美的”并不是“恶的”，而是那种无所谓的态度。伦理生活构建选择，问题的关键并不在于“善”与“恶”，而在于选择中的“想要”，也正是因为“想要”，善的和恶的也就得以设定。选择了“伦理生活”的人，也就选择了“善”，但是，“善”是完全抽象而不具体的，它的“在”只能通过选择而得到设定，并且由此而绝不会得出他不会再“恶”的结论，尽管他选择了“善”。“必须有所选择”是很重要的，并且选择所依据的并不是那慎重的考虑，而是意志力。而时间流逝得越久，做出选择也就越困难，如果要有所选择，就必须从时间的局限性中摆脱出来。

一个要来临的时间，就有一个非此即彼。时间，在哲学家看来，生活于其中的时间不是绝对的时间，它本身只是一个环节。但是克尔凯郭尔认为，他所处的那个时代的哲学将时代混淆为绝对的时间，这是偶然性的错误。在这个时代中，“中介”（也就是哲学思辨的方式）的范畴遭遇了严重的挫折，并且那绝对的“中介”要在历史完成以后才会成为可能，这体系处于不断地形成之中，哲学保存下来的东西，是对于“绝对中介是存在的”的认可。可这又引发了一件令人疑虑的事情：如果我们承认这中介，那么就不会有“绝对的选择”的存在，如果没有绝对的选择，也就没有绝对的非此即彼，这种麻烦来自于人们把“思想”和“自由”相互混淆。

那些真正属于哲学的范畴内的，是“思想”存在的层面，是“逻辑的”“自然”和“历史”，在这些范畴里，必然性是统治者，而“中介”就有着自身的有效性。“历史”往往给人以假象，即自由才是统治者。历史并不仅是自由的个体行为而产生的一个产物，而是更多。哲学试图摒弃那种想要指出“一切都可以是并非如此”的反思，哲学是这样看待世界历史的：任何一个关于非此即彼的问题都是不存在的。哲学在“必然性”而不是在“自由”当中看待历史。

但是，连最微不足道的个体也有一种双重的存在，他自身也有着一部历史，这部历史不仅是他自己的各种自由行为的一个产品，而且将永远属于他，这是历史或者世界无法从他个体中剥夺的东西，它跟随着他，要么进入喜悦，要么进入悲伤。这一世界中的统治者是一个绝对的非此即彼，这个世界和哲学没有什么关系。于是，通过克尔凯郭尔的这种“非此即彼”而出现的是“伦理的”。克尔凯郭尔不是在谈论关于某样东西的选择，也不是在谈论被选择的东西的实在性，而是在谈论“去选择”的实在性。只有通过绝对的选择，个体才能选择伦理的生活。通过绝对的选择，伦理就被设定出来了。但绝不是说审美生活就被排斥掉了，或者说，那绝对的选择就被排除了，因为在人格选择其自身的时候，不是去成为另一个个体，而是成为自己，在这个过程中，审美的属性在其相对性中能够产生观照。

克尔凯郭尔将非此即彼的意义绝对化了，是“去选择”和“不去选择”之间的选择，既然选择是一个绝对的选择，那么非此即彼就是绝对的，在另一种视角下，要到了选择的时候，绝对的非此即彼才会出现，因为在这个时候，“善”与“恶”的选择才会显现出来。只要这种选择被设定下来，那么所有“审美的”就会返回来，只有在这样的情况下存在才会变得美好，并且，只有沿着这条路，一个人才能够成功地拯救自己的灵魂并且赢得整个世界。克尔凯郭尔如此断言。那么，究竟什么是审美的生活，什么是伦理的生活，克尔凯郭尔阐释道：一个人身上的“审美的”就是一种这个人直接地是他所是的状态；而“伦理的”是一种这个人将成为他将要成为的那个人。一个人，如果生活在审美生活里，通过审美性来生活，依靠审美，这个人就是审美地生活着。

如果一个人想要审美地生活，那么他所面临的挑战是必须要具备丰富多样的精神天赋，这样他才能处于这种生活，并且这种天赋必须是在一种超凡的程度上发展的，但是它却并不是自由的，而是受到奴役的，缺乏透明性。审美人只是简单地享受生活，深谙“去享受”的艺术，但却并没有搞明白自己的生活，这样的精神天赋将他牢牢地束缚住。在“伦理”之中，伦理人恰恰是被提高到了“瞬间”之上。如果一个人身处自由而无法自拔，这种自由一定是审美的“伪自由”。每一个人，不管他的天资有多差，生活处于何种悲哀的境地，都有一种天生的需要，即为自己构建出一种人生观，一种关于“人生的意义及其目的”的观念。审美人也有这样的需要，而且，在这样的时代里，听到的最多的表述是：一个人应该享受生活。在这个基础上，总是要设定出这样的一个条件，这种条件不是处在这个个体之外，就是以一种方式处于个体以内。

在审美的生活中，不管它们之间的差异有多大，所有阶段却有着本质性的相同之处，即精神并没有被定性为精神，而是被定性为直接的。人格的直接性并不是精神性的，而是生理的。有一种这样的人生观，即健康是最为宝贵的“善的东西”，是一切所环绕的中心。这一人生观也得到了一种最为诗意的表达，即美是至高无上的。而现在，美是一种极其脆弱的“善的东西”，少有人能够将这种人生观坚持到底。审美的人生观教导人们应当享受生命，这个条件是设定于个体之内的，但它并不是依据自身而被设定，而是依据外部来设定的。在这里，人格在一般的情况下被定性为才能。它是一种实际的才能，一种做生意的才能，一种数学上的才能，一种诗歌的才能，一种艺术的才能，一种哲学的才能，等等。生活中的满足、享受，都要围绕着这种才能展开。也许一个人并不立足于直接性的才能，他以各种方式得到深造，但是生命中满足的条件才是才能本身，这种才能并不依据于个体而设定。

不同个体的审美的生活有着一种特定的统一、一种特定的关联，一切都围绕着一种特定的东西，这种东西是被它们用来建构它们的生命的，是某种简单的东西，因此这样的人生观并不会像那种将自身的生命建立在本身丰富多样的东西之上的人生观那般分裂，如享受生命、为欲望和欢乐而活的人生观。可是，欲望本身就无穷无尽，并且丰富多样，这样的生命在这种无限的丰富多样之中分裂，除非这种欲望在某个个体身上从孩童时期起就被定义为一种单个的欲望，这也比较普遍。这是一种倾向，或者说是一种瘾，比如钓鱼、打猎、骑马等。在这种欲望或欢乐之中，个体是直接的，不论他有多么高的修养，他只停留在享受的那种“片刻”之中。

但具睿智的、有常识的人很容易看出，这种人生观是无法实现的，并且因此不值得去为实现它而努力。享受你自己，应当在享受之中享受自己。这是一种更高的反思，然而它却自然没有渗透进人格本身，这种人格就仍然停留在自己的偶然的直接性之中。尽管他在享受自己，但实际上却是在享受之中享受自己，不是直接的享受。理智会教导说：要不间断地把那些条件抛弃掉同时进行享受，但反过来说，那在对条件的摒弃中享受自己的人，就像享受这些条件的人一样依赖于这些条件。

二、审美的绝望

一个人为什么生活的依据就是让他得以直接是他所是的东西，审美的所有阶段都有这样的共同点。这就显示出，每一种审美的人生观都是绝望的，因此，那个“伦理的”得以出现的运动是正确的事情，然而这却仍然是一个阶段，一种审美的人生观。审美人的生命缺乏连续性，他仇恨“生命中的活动”的人，持续地观察生活，休憩于绝望之中，什么也不关心，不为任何东西让路。审美人所真正缺乏的精神能力是记忆，是对自己的生活的记忆，是对在生活中所体验过的东西的记忆。另外，审美人的生活是某种绝望，这种绝望在某种意义上来说又不是绝望，不连续性导致了他连绝望都不能，而绝望本身恰恰是一种选择，因为一个人能够怀疑而无须去选择这种怀疑，但是一个人却无法不对绝望进行选择而直接去绝望。在一个人绝望的时候，这个人实际上已经做出了选择，他选择他自己，他所选择的不是在自身的直接性中的自己，不是作为偶然个体的自己，他是选择在自身的永恒有效性中的白己。

那么，怀疑和绝望的区别在哪里呢？怀疑是思想自身之中的内在运动，思想在怀疑得以贯彻的时候找到“那绝对的”并且停留其中，于是它不是根据一次选择，而是根据一次必然来停留。同样的必然导致了思想的这种内在运动，因为这种怀疑本身是一种必然的定性，而这停留也是一种必然的定性。这就是怀疑的高贵之处，它是一种必然的定性，如果一个人说“我很愿意相信，但却不得不去怀疑”，这种说法之中就有着某种非常真实的东西。所以，怀疑在其自身之中也还是可能拥有一种真正的实质，这种实质存在于所有与“思想的交流”之外。尤其在我们的时代，我们看见了心灵中有着绝望、但却战胜了怀疑的人。绝望是一个更为深刻和完全的概念，它的运动比怀疑要更为深远和博大。绝望是一种对于人的完全的人格的表述，而怀疑只是一种思想上的表述。怀疑具有假设的可能，这种可能却恰恰是对于“不完美”的表述，怀疑立足于“差异”之中，而绝望则立足于“绝对”之上。怀疑属于天赋的才能，绝望却不属于天赋的才能。天赋的才能本身就是一种差异，为了使自身有效而要求一种差异的东西，永远都不是“绝对”的。最卑微、最没有天赋的人也可以绝望。一个人怀疑，但在深层次的意义上说，代表他并不想要绝望。如果一个人真正地想要绝望，那么这个人就真正地选择了那绝望所选择的东西：在自身的永恒有效性中的自身。只有在绝望之中，人格才是平静的，不是因为必然，而是因为个体绝不会必然地绝望，一个人只有在自由之中才赢得“绝对”。

以上，克尔凯郭尔充分论述了怀疑与绝望的区别与关联。接着，他回到了“去选择”这个话题。他论述道：在我绝对地选择的时候，我选择绝望，而在绝望之中我选择“绝对的”，因为我自己是“绝对的”，我设定“绝对的”并且我自己就是

“绝对的”。并且，我们还要看到，如果我不是通过“去选择”而设定，那么我就没有选择。它存在，如果它不存在，那么我就无法选择它，它不存在，只有通过“选择”才进入存在。那么，克尔凯郭尔所说的选择的对象究竟是什么呢？所谓绝对的选择，是永恒有效性中的我自己。我自己之外的别的东西是我永远也无法作为“绝对的”来选择，如果我选择别的东西，那么它是将作为一种有限来选择，固然选择了“绝对的”，但它却不是绝对的选择，因此它就停止了作为“绝对的”存在，而成为一种有限。

然而，这个“自我”究竟又是什么呢？如果我想要谈论一个最初的对它的表达，那么它就是一切之中最为抽象的而同时就其自身又是一切之中最为具体的东西，即自由。在生活中，我们总会听到这样或者那样的抱怨，这种抱怨的个体往往都有各种各样的愿望，隶属于完全偶然的事物：但愿我能够具备那个人的精神或者才干——这样的愿望在生活中足够多，但你可曾听过有人有着严肃的愿望想能够成为另一个人，绝对不会有吧。这对于那种人们所说的不幸的个体恰恰就很典型：他们紧守着自身，尽管有着自身的全部苦难，但却不愿成为另外一个人，这样的一些人格非常接近真相，并且他们感觉到永恒有效性，在苦恼中感受道德，他们宁肯保留自身。抑或说，他自身之中有着某种事物，这个事物相对于所有其他的东西而言是绝对的，因为这事物是个体是他所是的本质，尽管他通过他的愿望而达成的变化可以是可能达到的最大的变化。这是克尔凯郭尔对于“自我”的最为直接和抽象的表达方式。这种表述直接指向了“自由”。然而，个体之所以能够不断被改变却又保持改变，在于他没有被正确地安置，没有选择自己，他依然保持着一种对于“人格的永恒有效性”的承认。

在这里，选择同时是两种“辩证运动”：“被选择的”不存在并且通过选择而进入存在；“被选择的”必须存在，否则就不是一个选择。如果我选择的东西不存在，那么通过选择它才能进入存在，这就不是在选择，而是在创造。但是在“自我”这个问题上，我并不是在创造，而是在选择。从精神的这个层面来说，作为自由精神的自我或独立人格的自我通过选择而诞生出来。“自我”在其自身之中有着一种无限的复杂的多样性。

这个过程有着不同的类型，因为在这之中个体处于与“人类中的其他个体们”以及与“整个族类”的关系中，并且这个过程包含有某种痛楚的东西，而且他只能通过这个过程是他所是。因此，“去选择自己”就是一种勇气，因为在这个过程之中，在他最孤独隔绝的时候，同时也就是他作为个体在那其中陷得最深的时候，借助于这种孤独隔绝，他与全部的一切关联在了一起。这使得个体持续焦虑，然而事情必须是这样；当自由的激情在他身上醒来的时候，他选择他自己，他为这种拥有而斗争。

在这过程之中，他什么都不能放弃，不能放弃那最痛楚的，不能放弃那最沉重的，而对于这一斗争的表述、对于这一获取的表述，却是——忏悔。他通过忏悔回到自身之中、回到家族之中、回到族类之中，直到他在上帝前找到他自己。只有在这样的忏悔下，他才能够绝对地选择他自己。

三、忏悔与自由

忏悔是用来表达对上帝的爱的，尽管在整个关于克尔凯郭尔的论述中，我们尽量规避对于上帝的讨论，但只要讨论克尔凯郭尔关于伦理阶段或宗教阶段的生活理论，就无法绕开关于上帝的讨论与他独特的神学观念。克尔凯郭尔认为，如果个体不是通过忏悔来体现对于上帝的爱，那么个体就不是绝对地爱，不是出自于内在本质地爱他，相对于“绝对的”来说，每一种其他的爱都是一种误解，因为，在“绝对的爱”紧密地联系着其他的想法的时候，那所爱的就不是“绝对的”，那么，这就不是在绝对地爱，而是在必然地爱。一旦我是在自由地爱并且爱上帝，那么这时我就是在悔。如果说，“我对上帝的爱的表达是忏悔”这说法没有其他的依据存在，那么，这里就有着这样的一个依据：他先爱了我。

但这个说法却并不完美，因为只有在我作为“有辜”，而去选择我自己的时候，我才是绝对地选择，如果个体要这样绝对地选择他自己（而不同一于“创造出自己”）的话，他将持续忏悔；因为只有这样，他才能够绝对地选择自己，尽管眼泪几乎将要把一切从他那里抹去，他继续忏悔着，这种忏悔是他对自我的爱，因为他从永恒的上帝的手上绝对地选择它。

进而，克尔凯郭尔认为绝望的选择就是“自己”；因为“自我”肯定是真实的：在个体绝望的时候，就像对所有别的东西绝望一样，个体对其自身也会绝望，但是个体所对其绝望的“自我”则是一种有限，正如每一种其他的有限。个体所选择的“自我”是绝对的“自我”，或者说是依据其绝对有效性的个体的自我。如果的确如此，那么在这里我们会看见，克尔凯郭尔在前面的文字中以及在此不断地说：“去审美地生活和去伦理地生活”之间所立出的这一非此即彼不是一种完全的两难，因为它其实只是关于一个选择；其实不是在善和恶之间选择，而是个体在选择“善的”，但是，在他选择“善的”的时候，恰恰由此而在选择“善和恶之间的选择”。在每一个后来的选择中，这本原的选择是永远地在场的。

于是，克尔凯郭尔继续说道：去绝望吧，你的轻率再也不应当使你像一个变幻不定的精灵、像一个鬼魂那样地在一个对你而言已经丧失了的世界的各废墟之间走动；去绝望吧，你的精神再也不应当在沉郁之中叹息，因为世界对于你将重新变得美丽而欢悦，尽管你是用不同于以前的目光去看它，你的精神将得到解放而飞翔在自由世界之中。

现在，当你绝对地选择自己的时候，你就能够很容易地发现，这一自我并不是一种抽象或者一种同义反复；至多是在定义自我的瞬间，在人们进行必要的区分时，直到人们找到对于这个“自我”的最抽象的表达。但是，即使在这样的时候，“它是完全抽象和没有内容的”这一表象也只是一种幻觉，因为这毕竟不是一般意义上的关于自由的意识，这是思想的一个定性；前面也已经说过，它是通过一个选择而出现的，并且是特定自由存在物，即自身的意识。这一自我在其自身之中蕴含了一种丰富的具体含义，蕴含了丰富多样的确定性与特性，简言之，是那“伦理”做出了选择，选择了整个审美的自我。因此，个体越是在自身中深化，就越是会感觉到东西的重要性，不是在有限的意义上，而是在无限的意义上，因为它是通过个体本身而得以设定的，并且，个体在伦理的意义上选择了他自己的时候，这就不仅仅是对自身的一种思考了，而是一种行为。也就是说，在所谓的自由激情醒来后，这时个体就绝不允许属于个体的东西和不属于个体的东西不确定地相互混在一起。就这样，个体的有限的人格在选择之中被无限化了，在这选择之中个体无限地选择自己。

现在个体拥有自己，设定自己，就是说，作为由自己所选择的自己，作为自由的自己，但是当个体这样地拥有着自己的时候，有一种绝对的差异呈现出来，这是一种介于善与恶之间的差异。只要个体没有选择自身，这差异就是潜在的。在总体上说，介于善与恶之间的差异到底是怎么出现的呢？它是思想层面的吗？并不是。一旦个体进入思想，那么个体就必然地与其所思所想的东西发生关系，那么善与恶的界限也就不存在了。

在现代的哲学体系下，个体不断地思想着各种相对的差异，但永远也不会去思想绝对的差异。因此，克尔凯郭尔指出，哲学无法思想一种绝对的矛盾，但这并不就意味着绝对的矛盾不存在。在个体思想的时候，他也在无限化他自己，但并非绝对的无限化，因为个体已经消失在“绝对的”对象之中；只有当个体绝对地选择自己的时候，他才是绝对地无限化他自己，因为他自己就是“绝对的”对象。只有个体自己是能够绝对地选择的，并且个体是绝对的自由，只有在绝对自由的个体绝对地选择了自己的时候，他才会设定出一种绝对的差异，也就是介于善与恶之间的差异。哲学里的“绝对”是因为个体的思想意识，它才存在；也就是说，“绝对”是绝对的对象在个体之中的对其自身的思想。不同于前面的表述，个体的思想是“绝对”之中的一个环节，并且在这之中有着个体思维的必然性，在这之中有着他用来思想“绝对的”的必然性。

克尔凯郭尔继续分辨着善与恶。“善”的情形则不同。“善”是因为个体想要它，它才存在，否则它根本不存在，这是自由的表述。“恶”的情形也是如此，只是因为个体需要，它才存在。但这绝不是在表明善与恶的定性被缩小或者削减为简单的主观定性，而是这些定性的绝对有效性被表述了出来。“善”是由“那自在自为地在着的”所设定出的“自在自为”，而这就是自由。

个体将自己从整个存在之中忏悔出来，也就是说，忏悔是关于“恶”的表述，并且也是“它并非本质地属于个体”的表述。如果个体之中的“恶的”并非本质地属于个体，那么，个体就能够不选择它，但是，如果在个体之中有着某种无法绝对选择的东西，那么在总体上，个体就根本不是在绝对的选择，个体本身也不是“绝对的”，而只是产物了。

克尔凯郭尔继而指出了伦理的人生观是如何看待人格以及生命意义的。前文曾经论述到，每一种审美的人生观是一种绝望，这是因为它建立在那既可存在又可不存在的东西上。伦理的人生观的情形就不是这样了，因为它把生命建立在那“去存在”的本质的东西上。前面曾经说过，“审美的”是一个人身上的、他因之而直接地是他所是的东西，而“伦理的”则是一个人因之而成为他所成为者的东西。但这绝不是在说审美地生活的人就不发展自身了，他在必然性这样的法则中发展，而不是在自由中发展，在他身上没有那种无限的运动。

在个体审美地观察自己的时候，他就意识到自己的这个“自我”，以多种方式定性了的丰富多样的自我，尽管有着内在的差异，但它仍然完完全全是他的本质，它有着同样的权利来显现出自身，有着同样的原理来要求得到满足。个体的灵魂是一种在其之上有着各种各样草类生长的土壤，所有草类都同样要求茂盛繁荣；个体的自我处于这种丰富之中，且没有什么比这个自我更高尚。

倘若个体现在具备一些审美的严肃和一点生活中的智慧，那么他就会看出：要让一切平等繁荣，那是不可能的，这时他就想选择，而决定哪种相对更多或者更少。如果不去以“伦理”为依据，不论哪种对于人格及其发展的考虑，从审美上看都完全正确。克尔凯郭尔指出，从这里可以看到一种审美的发展，尽管个体在成为着，却是成为他直接所是。如果一个人伦理地考虑人格，那么他马上就会有一种绝对的差异，也就是介于“善”与“恶”的差异。并且，如果在他在自身中发现“恶”要多于“善”，这并不意味着那恶的应当冒出来，而是意味着那恶的应当被留下，而那善的应当体现出来。在个体伦理地发展的时候，他就要成为他所要成为的，“审美的”是被排除了的。

审美的严肃无法治愈“审美的”个体，因为“善”与

“恶”没有绝对的差异。并且，“恶的”似乎更加具有诱惑力，不在审美的范畴中解读“恶”，本身就属于一种极高程度上的伦理严肃。对“恶”的审美，悄无声息地潜入个体，而时代所拥有的那种有着压倒性优势的审美教育对此所做的贡献也不小。这样的事例并不罕见。尽管有那么多“善”在个体身上，以至于个体觉得“做一个好人”是那最高的东西，但是，为了与人群区分，他还是要求一种高度的赞誉，这完全仿佛是在说个体“有着诸多变坏的天赋”是一个优点。

同样，也有人的内在心灵是善的，但是却没有勇气去承认这一点，因为这看起来就好像他因此会陷入过于平庸。这样的人也承认“善”是最高的，但却没有勇气把“恶”明确出来。并且人们也常常希冀故事更加曲折离奇，因为一旦要是“善”与“美”，人们就会觉得：仅仅就是这样吗？这是人们极不情愿的，他们更愿意在那些差异中拥有他们的生活。因为做一个好人是每个愿意做好人的人极容易去做的，但是克尔凯郭尔认为，才能则总是属于“恶”的。因此，那么多有思想的个体宁愿去做哲学家而不去做基督徒，因为才能属于哲学家，而谦卑则属于基督徒，并且每一个人都能够具备这谦卑。

同样，在如今这样的时代，人们也以其他的方式来试图削弱对伦理的看法。就是说，一方面，人们觉得，“善人”是生命中的一个非常可怜的职位，但另一方面，人们却仍然对其怀有恭敬之心，并且不怎么喜欢它被提倡。在现代戏剧中，“恶”总是由那些有最杰出天赋的角色来做代表，而“善”则由杂货店里的小伙计来代表。

于是，个体要严肃认真地在普通之中拥有自己的生活，这属于非常巨大的伦理勇气。那些在“审美”上最出色的人们——他们的生活恰恰在于那些差异之中，他们也许会对差异感到绝望，进而去寻求普遍的生活。与之形成鲜明对比的是，作为“小人物”的个体，会觉得自己不配在那些差异中拥有生活，因为这些“小人物”太卑微而无法进入它们。

所以，每一个只是“审美”生活的人，都对于“去绝望”有一种隐秘的恐怖感，因为绝望所带出的东西就是“普遍的”。个体站位越高，他所消灭的差异，或者说他为之而感到绝望的差异就越多，但是他总是保留着一种差异，这是他所不愿消灭的，在这之中他有着他自己的生活。克尔凯郭尔进而指出，甚至那些最单调的人们，都带着“他们的审美差异”，不管这差异是多么微不足道，而生命中的可悲事实之一，就是指出哪种差异比另一种差异是否更加意义重大的愚蠢争执。那些审美的头脑也会以某种方式来表达他们对绝望的抵触，甚至可以说是“断裂”。如果说生活的发展是由一种对“直接的”的必然展开构成的，那么这种“断裂”的说法就完全是对的。在这样的生活中，只有为某个“个别事物”而绝望的人才获得一个“断裂”，而这“断裂”出现的原因则恰恰是他并不是完全地绝望。

“审美人”所畏惧的还有生活会失去丰富多样性。这是一个误解，在绝望中，什么都不会毁灭，所有“审美”的属性仍然还留在一个人身上，只是它由主导性变成辅助性的了，也正因如此它被保存下来。“伦理人”只是把已经开始但却随意地中断了的“绝望”进行到底，因为，尽管差异巨大，但它却终究只是相对的。

四、伦理人的心境

处于审美阶段的人生观从外部世界来观察人格，而在其向人格的回归中，对此的表述则是享受。对于“享受”的审美表述，在人格之间的关系中表述为心境。也就是说，在心境中人格是在场的，但它是隐约朦胧地在场。也就是说，作为审美人的个体，寻求尽可能深远地投入到心境中去，他寻求彻底藏身其中，外界的东西只会打扰到他。

人格在心境中越朦胧，个体就越是处于某个瞬间，而这又是对于审美的存在的最恰当的表述：它处在瞬间之中。伦理生活的人也知道心境，但心境对于他来说却不是最重要的东西；因为“伦理”无限地选择了自己，而伦理个体将心境看作在自身之下。伦理生活的人，他有着对自己的生活的记忆，而这是审美人所根本没有的。伦理生活的人并不消灭心境，他往往在一个瞬间里注视它，但这个瞬间将他从“生活在瞬间之中”的情形中拯救出来，这个瞬间给予他对快感的控制，“控制快感”并不在于完全消除它，而在于去确定出这个瞬间。

如果个体想要娱乐快感，那么他只管去享受，其控制力量是处在瞬间之中的。这也印证了“审美人”的心境，他的心境总是很古怪，因为人格在其自身之中应当有着自己的中心，而没有自身的人，被克尔凯郭尔定性为是古怪的。“伦理人”的心境是集中的，他并不沉溺在心境中。他所为之服务的、他的工作对象是连续性，而这连续性则是心境的主人。伦理人的生活从不缺乏心境，但这总体心境是他获取到的，这就是人们所说的平和的心境，它并不是审美的心境，没有人天然地或者直接地具备它。

但是，无限地选择了自己的人，是否能够真切地拥有自己？如果他没有在最严格的意义上选择自己，处于自身之外，并且把这“去选择”理解得很抽象，没有在自己的具体之中把握住自己，在这种情形下，个体根据自己的必然性，而不是在自由中选择了自己；他是在审美的意义上敷衍地对待了伦理的选择。另一种情形则是，个体在其永恒有效性中把握住了自己的时候，这永恒有效性就以自身的全部充实内容来淹没他。

克尔凯郭尔进而假设，如果个体在这个瞬间凝望这样的永恒，现实世界就会设置出各种要求。当这些要求被回绝，现实世界能够给出的东西，不论多一点还是少一点，与他永恒地拥有的东西相比，对他来说都是那么微不足道。一切都在他面前停了下来，他仿佛在时间之前到达永恒。如果个体在自由之中选择了自己的话，那么他就在他选择了自己的同一瞬间里进入了运动，不论个体的自我有多么具体，他还是根据自己的可能性来选择自己，他在忏悔之中将自己赎了出来，以求在自由中停留，但在自由之中，个体只能够通过“他不断地实现这自由”来停留。选择了自己的人，也是处于行为中的人。

选择在这里所呈现的第一种形式就是完全隔绝，在个体选择自己的时候，个体将自己从整个世界的关系中区分出来，直到这一区分终结于抽象的同一。然而，既然个体依据其自由而进行了选择，那么他也因此是具备行为的。但是，他的行为却与任何外部世界毫无关系，因为个体已经完全地消灭了他所处的外部世界，并且只是为他自身而存在。这里所显示出的人生观是一种伦理的人生观。

克尔凯郭尔以苏格拉底举例，他以一种方式从生活的活动中引退出来，并不是为了沉浸于形而上学的冥想中，而是为了去做出行为，不是向外，而是向内做出行为。这一内在“行为”既是他的任务又是他的满足。在根本的意义上，他并不是从生活中隐退的，正好相反，他停留在生活的多样性之中，因为从他所从事的教育工作的角度看，为了他自身的缘故，与生活接触对他来说是必要的，但是所谓公民的生活就其本身而言对他来说是毫无意义的。苏格拉底所倡导的各种美德并不是公民的美德，那是一些个人的美德，勇气、勇敢、耐性、知足等等。在克尔凯郭尔的时代，很少能看得见这些美德得以实现，因为每个人都过多地受到“宗教”的影响，以至于无法立足在这样一种对美德的抽象定性之上。这种人生观的不完美之处很容易被看出。个体完全抽象地选择了自己，因此所欲求和达成的完美也是同样抽象的。克尔凯郭尔之所以强调“对自己进行忏悔”，因为忏悔将个体设定进了与外部世界的最内在的联系和最紧密的关联。

克尔凯郭尔进而指出，在基督教世界，与这种古希腊人生观相类似的情形有很多，但因为增添了神秘的和宗教的成分，它就变得更加美丽和充实。这样的个体绝对地选择了自己，尽管个体最通常使用这样的表述——“他选择了上帝”。然而，这是同一回事，因为如果他没有绝对地选择他自己，那么他就不会处于任何与上帝的自由关系中，而基督教的本质特征恰恰在于“处于自由之中”。

五、神秘主义

神秘论者绝对地选择自己，他的选择也就是依据于自由，并且他正因此也具备行动，但他的行动是内在的。神秘论者在完全的隔绝之中选择自己，对于他，整个世界都死了、被消灭了，这疲乏的灵魂选择上帝或者自己。在这里，神秘论者的生活根本就没有什么伦理倾向，因为他在最早的时候就已经选择了上帝并且已经忏悔，这种没有缘由的忏悔是最高的形式。

此外，克尔凯郭尔继续论述，由于神秘论者是具备行动的，他的生命就具备一种发展、一段历史、一种运动。一种发展，在一定的程度上可以是形而上学的或者审美的，我们到底是不是在真正的意义上将之称为一种历史，这是值得商榷的，但克尔凯郭尔的“历史”所讲的是一种在自由的形式之下的发展。同样，运动在一定的程度上也可以是飘摇不定的，是否将之称为是一种发展，同样令人怀疑。但总体来说，时间中的重复不具备任何意义，并且缺乏连续性。神秘论者的生活在很大程度上就是这种情形，它无疑是有运动的，但是却没有发展，他的生活缺乏连续性。

对于神秘论者，整个世界是死的，他爱自己的上帝。现在，他的生活的发展就是渴慕之情的展开。这样，神秘论者的内在行为并不在于对那些人格美德的获取中，而是在那些宗教的或者沉思性的美德的发展中，祈祷才是他真正的生活。不能否定，祈祷也属于伦理生活中的一部分，但是一个人越是伦理地生活，祈祷就越是具备更多的意图，甚至在感恩祈祷中也有着一个具备意图的环节。

神秘论者的错误不在于“他选择了他自己”，错误在于他没有正确地选择自己，他根据自己的自由选择了自己，然而他却没有伦理地选择自己。但克尔凯郭尔指出，只有在一个人伦理地选择自己的时候，他才能够根据他的自由选择自己；只有通过为自己而忏悔，他才能够伦理地选择自己；只有通过为自己而忏悔他才变得具体，作为具体的个体，他才是一个自由的个体。所以，神秘论者的错误不在于某种后来的东西中，而在于那最初的运动。

神秘论者的错误在于，作为个体，他在选择中没有变得具体，并且也没有在上帝面前变得具体，他抽象地选择自己，并且因此而缺乏透明性。抽象的是最为模糊不清的，如果个体抽象地选择他自己，那么他就不是伦理地选择自己。一个人只有在选择中接管了他自己，随时都具备“一种对自己的责任”的意识，他才是伦理地选择了他自己。只有这样他才是为自己而忏悔，只有这样他才是具体的。于是，“选择自己”同一于“为自己忏悔”。

一切都是围绕着这一定性。神秘论者也忏悔，但他是形而上学地忏悔而不是伦理地忏悔。神秘论者抽象地选择自己，因此他就也必须抽象地为自己而忏悔。神秘论者经常说，这些存在是虚妄、幻觉、罪，但每一个这样的判决都是一个形而上学的判决，而并非伦理地确定出个体与存在的关系。假如神秘论者坚持使用“罪”这个词，那么他对他与这个词的关系所做的定性绝不是伦理的，而是形而上学的，因为伦理的表达不是“去躲避”，而是“进入到其中去”、去取消掉它或者去承受它。伦理的忏悔只有这两种运动：要么是取消掉自己的对象，要么就是承受这对象。这两者的运动也暗示出一种介于忏悔着的个体与作为他的忏悔对象的东西之间的具体关系。相反，那“去躲避”则表达了一种抽象关系。

神秘论者抽象地选择自己，将自己不断地选择出世界；但是这却导致他无法再将自己选择回这世界。真正的具体选择是：个体在将自己选择出这个世界的同一瞬间里，个体也将自己选择回这个世界。就是说，在个体忏悔着选择自己的时候，他将自己集中到全部有限的具体之中，而在个体以这样的方式将自己选择出有限性的时候，个体处在一种与它的最绝对的连续之中。

既然神秘论者抽象地选择了他自己，那么，他的不幸就是要进入运动，这对于他十分艰难，或者，确切地说，这对于他是一种不可能。如果问一个神秘论者，生活的意味是什么，那么他也许就会回答说：生活的意味就是去认识上帝、去爱他。然而这却不是对问题的回答，因为，在这里，生活的意味被理解为环节，而不是作为延续。因此，如果问他，这“生活有了这种意味”对生活有着怎样的意味，或者说，现世性意味着什么，那么他就没什么可说了。神秘论者能够赋予那现世性的最大意味就是：它只是一种尝试阶段，在其中人们能够一而再，再而三地尝试，却无须真正地达成什么结果，或者说，这其中的人们除了老是处于开始状态之外就再也不会走得更远。

现世性的美丽之处在于无限的精神和有限的精神在其中分开，并且现世性被指派给了有限的精神，这恰恰就是有限的精神的伟大。因此，如果我敢这样说的话，现世性不是因为上帝的缘故而存在的，它是为了人的缘故而存在的，并且是一切之中最伟大的恩典礼物。就是说，个体能够在其中获得历史，在这历史之中蕴含着一个人的永恒尊严；如果他愿意，他可以自己为这一历史给出连续性，在这之中蕴含着人身上那神圣的东西，即个体自己的作为，只有在这时，他才获得这历史。

克尔凯郭尔指出，在这里所谈到的这两种立场，即个体是在其隔绝之中选择了他自己，或者是抽象地选择了他自己，均没有在伦理的人生观的实践中得以成功。也可以这样说，以上这两种立场中个体没有伦理地选择自己，所以他没有处在与现实的关联之中，而如果不是处在这种关联中，那么任何伦理的人生观就都无法得以贯彻实施。相反，伦理地选择了自己的人，他具体地将自己作为“这一特定的个体”而选择，个体将意识到自己是这一特定的个体，带有这些能力、这些倾向、这些驱动力、这些激情，被这特定的外部环境影响，作为一种特定的外部环境的一种特定的产品。

但是，在他这样变得对自己有所意识的时候，他把所有的一切都接受下来作为责任的一部分。对于他是否要将个别事物包括在内这个问题，他毫不犹豫；因为他知道，如果他不将其包括在内，那么就会丧失某种更重要的东西。这样，在那选择的瞬间，伦理个体是处在完全的隔绝之中的，因为他将自己撤出了外部世界；然而，在同一时刻他却又是处于绝对的连续之中，因为他是将自己作为一种产物来选择的；在他将自己作为一种产物来选择的时候，他在生产他自己，以这样一种方式，这就是自由的选择。在选择的瞬间他就处在临近终结的地方，他的人格达到了自身的圆满，然而这一瞬间恰恰也是开始的地方，因为他根据个体的自由来选择自己。

作为产物，伦理个体被压进了现实的形式之中，在选择中他使得自己有伸缩力，把整个外在转变成内在。在世界中他有着自己的位置，他在自由中自己选择其位置，这就是，“他选择这个位置”。

于是，个体将自己作为一种复杂多样的定性的具体而选择自己，并且因此根据自己的连续性来选择自己。这一具体化是“个体”的现实，但是，既然他是依据于自己的自由而对之进行选择，那么我们也可以说，这是他的可能性，或者说这是他的任务。换一句话说，如果一个人审美地活着，他到处都只看见各种可能性，对于他来说，这些可能性构成了将要到来的时间的内容，而相反伦理地生活的人则到处看见各种任务。于是，个体将“现实的具体”看成一种任务、一种目标、一种目的。伦理个体将自己的可能性看成是自己的任务，这一点恰恰表达出了他对他自己所具的至高权力，他永远也不会放弃这权力。这给予伦理个体一种安全感，而这种安全感是只审美地生活着的人完全缺乏的。

审美生活的人，他等待着外来的一切。由此得来的是病态的恐惧，许多人以这恐惧来谈论没能达到应有的位置的可怕之处。伦理生活的人，他也审慎于正确地选择自己的位置，然而如果他感觉到他把握错了，或者有各种他力所不及的障碍冒出来，那么他也不会失去勇气，因为那种对自身的至高权力是他所不会放弃的。他马上就会看见自己的任务，并且因此立马就进入了行动状态。伦理个体同样也希望在自己的选择中幸福，然而，如果事实并未如愿，那么他也不会失去勇气，他马上看见自己的任务，主动地处于“去行动”的意志之中。克尔凯郭尔一针见血地指出，如今许多人有着一种“人生是什么”的观念，希望与伟大的事件处于同一个时代，希望被卷进意义重大的生命关系中，谁都不会否定这样的事情有其有效性，但在另一方面，“事件和生命关系本身会把一个人造就成什么”这样的想法却是迷信。

伦理生活的人，他知道一切都得看“一个人在每一种关系中所看见的是什么”以及“一个人是带着怎样的能量看它的”。“存在还是不存在”这句老话对于那些审美生活着的人是有效的，并且，他得到许可去生活得越是审美化，他的生活就要求越多的条件，而只要哪怕是它们其中最小的一个无法得以实现，那么他就“死了”。伦理生活的人总是有着一条出路，在一切都与他作对的时候，在乌云压顶他被完全罩住以至于他的邻居无法看见他的时候，他却没有遭到毁灭，他总是有一个可以抓住的点，而这个点就是，他自己。

现在，请回想一下在前面的段落里为“伦理”所给出的定性：它是“一个人之所以成为那个人”的东西。它并不会使得一个人成为别的东西，而只是让他成为他自己：他不想去消灭审美的，而是去使之崇高变形。一个人想要伦理地生活，那么他就必须对自己有所意识，以至于没有什么偶然性能够避开他的审视。在这个具体之中看出自己的任务，看出什么是要用来建构的和什么是要去建构的。在常规的情况下，人们完全抽象地考虑观察“伦理”，并因此对它有一种神秘的恐怖感。这时，“伦理”被看成是某种异于人格的东西，既然人们无法确定在时间的漫长旅程中将会前往什么地方，因此，在要去投身于它的时候，人们就退缩了。同样对于死亡也是如此，许多人也是以同样的方式畏惧着死亡。这种对于死亡的畏惧的根源是个体对“变得透明”的恐惧，如果一个人想要变得透明，那么他就很容易洞察到这一畏惧之中的不合理之处。“伦理”的情形也同样如此，在个体畏惧透明性的时候，他就总是逃开“伦理”，因为“伦理”除了透明性之外，其实并不想要别的东西。

六、伦理的生活

克尔凯郭尔继续问道："在伦理地看生活的时候，它看上去究竟是怎样的？"近乎所有的审美者都愿意承认，"伦理"是有着其意义的，如果一个人为自己的义务而生活，那么这应是受尊敬的，这是值得去赋予其所有荣誉的，同样还会出现一些模棱两可的话，诸如：有人为他们自己的义务而生活，这完全合情合理，许多人这样做，这很好。尽管这说法就像所有的怀疑一样是毫无意义的，但有时候你还是会碰上一些伦理的人，他们足够善意地觉得在这样的说法之中是有着一定的意义的。但是，审美人则并不希望自己卷入"伦理"；如果被卷入，那么这就会把生活的意义，尤其是所有生活的美，都从生活中剥夺。"伦理"是某种完全不同于"审美"的东西，在它出现的时候，它就会把后者完全消灭掉。

如果事情真是这样的话，在绝望中有一个瞬间看起来就是如此，而没有感觉到它的人，他的绝望就一直是有欺骗性的，他没有伦理地选择他自己。只有在一个人伦理地观察了生活后，生活才获得美、真、意义、持存；一个人只有在伦理地生活的时候，只有这时他的生活才获得美、真、意义、安全；

只有在伦理的人生观之中，那种自感的和那种同感的怀疑才能得以缓和平息。需要指出的是，自感的怀疑不是一种自我中心感的表达，而是一种基于自爱而提出的要求。克尔凯郭尔所指出的这一点极为重要，如果一个审美者不是自我中心者的话，先这样假设，任何好运都可能落在他的身上，那么，在这样的前提下，他就必定会对自己的幸福感到绝望，唯恐有人会问他是在哪里寻找自己的幸福的，因为，他是变得幸福了，由于别人都觉得他们无法变得幸福。如果这样的一个人有着任何同感的话，那么在他为生活找到一个更高的出发点之前，他就不会给予自己安宁。而如果他找到更高的出发点，那么他就不会害怕去谈论自己的幸福，因为这个出发点绝对地使得他和每一个人、和整个人类达成和谐。

如果借助在其自身之中有着自己的目的的东西来定义“美”，那么所有这“在其自身之中有着自己的目的”，就是一个幻觉。要谈论一个目的，就必须有一个运动，因为，只要想到一个目标，那么就应该有一个运动，因为目标是通过运动而达到的。而称作“美的”的东西明显地缺少这种运动。因此，完全可以这样说：“美的”在其自身之中有着自己的目的。但是像这样的解读和这种说法，实际上是一种否定的表达，它标示了：“美的”不在其他东西中，有自己的目的。因此，你就不能够使用一个表面上同义的表述：你所谈论的“美的”有着内部的目的或者内在固有的目的。就是说，一旦使用它，那么就是在要求运动、历史，并且因此就跨出了大自然的领域和艺术的领域，处在自由的领域中，因而也就是处于伦理的领域中。

现在，如果我说“那个体在其自身之中有着自己的目的”，那么，这句话就不能被误解成为仿佛我由此是在说“个体是中心的”或者“个体在抽象的意义上对于自己是足够的”，因为，如果这是被抽象地看，那么个体就仍然得不到任何运动。个体在其自身之中有着自己的目的，个体有着内在的目的，自己就是目的。这样，他的“自我”是他所追求、要奔向的目标。“他的自我”却不是一种抽象，而是绝对具体的。这样，在奔向他自己的运动中，个体绝不能让自己否定地去与这个世界发生关系，如果那样的话，那么他的自我就是一种抽象，他的自我必须根据自己的整个具体来开放自己，但是，那些定性就是“主动地干预进世界”的因素，它们也属于这一“具体”。这样一来，他的运动就是从他自己出发通过世界再回到他自己。这是一种运动，并且是一种现实的运动，因为这种运动是自由的作为，但也是内在固有的目的，因此在这里我们才能够谈论到“美”。如果这一切都确实是如此，那么，个体在某种意义上就站得比任何一种关系更高，然而由此绝不会推导出一个结论说他不是在这一关系之中。

七、审美和伦理的关系

克尔凯郭尔指出了审美和伦理的关系，只有在我伦理地观察生活的时候，我才根据它的美来审视它；只有在我伦理地观察我自己的生活的时候，我才根据它的美来看它。如果你要说，这“美”是无形的，从某种意义上来说，它是无形的，在另一种意义上它不是，就是说，它在“历史的”综合的轨迹之中是有形的。

当个体伦理地看生活的时候，根据它的美来看它。这时，生活对个体来说就丰富地充满了美，个体带着喜悦也带着严肃，根据具体的生活的美来看生活，那么个体就总是会有足够多的事情要去做。而看其他人的时候，也要依据美来看他，因为其他人，要是把他当作“单个的人、普遍的人”来看，把他当作有具体的生活之任务的人来看，他就不是为了别人的缘故而存在，哪怕他是最卑贱的奴仆，他在自身之中有着自己的目的，他实现这一任务——他的斗争是美的。我本来也并没有去斗争的倾向，至少不会去与除了我自己之外的别人斗争，但是你可以确信这一点：为了对于“美的”的胜利的信仰，我宁愿做殊死斗争，并且在这世界上没有什么能将它从我这里夺走。

借助于这一信仰，个体可以看见生活的美，比整个世界更强有力。

下面更进一步去看一下各种单个的生活关系，尤其是像这样的，在其中“审美的”和“伦理的”相互有着接触：伦理的观察并不会将某种美从我们这里剥夺走，或者，更确切地说，它在为一切给出一种更高的美。这样，一个特定的个体，在某种意义上就和大多数人一样，在另一种意义上则在自身之中是具体的。个体必须生活，要穿衣服，简言之，要能够存在。金钱是生活的绝对条件。如果没有钱，那么这个时候完全也可以说，这个个体在生产他自己，以这样一种方式，这种选择就是自由的选择。在选择的瞬间他处于临近终结的地方，因为他的人格达到了自身的圆满，然而，他在这同一瞬间却恰恰也是处在开始的地方，因为他根据自己的自由来选择自己。

伦理生活的人，他知道一切都得看“一个人在每一种关系中所看见的是什么”以及“一个人是带着怎样的能量看它的”，伦理的个体知道，以这样的方式在最微不足道的生命关系中陶冶自己，能够比那曾经见证乃至参与了那些最值得注目的事件的人经历得更多。他知道，任何地方都是一个“舞台”，他知道，哪怕是最卑微的人也有自己的舞台，只要他自己有这个意愿，他的舞蹈可以一样优美、一样优雅、一样有模仿力、一样动人。这才真正是“伦理的”之中的不朽生命。

作为一种“享受生命”的审美人生观的对立面，“为对自己的义务的履行而生活”常常被定义为伦理的人生观。而这种表述却是非常不完美的，其主要错误是：个体被置于一种与义务的外在关系之中。“伦理”被定性为义务，而义务又被定性为一种诸多单个陈述的复杂多样性，但是个体和义务相互处在对方之外。这样的一种义务，生命自然是不美丽且枯燥的，如果“伦理”没有一种更为深刻的与人格的关联，那么，在它面对“审美”的时候，如果它想要捍卫自身的话，会是一件非常艰难的事情。“有许多人无法走得更远，这一点我不想否认，但这不是义务的问题，而是人的问题。”

通过“义务”这个词，人们会想到一种外在的关系，这够奇怪的，因为这个词的词源本身就提示了，它是一种内在的关系，施加于我、要我去承担的东西，不是偶然的，而是根据我的真实本质处在与我自己的最真挚内在的关系中。在义务被这样看待的时候，这是一种“个体在自身之中得以确定了方位”的意思。这时，义务在他面前就不会分散为一种诸多单个定性的复杂多样性，因为这样的分散总是喻示了他仅仅只是处于一种与义务的外在关系之中，这种义务是他最内在的本质的表述。于是，当他以这样的方式在其自身之中确定了方位以后，他就将自己深深地沉浸在了“伦理”之中，并且他就不会疲于奔命气喘吁吁地履行义务了。因此，真正的伦理的个体在自身之中有着一种平静与可靠，因为义务不是在他自身之外，而是在他自身之内。个体将自己的生活构建得越伦理化，他就越不会需要在每一个瞬间都谈论义务、在每一个瞬间都焦虑他是不是履行着义务、在每一个瞬间都就自己的义务到底是什么而征询他人的意见。如果正确地去看那“伦理的”，它就使得那个体在自身之中感到无限自信，而如果人们不正确地去看它，那么它就使得那个体完全不自信。一个人把自己的义务搞到了自身之外，却又不断地想要去实现它，这是何种不幸或者苦闷的存在啊。

如果一个人把“伦理”看成是人格之外的东西并且是处在与人格的外在关系之中，那么他就放弃了一切，他就是绝望的。“审美”就其本身是绝望，“伦理”是普遍的，并且因而是抽象的。“伦理”在其完美的抽象之中总是禁止着的。一旦“伦理”是命令性的，那么，它就已经在自身之中有着某种来自“审美”性的东西了。这样，人格不是在自身之外拥有“伦理的”，而是在自身之中，并且它从这一深处突破出来。如前面所说，这里的关键是：人格并不是在一种抽象而没有内容的冲击中消灭“具体的”，而是吸收着它。既然“伦理的”以这样一种方式深深地置身于灵魂深处，因而它并不总是被人看见。一个伦理地生活的人能够完全地像审美地生活的人一样去做事情。

审美的个体从来就无法完成整体的东西，因为整体的对于他们恰恰就是复杂的。这些人也是处在“伦理”之外的，当然不是因为别的原因，只是因为意志比较薄弱，——这种意志的薄弱就像所有其他的精神虚弱一样，可以被看成是一种疯狂。这个群体既没有关于“伦理”的美丽而纯粹的严肃的观念，也没有关于那无关紧要的东西的喜悦的想象。想要“伦理”的而不被那无关紧要的东西打搅，关键是“去看见那任务”，只要一个人有以这样的方式去消遣的倾向，他的任务就是：去抵抗、去坚持那无限的，并且不让自己受愚弄。伦理地选择了自己的个体，把自己当作任务，只有当他在连续性中选择自己的时候，他才能伦理地选择自己，并且，他以这样一种方式把自己当作一种被丰富多样地定性了的任务。他并不试图要抹去丰富多样的东西，相反这丰富多样的东西就是他自己，只有通过忏悔，将自己深化到其中，他才能够达到他自己。但是，在他忏悔地选择他自己的时候，他是行动着的，而且是在连续的方向上行动。

现在让我们来比较一下伦理的和审美的个体。一切所围绕的首要差异是：伦理的个体对于他自己来说是透明的，并且不像审美的个体那样胡乱随便地生活。随着这一差异一切都被给定了。伦理生活的人看见了他自己、认识他自己、以自己的意识渗透了自己，他不允许不确定的想法在他心中游荡，不允许诱惑性的可能性用它们的障眼法来迷惑他，他是他自己。“认识你自己”这一表述被过于频繁地重复了，我们在其中看见人努力追求的目标。这也完全是合情合理的，但是同样明确的是：它无法成为最终的目标。伦理的个体认识自己，但这一认识不仅仅是沉思，因为如果那样的话，个体就是根据必然性而被定性了。这是一种对自身的思考，它本身就是一种行为，因此克尔凯郭尔孜孜不倦地使用着“选择你自己”这一表述，来代替“认识你自己”。因为在个体认识他自己的时候，他并没有结束，相反，这一认识在极大程度上是多产并且多元的，在这一认识中真正的个体出现了。个体所认识的自己，同时是“现实的自己”和“理想的自己”，个体在自身之外有着“自己”作为形象，他要通过与这形象相似来构建出自己，而在另一方面，个体却又在自身之中有着“自己”。只有在他自身之中，个体才拥有着他所要追求的目的，然而由于这时他是在追求着这目的，因而他是在自身之外有着这目的。

伦理的生命有着双重性：个体在自身之外并在自身之内有

着他自己。然而，典型的自我却是不完美的自我。因为它只是一个预言而不是现实的自我。然而它却一直伴随着他。他越多地实现，它就越多地消失，直到最后，它不是在他面前显现，而是处在他的背后作为一种苍白褪色的可能性。

如果个体认识了自己并且选择了自己，那么他就正在实现自己，但是既然他应当自由地实现他自己，那么他就必须要知道他所要实现的是什么。他所要实现的无疑就是他自己，但那是他理想的自我，除了在他自身之中以外，他不可能从任何别的地方得到他理想的自我。伦理的个体在他自身之中有着理想的自我，如果一个人不坚持住这一点，那么他的热切追求就是抽象的。伦理的个体在自己的具体之中观察自己，他看出有些东西是偶然地属于他的，而有些东西则在本质上是属于他的。但只要一个人只是审美地生活，那么这一切就都同样偶然地属于他。

伦理的个体在绝望之中学习到了这一点，因此他有着另一种区分方式，因为，他也是在"本质的"和"偶然的"之间进行区分。所有在他的自由之中被设定的东西都是本质地属于他的，所有不是在自由中被设定的东西对于他来说都是偶然的。伦理的个体"是他自己的编辑者"，但是他自己也完全地意识到自己是有责任的，在个人的意义上对自己有责任，因为他所选择的东西对于他有着决定性的影响，他在自己生活于其中的事物之秩序面前有着责任，在上帝面前有着责任。克尔凯郭尔认为，如果一个人这样伦理地看，这种区分就是对的。

处于审美阶段的人常常这样观察自己：比如他有绘画的才能，这被他看成是一种偶然性；而机智诙谐和敏锐的头脑，则被看成是那本质的东西，只要他不成为另一个人，它就无法被剥夺。克尔凯郭尔认为，这种区分是一种幻觉，因为只要审美地生活着，那么个体的生活就是完全地非本质的。

只要审美的个体带着“审美的严肃”为自己的生活设定一项任务，那么这任务其实就是：将自己深化进自己的偶然性之中，去成为个体。我们之所以很少在生活中遇上这样的形象，是因为我们很少遇上对“去生活”有着一种想象的人。伦理的个体为自己所设定的任务是将自己改变成普遍的个体，只有伦理的个体才会严肃地阐述自己，并且因此而诚实地对待自己，只要他具备榜样式的庄重和适度，他就比其他人更美。

伦理地选择并且发现了自己的人，他在自己的整个具体之中为自己做出了定性。他拥有自己，这个自己是一个有着这些能力、这些激情、这些倾向、这些习惯的个体，一个处在这些外在的影响之下的个体，一个在一个方向上受这样的影响、在另一个方向上受那样的影响的个体。在这里，他以这样一种方式拥有作为任务的自己：这任务直接就是在灵魂中建立平衡性。他活动的目的是他自己，但绝不是偶然随意定性的，因为他拥有作为“为他而设定的任务”的自己，尽管这任务是通过“他选择了它”而成为他的任务。作为目的的自我不仅仅是个人的自我，而是社会的、公民性的自我。他拥有作为一种活动而要去完成的任务，通过这种活动，他作为一个特定人格干预进生活的内容之中。在这里，他的任务不是去构建自身，而是去起作用，然而与此同时他却构建了他自己，因为，正如克尔凯郭尔在前面所谈及的，伦理的个体是如此生活的：他不断地将自己从一个阶段转设进另一个阶段。

如果个体在本原中没有将自己解读为一个处在连续之中的具体人格，那么，他就不会去赢得后来的连续。他会认识到，如果他不是具体开始的话，那么他永远都无法进入开始，并且如果他无法进入开始，那么他就无法进入结束，那么他就会同时处在与“过去的”和与“将来的”的连续之中。

个体的生活本身就是一种隔绝，并且是不完美的，但是在他通过公民性的生活回到他的个体人格中的时候，个体的生活就以一种更高的形态显现出来了。但语言本身总是在怀疑，似乎从不这样说一个人：他必须要履行那义务或者那些义务；但是会说：他履行他的义务；我说：我履行我的义务，你履行你的。这种语言显示出，那个体同时既是“普遍的”又是“单个的”。义务是“普遍的”，如果我不是“普遍的”，那么我也就无法履行义务。

在某种层面上，个体的义务是“单个的”，某种只是为我的东西，然而它却是义务，于是也就是“普遍的”。在这里，人格在其最高的有效性之中显现出了自己，显现为“普遍的”和“单个的”统一体。

在普遍的认知把义务弄成了某种外在的固定而明确的东西的时候，对这样的东西谁都可以说“这是义务”，这时候，人们也许会觉得所有的怀疑都被去掉了。然而这却是一个误解，因为怀疑并不是在于外在，而是在于内在，在于我与“普遍的”关系中。作为单个的个体，我不是“普遍的”，如果人们对个体提这样或那样的要求，那么这就是不合情理的。于是，如果我能够去履行“普遍的”，那么在“单个的”的同时就必须也是“普遍的”，这样义务的辩证法就在自身之中了。如前面所言，对于“伦理”，这一说法没有携带任何危险，相反，它是在维护“伦理”。如果我们不设定这一点，那么人格就变得抽象，它与义务的关系就变得抽象，它的不朽性也就变得抽象。

当人们认识到，人格就是“绝对的”、就是他自己的目的、就是“普遍的”和“单个的”统一体的时候，正是在这时，每一种使得“历史的”成为自己的出发点的怀疑就都被战胜了。

但是，克尔凯郭尔继续指出，哪怕外在的东西被改变得再多，行为的道德质地却依旧没什么两样。然而，如果人们为了增强怀疑的程度而指出，固然所有文明的民族都把“照顾自己的父母”立为孩子们的义务，但那些野蛮人还是有着去杀死他们年老的父母的习俗。这样一来我们也并没有进一步走得更远，因为那问题是：野蛮人在这样做的时候是否认为自己在作恶。“伦理的”总是在于这一意识之中，相反，一种有缺陷的认识是否可靠，那则是另一个问题了。自由思想者很容易看出，最容易让“伦理”蒸发掉的方式就是引入“历史的无限性”。因此，沿着这条路我们永远也不会开始伦理的生活，因为，要去开始，我们必须到过终结，但这是不可能的。

关于义务，克尔凯郭尔认为首要的问题并不在于一个人义务的数量，而是在于他一向如此地以这样的方式感觉到了义务的强度，以至于对此的意识对于他来说是对于“本质的永恒有效性”的确认。

克尔凯郭尔的意图并不是将读者带进一种对“义务的多样性”的考虑中去，他是要阐明义务的绝对重要性、义务关系对于人格的永恒有效性。就是说，一旦人格在绝望之中发现了自己、绝对地选择了自己、为自己而忏悔，那么，这个人就在一种永恒的责任之下拥有他自己。以这样的一种方式，义务就被设定进了自己的绝对性之中。然而，他没有创造出他自己，而是选择了他自己，那么，义务就是“他的绝对依赖性与他的绝对自由间的相互同一”的表达。义务对于个体，在任何情况下都不是抽象的，部分是因为它对于他不是什么外在的东西，因为如果它是外在的，那么它总是抽象的；部分是因为他自己是具体的，既然他伦理地选择了自己，那么他就是在他的整个具体之中选择了他自己并且放弃了随机偶然的抽象性。

克尔凯郭尔继续说道，目前的问题只剩下在我们伦理地看生活的时候，它看上去是怎样的。审美者们都非常愿意做划分，“伦理”是有其意义的，如果一个人为自己的义务而生活，那么这是应当受尊敬的、并值得去赋予荣誉的。

美学总是要求“美”的范畴。一旦那“伦理的”占据了决定地位，那么生活就失去了它的美。通常意义上来说，“美的”就是在自身之中有着自己的目的的东西。或许处于审美阶段的人会觉得生活中美的东西太少，于是审美人就赋予“美的”另一种意义。他所谈的“美的”是“个体的美”。他把每个人看成是从属于“整体的”之中的一个小小环节，他恰恰是在特性中看，并且这样一来，甚至那偶然的、无关紧要的东西也都获得了重要性，而生活则获得了“美的”烙印。就这样，审美人把每个人看成环节。而“美的”是那在自身之中有着自己的目的的东西，可是如果一个人仅仅只是一个环节，那么他就不是在自身之中有着自己的目的，而是在自身之外。在这种情况下，就算“整体”是美的，那些部分就其自身也不是美的。现在看一下审美人自己的生活。他在其自身之中是否有着自己的目的？在每一个人是环节并且也是“整体”的时候，根据所谓的“美”来观察他，一旦你以这样的方式来观察他，那么你就是在伦理地观察他，也就是在根据他的自由来观察他。

克尔凯郭尔指出，要谈论一个目的，就必须有一个运动，因为，只要有一个目标，那么就会有一个运动，通过一个运动才能到达目标。被审美地称作“美的”东西明显地缺少这运动，因为在大自然之中的“美的”全都有这运动，而在个体观察一部艺术作品并且用个体的思想渗透进它的思想时，运动其实是在个体之中进行的，而不是在艺术作品之中。因此，我们就不能够使用一个表面上同义的表述：我们所讨论的“美的”有着内部的目的或者内在固有的目的。就是说，一旦使用它，那么个体就是在要求运动、历史，并且因此个体就跨出了大自然的领域和艺术的领域，处于自由的领域中，因而也就是处在伦理的领域中。

只有在伦理地观察生活的时候，个体才根据它的美来审视它；只有个体在伦理地观察他自己的生活的时候，他才根据它的美来审视它。如果这“美”是无形的，那么个体将回答：在某种意义上它是无形的，在另一种意义上它不是，就是说，它在“历史的”综合的轨迹之中是有形的。

克尔凯郭尔继续说道：在我伦理地看生活的时候，我根据它的美来看它。这时，生活对我而言就丰富地充满了美，而不再像它本来对于我来说的那样贫瘠得没有什么美。借助于这一信仰，我看见生活的美，我所看见的美没有那种无法与所有大自然和艺术分开、无法与古希腊诸神的永恒青春分开的“忧伤的和沉郁的东西”。我所看见的美是喜悦的和胜利的，比整个世界更强有力。这美是我到处都能看见的，在你什么都看不见的地方，我也能看见它。

八、为生活而工作

现在，让我们更进一步去看一下各种单个的生活关系，在其中“审美的”和“伦理的”相互有着接触，这样我们就可以考虑一下：伦理的观察在怎样的程度上将某种美从我们这里剥夺走，或者，更确切地说，它是不是在为一切提供一种更高的美。这样，我想象一个特定的个体，他在某种意义上就和大多数人一样，在另一种意义上则在自身之中是具体的。这个人必须生活，要穿衣服，简言之，要能够存在。伦理者对此的看法很简单，为了生活而去工作，是每一个人的义务。但一个人无须为生活而去工作，这个人就是一个例外。这种“作为一个例外”，就像我们在前面一致地认为的，不是伟大的，而是低劣的。因此，如果一个人想要伦理地看这事情，他就会看到，“有钱”是一种羞辱，每一个幸运惠顾都是一种羞辱。如果他以这样的方式来看这事情，那么他就不会喜欢上任何幸运惠顾。这时他会在幸运惠顾之下谦卑，而在他去这样做了的时候，他就会在这样一种想法中又重新变得高大起来：这幸运惠顾是“有一个更高的要求被提向了他”的一个表达。

如果伦理者自己知道“为生活而去工作”是什么，那么他所说的话自然就会有更大的分量。但人们常常会听到“金钱是一切”的可鄙说法，部分是因为那些必须去工作的人们缺少伦理的力量承认“去工作”的重要意义、缺少对这一重要意义的伦理信念。这里的情形也是如此。那种可鄙的说法不会对任何事物有损害，但是那些被迫去为生活而工作的人，在某一瞬间想要让人们承认在他们的生活与游手好闲者们的生活所做的那种比较中他们所应获得的正面价值，而在下一瞬间又抱怨叹息并且说：最美丽的事情还是在生活上不用去依赖于工作的收入。这样的摇摆不定才真正在损害着美好的事业。

人们是否能够想象这样一个世界，人们在其中无须为生活而工作，这是一个虚构的世界。同时这却一直是一种想要贬低伦理的看法的尝试。就是说，如果“一个人无须工作”是圆满完美的话，那么，那无须工作的人的生活就是最完美的了。这时，一个人就只能在这样的一种意义上说“去工作是义务”这句话了。他是将这句话理解为一种可悲的必然性。这时，义务就不是在表达“普遍人性的”，而是在表达“普通的”，并且，在这里“义务”就不是对于“完美的”表达了。

人的生活越是处于低级阶段，“去工作”的必然性也就显现得越少；越是高级阶段，就显现得越多。“为生活而去工作”表达了“普遍人性的”，而在另一种意义上它也表达了“普遍的”，因为它表达了“自由”。恰恰是通过“去工作”，人解放了自己，通过去工作，他成为自然的主人；通过去工作，显示出高于自然。继而，克尔凯郭尔提问，因为“一个人必须为生活而去工作”，生活会不会由此而失去它的美？

人能够去工作，这是“人的完美”的一个表达；而人应当去工作，这则是“人的完美”的一个更高的表达。因为一场为解决生计的烦恼在极高的程度上有着教育磨炼人的性质，报酬的多少直接决定了它的性质。报酬越多，它越是处在一个人之外，那斗争者也就越敢相信那些居留在每一个人身上的模棱两可的激情、野心、虚荣、骄傲。报酬的微不足道却让他获得了必需的——一个人要维持自己的生命而能够去辛勤劳作所必需的那一点点东西。这“解决生计烦恼”使人高贵而具有教育性，因为它不允许一个人在与自身相关的方面欺骗自己。如果他不在这场斗争中看到某种更高的东西，那么斗争就是可悲可怜的：一个人不得不为“汗流满面才得糊口”而去挣扎斗争，这是悲惨的。但正因此，斗争才使人高贵，因为它强迫他去在这之中看见某种别的东西，强迫他去将其视作一场荣誉之战，并且让他认识到，报酬之所以那么微不足道，那是因为荣耀恰恰会因此而更多。

这样，又有什么斗争会比为解决生计烦恼而进行斗争更具教育作用？克尔凯郭尔相信一个人必须以这样一种方式来伦理地看待那挣扎于生计烦恼的斗争。许多人并不以这样的方式来观察生计烦恼，但这却并不构成反驳。“为生活而去工作是每一个人的义务”这种伦理的看法，与审美的看法相比有两个长处。首先，它与现实有着和谐的共鸣，解释了现实中的某种普遍的东西，而审美的说法则只是提出了某种偶然的东西，并且什么也没有解释。其次，它根据人的完美性来解说人、根据人的真实的美来看人。

饱受赞誉的独立性常常是一个圈套，每一种欲望都能够得到满足，每一种倾向都能被追随，每一种突发奇想都得到发展，直到这些整合起来针对一个人。那不得不去工作的人，他应当对那种“能够获得一切”的虚荣的喜悦保持一无所知，他不应当去学会因自己的财富而目空一切，凭金钱去排除每一个障碍，为自己购买每一种自由；但是他的思想也不应当遭到痛苦的挫折，他不应当在很短的时间里就获得一种他用来对人不公正并使自己不幸福的智慧。克尔凯郭尔的论述对当下也有着极为现实的指导意义，在我们那么频繁地听人们抱怨说自己不得不去工作、不得不为这些事情而忧愁的时候，他们、他们的灵魂是不应当以这样一种方式受挫而气馁的。现在，很多人并不是处在这样的现实情形中，并不用为生活而去工作，克尔凯郭尔的意图绝不是劝告人们去抛弃掉财产以便让“去工作”成为一种必然。他所说的是在另一种意义上处于“必须去获得生活之条件”的情形，为了能够生活，人们必须想办法去驾驭住自己与生俱来的沉郁。

在这种情况下，英雄是愿意去工作的，因为这对于他是一种严酷的必然性，他将之看成最美丽和最完美的东西。恰恰因为他想要工作，所以他的作为无疑就是一种工作，而不是一种奴隶的劳役。没有工作的话，生活最终会是枯燥无聊的。在审美意义上来看，一个人的工作却不应当是严格意义上的工作，而是要不断地被定性为“喜好”。一个人在他自己身上发现某种贵族气的才能，通过这才能他将自己与庸众区分开。这不是一个人随随便便就培养出来的，因为如果轻率了，他不久就会对此感到厌烦，相反他必须带着所有审美上可能的严肃去发展自己。这时生活对他就有了新的意义，因为一个人有了自己的工作，一种在根本上其实就是这个人的“喜好”的工作。他在他的独立之中守护着它，这样它就不会被生活挫伤，而能够在自身的整个繁荣之中得到发展。可是英雄不具备这样的贵族气的才能，他像绝大多数人一样。

同样，也有这样的说法：一个人必须为生活而工作，生活本来就是被这样安排的。在这里他觉得他找到了他所要找的东西，因为这也恰恰是他所认为的。一个人为了生活而工作，生活本来就是被这样安排的，这就是生存中破烂的一方面。我们的英雄个体又仍然没有什么进展。从事什么样的工作呢？伦理的说法是简短的："去具备一个职业是每一个人的义务。""伦理的"就其本身而言总是抽象的，而一个为所有人而设的抽象职业是不存在的，相反，要预设每一个人都有一个特殊的职业。具体选择哪一种职业，伦理无法向他说明；对于每一个人都有一个职业存在，而在我们的英雄找到了自己的职业时，那么就去伦理地选择它。审美的看法中，"那些贵族气的才能"所谈的东西，是伦理所无法认同的。审美者的生活观总是在差异之中：有些人有才能，另一些则没有，然而那区分开他们的东西则是一个"更多"或者"更少"，一种量的定性。在这样的情况下，"在某个单个的点上停下"就是审美者们的一种随机偶然性，然而他们的生活观则恰恰就在这一随意偶然性之中。因此他们的人生观在整个存在之中立出了一种分裂，这分裂是他们凭自己的能力所无法取消的，相反他们试图借助于轻率和冷漠来武装起自己以对抗这分裂。而伦理则将人与生活调和起来，因为它说：每一个人都有一个职业。它不是在消灭差异，而是在说：在所有的差异之中所剩下的是"普遍的"——"这是一个职业"。那最杰出的才能是一种职业，那拥有着这才能的个体不能让现实在视野中消失，他不是处在“普遍人性的”之外，因为他的才能是一个职业。最微不足道的个体也有一个职业。

伦理的判断句“每个人都有一个职业”表达了：存在一种理性的事物秩序，在之中每一个人（只要他愿意）以这样一种方式来充实自己的位置。它同时表达着“普遍的”和“个体的”。

一旦才能不被理解为一个职业，那么，这才能就是绝对地自我的。因此，每一个将自己的生活建立在才能上的人，他就是在尽可能好地建立一种审美层面上的生存。对于才能，他没有一个比“这是一种才能”更高的表达。每一种才能都有一种“将自己变成中心的东西”的倾向，为了展示它，每一个条件都必须在场，才有着对这“才能”的真正的审美享受。这样，我们的英雄就得到了他所寻找的东西，一份工作，而不是“才能”，依靠工作他就能够生活。对于工作与他的人格的关系，他也得到了一个更有意义的表达：这是他的职业。这样，它的完成就联系着一种对于他的整个人格的满足。对于工作与其他人的关系，他也得到了一个更有意义的表达，既然他的工作是他的职业，那么，我们知道，通过工作他在本质上就被置于与所有其他人相同的步阶上，通过他的工作，他做着与别人一样的事情，他履行自己的职责。这一承认是他所要求的，他不要求更多，因为这就是“绝对的”。即使他的职业是卑微的，他仍然还是忠实于他的职业。

因为如果他忘记了这些差异，那么就有一个对于所有人的抽象职业，但是一个抽象的职业不是什么职业。如果他的职业是卑微的，他又对之不真诚，那么他就犯下了与那最伟大的人所犯的一样大的罪。伦理的“每一个人都有一个职业”，比起审美的关于才能的理论有着两个长处。它一方面对生存中的某些偶然的东西不做解说，而只解说“普遍的”，另一方面，它在“普遍的”的真实的美之中展示出“普遍的”来。只有在“才能”得以变形而美化成为一个职业的时候，这“才能”才会是美丽的，只有在每一个人都有一个职业的时候，生存才是美丽的。在一个人有着一个职业的时候，一般说来他这时在自身之外有着一种规范性的东西，这东西并非要使他成为奴隶，但却或多或少地指示他什么是他所要去做的，为他安排时间，常常给予他“去开始”的机会。如果他的作为没有成功，那么他就希望下一次做得更好些。

相反没有什么职业的人，只要他想为自己设定一个任务，那么他一般说来必定总是完全非同寻常地一口气做完，他不会有停顿，除非是他自己想要停下来。如果他失败，那么一切都失败，并且“重新开始”对于他是非常艰难的，因为他缺少一种重新开始的机缘。这时，他很容易被引诱去成为一个学究，除非他想要成为一个无所事事者。在现实社会中，去指责那些有着特定事务的人们为学究气，这是非常普通的事情。按理一个这样的人根本不会成为学究。相反那些没有特定事务的人，才被引诱去成为学究，以便为那实在太大的自由保持一点约束，否则他在自由之中很容易迷路。人们会很偏向于去原谅他的学究行为，因为这是某种好事的标志；但在另一方面，这还是得被看成是一种惩罚，因为他曾想将自己从“普通的”之中解放出来。

伦理的生活认为，每一个人所达成的和能够达成的东西是：他能够在生活中做出自己的作为。就是说，如果有的人达成了某些东西而另一些人没有达成，并且之所以如此的原因在于偶然性，那么怀疑就又重新占了优势。因此我们可以说：在本质上看，每一个人所达成的东西一样多。“去达成”这个说法标示了一个介于“我的行为”和“一件在我之外的他物”间的关系。现在我们很容易看出，这一关系并非我在我的权限之内所能够决定的，并且，我们在这样的意义上有同样的权利可以说：那最杰出的能人，就像那最卑微的人一样，他什么事情都达成不了。在这之中绝没有蕴含任何对生活的不相信，相反，在这之中有着一种对于任何人的尊重。那最杰出的能人能够完成自己的作为，而这是那最卑微的人也做得到的。他们中谁也无法做更多。他们能够达成什么，不是他们在自己的权限里所能够决定的，相反，他们在自己的权限里所能够决定的倒是“阻止自己去达成什么”。于是人应当放弃所有那常常在生活里四处蔓延的重要性，去做他的作为，并且不把时间浪费在对于“他是否达成什么”的算计上。

这样，每一个人都能够达成一些什么，他能够达成自己的作为。“作为”可以是非常不同的。每一个人都有自己的作为，所有人就以这样的一种方式在这一表达中达成一致：他们各自做着自己的作为。甚至那种其生活中的作为就是“去发展自己”的人，在本质上看，他与别人相比也只能达成同样多的东西。因此，审美的思考认为“一个人根本就不该去反思自己达成些什么，而只该去享受自己的才能之施展的满足”似乎说得有道理。然而，这之中的错误却在于，他停滞在了那种对才能的自私定性上，他把自己看成是那些特选出的人中的一员，并且不愿意在自己的生活中达成“普遍的”，不愿意将自己的才能看成是自己的作为。现在让我们设想一下：“去做普通的事情”是需要极大的勇气的，而那显示出了极大勇气的人，很明显就是一个英雄。一个人要被称作英雄，我们无须去考虑“他做什么”，而是该考虑他是怎么做的。一个人能够征服许多王国和疆土但不是一个英雄，另一个人能够通过控制自己的意念而显现为英雄。一个人能够通过去做出非同寻常的事情来显示自己的勇气，另一个人则通过去做普通的事情。在婚姻和感情层面，克尔凯郭尔举了这个亘古不变的话题作为例子来继续说明，继续他前面关于婚姻的审美效力的论述，对婚姻的伦理考虑比起每一种对爱情的审美理解都更有好处。它阐明“普遍的”，而不是“偶然的”。它显示出每一对夫妻是怎样变得幸福的。它把那关系看成是“绝对的”，因此它根据爱情的真正的美，也就是说，根据爱情的自由，来观照爱情，它领会那历史性的美。

综上所述，我们的伦理的英雄通过自己的工作来生活，他的工作也是他的职业，因此他带着喜好工作。既然这工作是他的职业，这工作就将他置于与其他人的关联之中，在他完成自己的作为时，他去达成他能够想要在世界里达成的事情。他结了婚，满意地在自己的家里，并且对于他，时间是令人很愉快地度过的，他不明白时间怎么可能会是一个人的负担或者成为人的幸福之敌。相反，时间让他感觉到一种真正的祝福。

克尔凯郭尔又从伦理的角度谈到了友谊，它的绝对条件是人生观上的统一。如果一个人具备这种统一，那么他就不会把自己的友谊建立在各种朦胧的感情或者各种无法解释的同感上。由此而得出的结论就是，一个人不会去经历这些可笑的变动：他这一天有一个朋友，而另一天没有。一个人不会无法认出那种无法解释的同感性的东西的重要性，因为我们知道，在严格的意义上，一个人并非和每一个与自己有着共同的人生观的人都是朋友。但是一个人也不会单单地停留在这种神秘的“同感性”上。那种人们在之中得以统一的人生观，必须是一种真正固定的人生观。如果一个人有着这样一种对生活的看法，那么要获得一个有着共同人生观的朋友就是一件难事。在我们的时代，我们无疑会频繁地碰上这样一些人，他们有着一个体系而在这体系中根本找不到“伦理”。如果我们停留在“同感性”面前，将之作为“神秘的”，那么，这种审美的友谊就会在群居鸟所具有的关系之中找到最完整的表达，这些群居鸟，它们的和谐凝聚是那么内在，以至于这一只的死也是另一只的死。但是，这样的一种关系在自然之中是美丽的，而在精神的世界中则是不美的。人生观的统一是友谊的建设性元素。如果统一在场，那么友谊就持存，即使朋友死去友谊依旧持存；如果统一停止存在，那么友谊也就消失了，尽管朋友仍然活着。

克尔凯郭尔论述道，如果我们以这样的方式来看友谊，那么我们就是在伦理地看它，并且是根据它的美看它。这时，它就同时获得了美和意义。伦理地考虑友谊的人，他将友谊看成是一种义务。因此可以说，“有一个朋友”是每一个人的义务。然而，它同时显示出友谊之中的“伦理的”，它尖锐地强调了“伦理的”和“审美的”之间的差异：“去变得公开”是每一个人的义务，“人变得公开”是生活和现实的意义。相反，审美者不愿把意义给予现实，他持恒地保持隐藏，因为，不管他投身于世界的次数有多么多、程度有多么深，他从来就不曾完全地投身于世界，如果他完全地投身，那么他就是伦理地投身于世界。

第四章 信仰的阶段

一、对伦理的怀疑

二、绝对的悖论

三、个体与普遍

四、孤独的隐秘

五、爱的起源与信仰

六、爱的需要与义务

七、爱的行为

一、对伦理的怀疑

在《畏惧与颤栗》这本书中，克尔凯郭尔讨论了是否存在一种对“伦理”的目的论的悬置。前面我们已经阐释过，“伦理”就其本身是“普遍的”，并且作为普遍的，它对每个人都是有效的，从时间层面来看，它在每一个瞬间都是有效的。它内在地立足于自身，任何它自身之外的东西都不能作为它的目的，相反它是一切它之外的东西的目的。如果“伦理”把外在的东西吸收进自身，那么它就无法再继续行进下去。直接地被感官性和灵魂性定性之后，个人是在“普遍的”之中有着其目的的，并且这是他的伦理任务，去取消自身的单个性以便成为普遍的，否则他就是在行罪。克尔凯郭尔指出，每一次，如果个人在步入了“普遍的”之后感觉到有一种“需要让自己作为个人变得有效”的冲动，那么他就是处在一种“宗教意义上的内心冲突”之中，并且只有通过忏悔放弃在“普遍”之中的保持独特的自身，他才能够花工夫把自身从这种内心冲突中解救出来。如果这就是关于人及其生存所能言说的最高的境界的话，那么，“伦理”就会有着与个人的永恒至福相同的性质。个人的永恒至福在全部的永恒中并在每一瞬间都是这个人的目的，因此被悬置的东西没有被放弃掉，而是恰恰被保存在那作为其目的的更高的阶段中。

如果事情是这样的话，那么，黑格尔将人定性为个体的时候，他就是正确的。他正确地把“已定性”看作一种道德形式中的恶，而这种“恶的道德形式”在“伦理”的目的论之中被扬弃，这样，如果个体继续停留在这一阶段的话，那么他不是在行罪，就是处于一种信心受冲击的状态之中。亚伯拉罕作为信仰之父享尽荣华光耀，而他却本应作为一个杀人犯被驱逐出境遣返原籍。

前文在反讽的讨论中也提到了这样的观点，信仰是一个悖论：个体高于普遍，但注意，是以这样的方式——运动重复其自身，这样，在他进入了“普遍”之后，作为个体将自身隔绝为比“普遍的”更高的层面。

现在，关于亚伯拉罕的故事包含了一个对于“伦理”的目的论的悬置。亚伯拉罕代表信仰，并且这信仰通常在他的身上得到表述。他作为个体高于普遍的，这恰恰就是荒谬的。这一悖论是无法让“普遍性”从中进行阐释的，因为一旦他开始进行阐释，那么他就得承认，他处在一种信心的犹疑之中，而如果事情果真如此，他永远都不会用以撒献祭，如果他献祭了的话，那么他必定会忏悔地回转到“普遍的”之中。因此亚伯拉罕在任何一个瞬间都不是一个悲剧的英雄，而要么是一个杀人犯，要么是一个信仰者。那拯救悲剧英雄的属性，是亚伯拉罕所不具备的。正因此，我们能够理解一个悲剧英雄但却无法理解亚伯拉罕。从伦理的意义上说，亚伯拉罕与以撒的关系很简单：父亲应当爱儿子胜过爱自己。然而“伦理的”在自己的范围内有着各种不同的级别。我们将会看见，在这个故事中是不是有着某种对于“伦理的”的更高表达，能够从伦理上解释他的行为，能够从伦理上让他有权去悬置他对于儿子的伦理义务。

悲剧英雄和亚伯拉罕之间的差异是很清晰明了的。悲剧英雄仍然处在“伦理”的范围之内。他让一种对于“伦理”的表达在更高层次的表述中拥有其目的，他把父子或者父女间的伦理关系归减为一种其自身与社会伦理之理念的关系中的有着自己的支撑的感情。这样，我们在伦理世界中就无法谈论对伦理本身的目的论的悬置。可是，克尔凯郭尔指出亚伯拉罕的情况则不同。他通过他的作为逾越了整个“伦理”的层面，并且在之外有着一个更高的目的，正是在与这一目的的关系上，他悬置了“伦理”及其目的。亚伯拉罕的做法，不是为了拯救一个民族，不是为了强调国家理念，他这样做，不是为了去与发怒的诸神和解。亚伯拉罕因为一种纯粹个人的美德而伟大，在亚伯拉罕的生命中，没有什么对于“伦理”的表达能够比“父亲应当爱儿子”更高。只要“普遍的”是在场的，亚伯拉罕一定会这样想：别这么做，你在毁灭一切。

那么亚伯拉罕为什么这么做呢？为了上帝的缘故，我们一直在规避谈论的信仰，依然无法掩盖住克尔凯郭尔对于上帝的直接的表达。他强调道：由此亚伯拉罕将这种做法的指引完全等同于为自己的缘故。他为上帝这么做，因为上帝要求这一证明，用来证明他的信仰，他为他自己的缘故这么做，他能够给出证据。在这里，要理解亚伯拉罕所必需的一种新范畴显现出来了。悲剧英雄不会步入任何神圣的关系中，但伦理是神圣的，因此这之中的“悖论”能够在“普遍”之中得到中介调和。但是亚伯拉罕是无法被中介调和的，这一点也可以这样来表达：他不能说。一旦我说话，我就是在表达“普遍的”，而如果我不这样做，就不会有人明白我。这样，一旦亚伯拉罕想要在“普遍的”之中表达自己，那么他就得说，他的处境是一种“宗教意义上的内心冲突”，如果一个人拒绝自身并且为了义务而将自己献祭出去，那么他就是在放弃“有限的”把握“无限的”，他是有着足够的安全感的。

“伦理”被悬置，个体作为对立于“普遍的”的单个的存在。亚伯拉罕以怎样的方式存在呢？他信仰着。这就是悖论，他无法向任何人说清楚这悖论，因为这悖论是：他作为个体将自身设定在一个与“绝对的”的绝对关系之中。他有权这样做吗？他这样做的权利又是一个悖论。因为，如果他有权这样做，那么他不是依据“某种普遍的东西”，而是依据“个体”而有权这样做。那么，那个体又怎样确定“自己是有权这样做”的呢？

这样，亚伯拉罕的故事包含了一种对“伦理”的目的论的悬置。他作为个体而变得比“普遍”更高，这是一个无法调和的悖论。关于“他是怎样进入到普遍与个体的悖论里的”是无法解释的，正如关于“他是怎样留在个体与普遍的悖论里的”也是无法解释的。如果亚伯拉罕的情形不是如此，那么他就根本不是一个悲剧英雄，而是一个杀人犯。通过自己的力量，一个人能够成为悲剧英雄，但无法成为信仰的骑士。在一个人走上悲剧英雄的、在某种意义上沉重的道路时，会有很多人给出忠告；要走信仰的狭窄之路的人，没有人能够给他忠告，没有人明白他。信仰是一种奇迹，但却没有任何人是被排斥在它之外的，因为，如果我们说有一样东西，所有各种不同的人生在它之中都是相同的，那么我们所说的这东西就是激情，在激情之中所有人生都相同，而信仰就是激情。

二、绝对的悖论

尽管苏格拉底致力于积累关于人性的知识，以及认识他自己，尽管这么多个世纪以来他一直被赞誉为一个最了解人的本质的人，但他还是承认他还没有完全认识自己。作为人性专家，他是一个怪物呢，还是一种更为和善、独特的、本性上有某种神性的存在者。这一点看起来是一个悖论。不过人们不该把悖论想得那么坏，因为悖论是思想的激情，一个没有悖论的思想家就像一个缺乏激情的恋人，只是个平庸之徒。但是，克尔凯郭尔指出，任何一种激情的至上力量总是希求着自身的毁灭，同样，理智的最高的激情也要求着冲突，尽管这冲突总会以各种各样的方式导致理智的毁灭。去发现某个思想所不能思考的东西，这就是思想的最高形式的悖论。事实上，这种思想的激情普遍存在于思想当中，也存在于思想者的思想中。

为了开始，克尔凯郭尔提出了一个大胆的命题：不用经过探索，让我们假设，我们知道人是什么。在此我们拥有整个古希腊哲学所有追寻的、怀疑的、公设的或者多产的真理标准。古希腊人看问题的方式是奇怪的，它就像希腊精神的一个缩影，一个希腊精神自己写就的格言，它比那些间或就它而写成的冗长的东西更能说明问题。因此，这个命题是值得去假设的，而且其间还有另外一个理由，我们在前两章中已经做出了解释，假如有人不愿像我们那样诠释苏格拉底，他可千万要小心，别掉进那些或早或晚的古希腊怀疑主义的陷阱之中。假如苏格拉底关于回忆和“每个个体都是人”的理论没有得到坚持的话，罗泰戈拉认为的人是万物的尺度，可以理解为他就是其他人的尺度；而绝非那种苏格拉底式的理解，也就是说，每个个体就是他自己的尺度，既不多也不少。

于是我们知道了人是什么，那种我绝不会低估其价值的智慧将会不断变得丰富而有意义，真理也是如此。然后，理智静止不动了，就像苏格拉底的所作所为。现在，理智的悖论的激情清醒了，它渴求着冲突，并且在没有完全理解自身的情况下渴求着自身的毁灭。爱情的悖论亦然。人总是不受任何干扰地囿于自身之内，然后自爱的悖论清醒了，作为对他者的爱、对一个思慕对象的爱。自爱是所有的爱的根基，并且在所有的爱中消亡，因此，如果我们要构想出一种爱的宗教的话，我们只可能假设一个条件，它理所当然地将被表述如下：爱你自己，以便你可以去命令爱你的邻居如同爱你自己。同样，理智隐约感觉到的悖论反过来又作用于人及其自我认识，结果原先相信已经认识了自己的人现在却不再肯定地知道，这个叫“自我”的个体究竟为何。可是，那个不可知者，那个理智在其悖论的激情当中与之冲撞的东西，那个甚至干扰了人类的自我认知的东西究竟是什么呢？它就是不可知者。但它不会是某个人，就其了解此事以及其他事物而言。那么，就让我们把这不可知者称作神，这只是我们给它的一个名字。理智几乎没有要去证明不可知者存在的想法。如果神不存在，那么证明这一点的存在就是不可能的；而若神存在，想去证明这一点则是愚蠢的。因为就在证明开始的那一刻，我已经预设了神的存在不容怀疑，一个前提不应该是怀疑性的，既然它是一个前提：它就是已经被决定了的，否则我将无法开始证明。这一点很容易理解，假如不可知者并不存在，所有这一切都将成为不可能。反过来说，假如当“证明神的存在”的时候，指的是要去证明那个存在着的不可知者是神，那只是展开了一个概念的定义。一般而言，想去证明某物存在是件困难的事情，而对于那些敢于涉足此事的勇士们来说情况更糟，因为此处的困难在于，名望和声誉并不等待那些倾力追求它的人。证明活动总是不断地变成完全不一样的东西，变成一种对从我的假设当中推论出来的结论的进一步展开，这假设是说，那个被探问的东西是存在的。由此，不管我是在可感知、可触摸的世界中行动，还是在思想中行动，我都不是在推导出存在，而是从存在中推导。同样，我并不是去证明有一块石头存在着，而是要证明，那个存在物是块石头；法庭也不是证明某个罪犯存在，而是证明，那个存在着的被告是一名罪犯。人们愿意把存在叫作一个“伴随物”还是一个永恒的“前提”，这一点永远无法证明。我们不应当着急，因为并没有和那些人相同的理由着急，他们出于对自身，或者对神，或者对别的什么东西的忧虑而急于拿出一个证明，说它是存在的。在这种情况下，他们有正当的理由着急，尤其是当事人诚实地指出了危险的所在，即他本人或者那个被探问之物并不存在，直到他做出了证明。他并非不诚实地心怀那个隐秘的思想，即：不管他证明与否，根本而言它都是存在的。

假如我们用拿破仑的事迹证明他的存在，这难道是正确的吗？因为他的存在可以解释他的事迹，而不是用他的事迹来证明他的存在，更不用说在这之前我已经理解了这个词——“他的”，由此我已经假设，他存在着。拿破仑只是一个个体，就他本人与其事迹之间并无绝对的关系这一点而言，别人也有可能做同样的事。也许正因为如此，我才无法从事迹中推导出存在。但是，在神和他所行的事之间有着一种绝对的关系，神并非只是一个名字，而是一个概念，或许正因为如此才会有这样的说法，他的“本质包含了存在”。神的事只能由神来完成，这一点完全正确。但是，哪些是神的事呢？我用来证明神的存在的事绝对不是直接存在的。或许自然中的智慧、天命当中的仁慈或智慧就横亘在我们眼前。在此我们遇到的是最骇人的灵魂考问。终止所有这些考问是不可能的。不过，克尔凯郭尔指出，我们不能从这样一种事物的秩序出发来证明神的存在；就算开始了，也永远不会结束，这会一直处于一种悬置的状态，以免突然发生点什么可怕的事情把我们这一份微不足道的证明毁了。那么，到底是从什么样的事出发去证明呢？在理想状态下，也就是那些并非直接地显现自身的事。可是这样一来我就不是由事物出发去证明，而只是在展开一种预设的理想性；凭借这种理想性，我才敢冒险与所有的反对意见相抗衡，甚至是那些尚不存在的意见。既然开始了，我就已经预设了那个理想性，而且预设说我能够成功地展开它。不过，我只能预设神是存在的，依靠他我最终才能开始我的证明，除此无他。

现在的问题是，神的存在是如何从证明中显现出来的？是突然一下子显现的吗？只要坚持去证明，也就是说某个个体持续地作为证明者，那存在就不会显现，而这并不是出于别的原因，而是因为他正在证明。可是当他丢开那个证明的时候，存在也就现身了。那个短暂的瞬间应当被考虑在内，不管它有多么短暂。不管这环节多微不足道，哪怕就是一眨眼的工夫，它也应该被考虑在内。一个因此而想去证明神存在的人，他只是在另一种意义上阐明神的概念，他的证明还缺失了些什么，缺少了一个有时甚至并不需要证明的东西，并且无论如何都不会更好。假如就在他应该开始证明的那一刻，他完全无法决定神是存在还是不存在，那么他就不能做出证明。如果在他开始的时候情况果真如此，那么他永远都不能开始，一方面是因为他害怕这一切不会成功，因为神并不存在；另一方面则是因为他没有任何东西可以拿来作为开端。在古代，人们几乎不去关心这类东西，至少苏格拉底没有这么做。他的确如人们所说的提出了关于神的存在的“物理学–目的论证明”，但他的证明方式不同。他一直假设神是存在的，在此假设之下，他尝试着将目的论的思想贯穿于自然。假如有人要问他为什么要如此为之，他可能会解释说，如果他身后没有“神是存在的”这样的确证，他是不会有勇气投身于这样一个探险之旅的。

于是，理智的悖论的激情不断与这不可知者相冲突，这不可知者是存在的，但却又是不可知的，因而在某种意义上说它也是不存在的。至此，理智将不再向前，但在其悖论之中，它却忍不住要向前并且触及那不可知者。用宣称“那个不可知者不存在”的方式来表达理智与不可知者之间的关系是不行的，因为这说法本身就已经涉及了一种关系。可是这不可知者到底是什么呢？“这是神”对我们来说只意味着这是“不可知者”吗？宣称神是不可知的，因为我们无法认识他；就算能够认识他，人也无法说出来，这样做并不能使激情得到满足，尽管激情准确无误地把不可知的理解为界限。可是这个界限恰恰是对激情的折磨，虽然它同时还能刺激激情。激情不能继续前行了，无论它“以否定的方式”还是“以理想化的方式”去突围。

这个不可知者究竟是什么呢？它就是要不断触及的界限，而在运动与静止的规定性相互替换的意义上，也就是差别，绝对的差别。但是这个绝对的差别对于人来说没有任何标记。被界定为“绝对的差别”看起来似乎是说它要成为公开而显明的，但是事实并非如此，因为那个绝对的差别是理智根本无法思考的。在绝对的意义上，理智不会否定自身，它只能为否定的目的而利用自身，结果理智在自身之中思考着那个差别，后者是靠自己进行思考的。理智不可能绝对地超越自身，因此它所思考的只是在它自身之上的，自己思考自己的崇高。假如不可知者（神）不仅仅是界限的话，那么这个关于差别的思想就会与关于差别的其他很多种思想混淆起来。这样一来，不可知者就会处于一种流放的状态，而理智则可以从手头已有之物和幻想所能构想出来的东西之间进行愉快的筛选了。

可这个差别不可能被坚持。每当此时，理智在根本上就成为独断，在虔敬的深处不可思议地潜伏着那种任意的独断，它认为神是由这个差别带出场的。假如差别无法被坚持，因为它没有任何标记，则差别和平等就与所有的辩证矛盾一样成为同一的。紧紧依附于理智的差别把理智弄糊涂了，结果理智无法认识自身，它与差别完全混为一谈。理智已经将所有这样的独断等同于与它有差别的东西。因此，通过理智的自我欺骗，神变成了最可怕的骗子。理智尽可能地把神拉近，但却又远远推开了神。理智在把不可知者规定为差别的时候，最终偏离了正轨，它混淆了差别和平等，不过这似乎还可以引出另外一种结果，也就是说，假如人真正要认识不可知者（神）的话，他首先应该认识到，这个不可知者与他是有差别的，是一种绝对的差别。理智无法从其自身获得这种认识（正如我们所知，这是自相矛盾的）。如果理智想获得这种认识，它必须从神那里获得，就算理智认识了它，理智也不可能理解它，因而最终也就不可能真正认识它。理智如何能够理解那种绝对的差别呢？假如这一点并不直接就说清楚的话，那么在其结果之中它会变得清楚起来。神与人绝对地有所差别，所以人也绝对地与神有所差别，问题是，理智如何把握这一点呢？看起来我们在此碰到了一个悖论。仅仅为了认识到神是那差别者，人就需要一个神，更何况还要认识到，人与神的差别是绝对的。假如神与人之间有着绝对的差别，这其中的根源不在于人欠了神些什么（果若如此，人就与神有了某种关联），而在于人自己欠自己些什么，或者在于他自身的过错。这差别究竟是什么呢？它不是别的，只能是罪，因为差别、绝对的差别是人自己造成的。我们在前面曾经既戏谑又严肃地达成一致的意见，认为要求人依靠自己而认识到这一点太过分了。人最为缺乏的，是罪的意识，这一点我相信他不能教给别人，别人也不能教给他，只有神才能做到——假如神愿意成为教师的话。正如我们前面所写的，神的确想成为教师，为了做到这一点，他愿意与个体平等相处，以便更好地理解他。于是这悖论变得更加棘手，或者说这个悖论具有了两面性，以此它证明自己是绝对的。否定的一面是，它让罪的绝对差别出场；肯定的一面则是，它在绝对的平等之中扬弃了绝对的差别。

克尔凯郭尔提出，问题是，这样的一个悖论能否被思考？我们不想着急，而且当斗争旨在获得一个问题的答案的时候，它不同于赛场上的竞争。这里，取胜的关键不在于速度，而在于准确性。理智当然不会去思考这个悖论，它自己根本就不会生出这样的念头。假如有人宣讲这个悖论，理智也无法理解它，只是注意到这悖论很可能会毁灭理智。在一定程度上，理智在很多地方与这悖论相针对，不过在另一方面，理智在其悖论的激情之下又渴望着自身的毁灭。但是，理智的毁灭恰恰是悖论所希求的，如此一来，它们之间又达成了相互理解，只是这理解只存在于激情迸发的瞬间。让我们考察一下爱情关系吧，尽管它是一个并不完美的比喻。自爱是爱的基础，但是自爱的悖谬性激情的极致就是希求自身的毁灭。爱情亦然，因此这两种力量在激情迸发的瞬间达成了相互理解，这激情就是爱情。为什么恋人们不能思考这一切呢？尽管那个因自爱而从爱情中抽身的人既不能理解这一点，也不敢冒险这么做，因为它意味着自爱的毁灭。自爱很可能会消失，但却不会被完全毁灭，它只是被俘虏了，它是爱情的战利品，但自爱将再次获得生命，而这一切将成为对爱情的折磨。

三、个体与普遍

信仰的悖论是：个体比“普遍”更高，个体通过自己与“绝对”的关系来决定自己与“普遍”的关系，而不是通过自己与“普遍”的关系来决定自己与“绝对”的关系。悖论也可以以这样的方式来表述，尽管我们不太愿意提及，克尔凯郭尔还是指出：一种对于上帝的绝对义务是存在的，因为个体在这一义务关系中作为单个的人使自己“绝对”发生关系。这样，如果“爱上帝是义务”是绝对的，那么，“伦理”就被归减成了“相对的”，但却并不能推导出“伦理要被废除掉”，相反，“伦理”得到了一个完全不同的表达，一种悖论的表达，比如说，“对上帝的爱”能够导致在信仰中的人去赋予“自己对邻人的爱”，一种与“按伦理的说法是义务”的东西完全相反的表达，即按伦理的说法是义务，但在信仰中并非如此。如果事情不是如此，那么，信仰在存在之中就没有自己的位置，那么，信仰就是一种在宗教意义上的内心冲突。亚伯拉罕迷失了，因为他向这信仰屈服了。

这一悖论是无法调和的，因为它恰恰是立足在“个体只是单个的”这一点上。一旦个体想要在“普遍”之中表达自己的绝对义务，想要在之中让自己意识到这个义务，他就会认识到自己处于这种“宗教意义上的内心冲突”之中。如果在事实上他对其做出抵抗，他就履行不了所谓的绝对的义务；如果他不履行义务，那么他就是在行罪，哪怕他的作为在事实上成了“他的绝对义务”的作为。这样，亚伯拉罕会怎么做？如果他想要对另一个人说：我爱以撒高于爱世上的一切，因此献祭他对于我是一件那么沉重的事情，然后肯定会有另一个人摇着头说：那你为什么献祭他？或者如果这另一个人是一个精明的家伙，那么他无疑还会看出亚伯拉罕公开了自己的感情，而这感情则处在与他的作为极其鲜明的矛盾之中。在关于亚伯拉罕的故事中，我们发现一个这样的悖论。他与以撒的关系在伦理上说是：父亲应当爱儿子。这一伦理关系被归减为“相对的关系”，对立于与上帝的“绝对的关系”。“为什么献祭”这个问题，除了说这是一场考验、一次试探之外，亚伯拉罕没有任何别的回答，而这考验和试探，正如上面所提及的，是一种统一，一种“这是为了上帝的缘故和为了他自己的缘故”的统一。这两种定性在措辞用法上也相互对应。

在现实中，如果看到一个人做出什么与“普遍的”不相符的事情，那么你会说，他这样做肯定不会是为上帝的缘故，并且以此来表述“他是为他自己的缘故而这样做”。信仰的悖论失去了那处于中间的东西，亦即，“普遍的”。它在一方面有着对最高的自我中心论的表达（去做那可怕的事情，它为它自己的缘故而做）；另一方面则有着对最绝对的自我奉献的表达，为上帝的缘故而做事。

信仰本身是无法被调和进“普遍”的，因为这会使得它被取消掉。信仰是这一悖论：个人完全无法使自己被任何人理解。人们也许会让自己以为，个体能够使得自己得到另一个情况相同的个体的理解。一般来说，如果一个人甚至能够精确地为“通过以撒来得以理解的东西”定性的话，如果他不是通过自己，而是通过别人的话，他还是永远都无法让自己对此有所确定。

另外，在信仰的悖论中，还有诸多困苦和恐惧。伦理的层面中，悲剧英雄放弃自己来表达“普遍的”，宗教的阶段，信仰的骑士放弃“普遍的”来成为个人。正如前面所说，一切都取决于一个人将自己置于怎样的处境。如果一个人认为“作为个体存在”挺容易的，那么他就能够确认自己不是信仰的骑士。相反，信仰的骑士则知道，从属于“普遍的”是一件好事。

他知道，去做“普遍”的个体，让所有人都能够读懂并且理解，是美丽而有益的。他知道，出生在“普遍的”之中有着自己的家园，有着自己的美好的常住之地的个体，是美丽的。但这个个体同时也知道，在比他更高的地方，有一条孤独的道路蜿蜒着，狭窄而陡峭。他知道，孤独地出生在“普遍”之外，并且在旅途之中甚至连一个漫步者都无法遇上，是非常可怕的。他很清楚地知道，他在什么地方以及他怎样与人们发生关系。

宗教的层面中，个体被克尔凯郭尔形容为孤独的信仰的骑士，用以对应伦理层面中的悲剧的英雄。信仰的骑士知道，为“普遍”而放弃自己是热情洋溢的，这放弃需要勇气，而正因为他是“普遍”的，所以在其之中也有着一种安全感。他知道，去被每一个高贵的人理解，以至于那观察者自己都因此而变得高贵，这是美好的。献祭以撒，是可怕的事情。如果一个人没有看出这一点，那么他就总是能够确定，他不是什么信仰的骑士。而如果一个人看出了这一点，那么别人就不该否定他是最受考验的悲剧的英雄。如果这个悲剧的英雄看出了这一点并且确认到自己没有勇气去理解它，那么他肯定还是会隐约地感觉到那个信仰的骑士所达到的这种奇异的荣耀。

信仰的骑士持恒不断地经受考验，并且在每一个瞬间，他都有一种能够忏悔着返回“普遍”的可能性，并且这可能性既可能是一种试探，也可能是一种真相。他无法从任何人那里获得这方面的说明，因为，如果他能够得到说明的话，那么他就处在悖论之外了。首先，信仰的骑士有着巨大的激情在唯一的时刻集中起他所违犯的全部“伦理的”，这样他能够确定信念：他以自己的全部灵魂爱着以撒。如果他不能这样确定，那么他就处于信心的犹疑之中。其次，他具备激情在一个时刻集中全部的信念。如果他不能够，那么他就无法起步，这样一来，他就不得不持恒地从头开始。悲剧的英雄也在一个时刻里集中起他在目的论的意义上超越的“伦理的”，但是在这方面，他在“普遍的”之中有着立足点。而孤独的信仰的骑士只有他自己。大多数人以这样一种方式生活在一种伦理义务责任里，他们每一天有自身的忧愁，他们也从未有过激情的集中化以及强有力的意识。在某种意义上，“普遍的”对于悲剧的英雄构成一种帮助，帮助他获得上面所说的这种激情集中化；而信仰的骑士则独自完成一切。悲剧的英雄在“普遍的”中得到安宁，信仰的骑士持恒地处在紧张之中。

真正的信仰的骑士总是那绝对的个体的隔绝，而假的骑士则是小教派式的。悲剧的英雄能够表达普遍并且为之牺牲自己。信仰的骑士则与之相反，他是悖论，他是单个的，绝对没有与任何人的关系和复杂的关联。这是那种小教派所无法忍受的可怕的东西。信仰的骑士，孑然一身，独自潜行，自己为自己引路，他感觉到“无法让别人明白自己”的痛苦，但是他感觉不到任何想要去指导他人的虚荣欲望。痛苦对于他来说是一种确定，而虚荣欲望对于他来说是不确定的，因为他的灵魂过于严肃，所以对其一无所知。而小教派式假的骑士，就很容易暴露他自己。如果另一个人要走同样的路的话，那么他就必须完全以同样的方式来成为“单个的”，并且不需要任何人的指导，尤其不需要总是想把自己的想法硬塞给别人的人的指导。人们无法忍受“不可理解性”的殉道状态，作为对这一状态的取代，人们舒服地选择世俗。真正的信仰的骑士，他是一个见证人，不是老师，他有着深深的人性的东西，它比上面所说的那种对别人的悲欢祸福的痴愚参与要有价值。通过所谓的“同情”与“参与”获得美誉，事实上只不过是虚荣心作祟而已。

伦理就其本身是普遍的，正因为它是普遍的，所以它又是公开的。个人作为直接的感官性的和灵魂性的被定性为“隐秘的人”。他的伦理任务是从其隐秘的缠绕之中脱离出来而在“普遍”之中变得公开。这样，每次他想要留在“隐秘的”之中时，他就是在行罪并处于信心的犹疑之中，只有通过公开自己，他才能够逃离这信心的犹疑。

四、孤独的隐秘

亚里士多德在他不朽的《诗学》中说：神话的两个部分，突转和认出，对于某些事件来说是决定性的。在这里，克尔凯郭尔关注的是第二个环节，即认出。不论在任何地方，只要提及一种“认出”，那么也就相当于谈及了一种之前的隐秘。正如“认出”成为解脱性的、放松的东西，以同样的方式，隐秘就是戏剧性的生命中收紧的东西。

在这里，克尔凯郭尔以戏剧来演绎上面的理论，在古希腊悲剧中，隐秘（以及作为其结果的“认出”）是一种叙事的剩余，其根本在一种命运之中，戏剧情节在命运中消失，而隐秘则由此获得了自己昏暗神秘的本源。古希腊悲剧是盲目的。如一个青年杀了自己的父亲，但要等到很久之后他才知道那是他的父亲；一个姐姐要献祭自己的弟弟，但却在决定性的瞬间她才知道那是自己的弟弟。而现代戏剧放弃了命运，在戏剧的意义上解放了自己，把命运吸收进自己的戏剧意识。这时，隐秘和公开是英雄的自由作为，对这作为，他是要负责的。克尔凯郭尔认为，在现代戏剧中，“认出”和“隐秘”也作为一种本质性的元素从属于戏剧。

克尔凯郭尔认为隐秘已经泛滥，要对此给出例子的话就太冗长了。只需听见“隐秘”这个词，很多人就能轻易地从袖子里甩出十来部小说和戏剧来。

克尔凯郭尔要走的道路是辩证地通过审美和伦理来完成“隐秘”。关键是：我们看见“审美的隐秘”和“悖论”处在它们两者间的绝对差异性之中。举个例子，一个女孩秘密地爱上了一个人，尽管他们并没有明确地互诉衷情。父母强迫她嫁给另一个人（另外这里也可能有一种孝顺的考虑），她服从父母的决定，她隐藏起自己的爱，而他慷慨地决定停留在自己的隐秘处，那女孩永远都不该知道他的爱意，她也许会在另一个人那里得到幸福 。多么可惜，这两人各自对于相应的爱人都是隐秘的，并且相互间也是隐秘的，他们本来是可以被安排进一种值得注目的更高统一体。他们的隐秘是一种自由的作为，他们为此要对审美负责。审美却是一种礼貌而敏感的科学，它知道的出路比任何公共典当租赁铺的负责人知道的更多。这时它做些什么呢？它为那爱着的人们做一切可能的事情。借助于一个偶然事件，在那计划的婚姻中的相应伙伴知道了一点关于另一方所做的高贵决定的线索，事情就明了了，他们相互得到对方，并且在同时也达到与真正的英雄们相等的级别，因为尽管他们不曾有时间去抱着他们所做的英勇决定入睡。审美还是这样看这事，就仿佛他们勇敢地为他们的意图斗争了多年。

但伦理地来看，事情就不一样了。伦理是个很难对付的论辩者，因为它有着各种纯粹的范畴。它不去诉诸经验，而经验则是在一切可笑的东西中差不多最可笑的东西，根本不会使一个人变聪明，相反如果这人不知道任何比经验更高的东西的话，它倒是反而会使他头脑出毛病。伦理没有任何偶然事件，这样，事情就不会有什么解释，伦理不会拿尊严开玩笑，它把巨大无比的责任置于悲剧的英雄的肩上，它将“想要通过自己的作为来顺应天命”谴责为某种狂妄冒犯的行径，而对于“想要通过自己的苦难来顺应天命”，它也做出同样的谴责。它让人相信现实，并且让人有勇气去与现实的所有磨难做斗争。它警告人们不要去相信各种狡黠的算计。它警告人们提防每一个不合时宜的高风亮节。

审美要求隐秘并且奖励它，伦理要求公开并且惩罚隐秘。当然，克尔凯郭尔继续说道，审美有时候自己也要求公开。在英雄陷于审美的幻觉中认为自己是在通过沉默来拯救另一个人时，那么它就会要求沉默并且奖励它。相反，在英雄通过自己的作为干扰性地介入另一个人的生活的时候，它则要求公开。尽管伦理有着要求“公开”的严格，它却不否定，秘密和沉默真正使得一个人成为伟大的人。悲剧的英雄是伦理所钟爱的，他是纯粹的，他所做的所有事情也都是在“公开的”之中的。

于是，亚伯拉罕不说话，他不与撒拉说，不与以利以谢说，不与以撒说，他跳过了三个伦理的审判阶段，因为“伦理的”比起家庭生活，对于亚伯拉罕，并不具备更高的表达。审美允许，甚至要求个人沉默，如果他通过沉默能够拯救另一个人。这一点已经足够地展示了，亚伯拉罕不在审美的领域之内。他的全部任务——为自身和为上帝的缘故而献祭以撒，对于审美来说是一种冒犯，因为审美无疑能够理解我牺牲我自己，但无法理解我为自己的缘故牺牲另一个人。审美意义上的英雄是沉默的。伦理却因为他依据着自身偶然单个性的沉默而审判他。伦理要求一种无限的运动，它要求公开。审美的英雄当然能够说话，但却不想说。

真正的悲剧英雄为“普遍的”而牺牲自己和自己的一切，他的作为，他内心中的每一次感动都是“普遍的”，他是公开的，并且在这种公开之中他是伦理钟爱的。这种情形不符合亚伯拉罕，他不为“普遍的”做任何事情，并且他是隐秘的。现在我们站在“悖论”面前。要么那个人能够作为个体处于一种与“绝对的”的绝对关系中，这样，“伦理”就不是最高的东西；要么亚伯拉罕就是迷失了，他既不是一个悲剧英雄，也不是一个审美意义上的个体。

我们又可以以某种方式这样看：这悖论是一切之中最轻松和最容易的。然而却有必要重复：如果一个人相信事情就是如此的话，那么，他就不是一个信仰的骑士，因为艰难和恐惧是唯一可想象的正当理由，尽管这在通常的情形中是无法想象的，因为如果是“可想象的”的话，那么悖论就被取消了。亚伯拉罕沉默——但是他不能够说出来，这之中有着艰难和恐惧。就是说，当个体说话的时候，如果个体无法使自身被人理解，那么个体就相当于没有说话，尽管个体日日夜夜不停地说着。这就是亚伯拉罕的情形。他能够说一切，但是一样东西他无法说，那么他就没有说。在“说话”之中起着缓解作用的是：“说话”在“普遍的”之中将亚伯拉罕翻译出来。现在，关于他怎样爱以撒，亚伯拉罕能够用语言表达。但这不是他的心意，更深的是：他要献祭以撒，因为这是一场考验。这是任何人都无法理解的。

悲剧的英雄不认识“孤独”所具备的可怕责任。这是亚伯拉罕所不能的。如果他的心灵受到了感动，如果他的言词要包含对这整个世界的至福的安慰，那么，他不敢安慰，因为，所有人难道不会对他说："你到底为什么要这样做？你完全可以不用这样做。"而在他走向那最终的结局之前，如果他在自己的艰难之中想要找到发泄口，想要拥抱一切他所爱的，那么他也许就会造成这样的可怕结果：撒拉、以利以谢、以撒对他十分愤慨，并且认为他是一个虚伪者。说话是他所不能够的，他不说人的语言。哪怕他懂得大地上的所有语言，哪怕那些他所爱的人们也懂得这些语言，他却不能说——他在以一种神圣的本地语言说话。

克尔凯郭尔继续表述，这种艰难是他所能够明白的，能够景仰亚伯拉罕并且如此描绘，他并不怕有人会因这个故事而受诱惑去轻率地想要成为单个的人，但他也承认没有勇气这样做。亚伯拉罕在每一瞬间都能够中止，他能够把这一切作为一种信心的犹疑来忏悔，这样，他就能够说话，这样，所有人就都能明白他——但这样，他也就不再是亚伯拉罕了。亚伯拉罕不能够说话，因为这全部解释的话都是他不能说的。这是一种考验，请注意，是这样的考验，在这场考验中"伦理"是一种诱惑。如果一个人被置于这样的处境，那么他就是一个来自"普遍"的层面的"移民"。而接下来的则是他更无法说的。就是说，亚伯拉罕做出两种运动。他做出"放弃"的无限运动，并且放弃以撒，这是无人能够明白的，因为这是一种私下的行动计划；但在这之后他每一刻都在做出信仰的运动。这是他的安慰，因为，他说：但这事不会发生，或者，即使这事发生，主则也会给我一个新的以撒，就是说，依据于"荒谬"。

悲剧的英雄，则在自己的故事中得到终结。

以撒对亚伯拉罕提出问题：献祭的羔羊在哪里。“亚伯拉罕说，我儿，神必自己预备作燔祭的羊羔。”克尔凯郭尔在这里进一步考察了亚伯拉罕的这最后的一句话。如果没有这句话，那么，整个事件就缺少一些什么，如果这句话有所不同，那么一切也许就会消释在困惑之中。一个悲剧的英雄（不管他是在对苦难的承受中还是在他的行为中达到情节发展的最高潮）是否应当有最后一句说白，根据克尔凯郭尔做出的评估，这要看他属于怎样的生活层面，他的生活是否有智性方面的意义，他对苦难的承受或者他的行为是否处于与精神的关系之中。

不用说，悲剧的英雄在其情节发展高潮的瞬间，就像每一个没有失去语言能力的人，能够说上几句话，也许几句合适的话，但是问题在于，说出这些话对于他是否合适。如果他的生活意义在于一种外在的作为之中，那么，他就没有什么可说的，那么所有他所说的东西在本质上都是无足轻重的闲话，相反，悲剧仪式的展示则要求他沉默地完成自己的任务，不管这任务是由他的行为还是由他对苦难的承受构成的。这时他可说的不是几句合适的话，不是一段小小的慷慨说词，他说话的意义是在于：他在决定性的瞬间完成自己。一个这样的智性意义上的悲剧的英雄，他应当有最后的话，并且他应当保留这最后的话。就像那种适合于每一个悲剧的英雄的情形，人们想从他这里要求同样的光环笼罩的姿态，但这时人们还要求有一句话。只要一个这样的智性意义上的悲剧的英雄是在一种对苦难的承受中（在死亡之中）达到情节发展的最高潮，那么，他将在他死前的这最后一句话之中变得不朽（相反，普通的悲剧英雄则在自己死亡之后才变得不朽）。

苏格拉底可以被用来作为一个例子。他是一个智性意义上的悲剧的英雄。人们向他宣布了他的死刑。在这一瞬间他死了，因为，如果一个人不懂得“‘去死亡’这一行为要求精神的全部力量”，不懂得“英雄总是在自己死前就已经‘死去’”，那么他就不会在对生命的观察思考中走得很远。作为英雄，对苏格拉底的要求是：现在他要安宁自在；但是作为智性意义上的悲剧英雄，对他的要求是：在这最后一瞬间，他要有足够的精神力量去完成自己。他不能够像普通的英雄那样把心思集中在“让自己面对死亡”上，他必须尽快地做出这一运动，这样，他在同一瞬间有意识地既超越这一斗争又强调自身。如果苏格拉底在死亡的关头哑默了，那么他就弱化了他生命的作用，唤起了一种怀疑。

即使人们认为借助于类比应当能够为亚伯拉罕找到适当的话语来作为终结，当然这之中有这样的前提，就是说，如果人们认识到这样的一种必然性：亚伯拉罕在最后的一瞬间必须完成自己，不是必须沉默地拔刀，而是必须说出一句话来，因为他作为信仰之父在精神的方向上有着绝对的意义。关于“他所要说的东西会是什么”，“我”在他说出来之前无法想象；在他说了之后，“我”想自己是能够明白的，但却无法因此而更接近他。假如苏格拉底不存在任何最后的说白，那么“我”能够在他的立场上设身处地构建出一句这样的话语，即使“我”做不到，那么也会有一个诗人能够做到，但是，任何诗人都无法达到亚伯拉罕的高度。

然而，亚伯拉罕有一句话被保留下来了，最后的话。克尔凯郭尔指出，首先最重要的，他是什么都没有说，而在这样的形式里他表达了一切他要说的。他对以撒的回答有着反讽的形式，前面我们已深度地阐述过什么是反讽。以撒带着亚伯拉罕是知道的想法问亚伯拉罕，但“说一些什么”是亚伯拉罕所不能够的；因为他所知道的，是他所不能够说的。亚伯拉罕只能回答：我儿，神必自己预备作燔祭的羊羔！从这里人们可以看见亚伯拉罕灵魂中的双重运动。如果亚伯拉罕只是放弃了以撒而没有做更多，那么他就说了一个假象，因为他当然知道，上帝要求以撒为牺牲，他知道，他自己恰恰是在这一瞬间准备好了去献祭以撒。在他做出了这一运动之后，他在每一瞬间都在运作着下一个运动，依据“荒谬”做出信仰的运动。在这样的情况下，他没有说任何假象，因为，依据于“荒谬”完全可能：上帝会做出什么完全别的事情来——于是他没有说任何话语。这一点变得尤其明显，特别是在我们考虑到要献祭以撒的就是亚伯拉罕自己的时候。如果这任务是其他的内容，如果主让亚伯拉罕把以撒带到摩利亚山上后，自己让雷电击中以撒，而以这样的方式把他作为牺牲，那么，在一种坦白的意义上，亚伯拉罕就能够有理由那么神秘地说话，就像他所说的那样神秘，因为他自己也不知道将会发生什么事情。然而任务就是这样被置于亚伯拉罕面前，他要自己做出行为，因而，他必须在决定性的瞬间知道他自己想要做什么，他必须知道：以撒要被作为牺牲而献祭。如果他不是带着确定性知道这一点，那么他就没有做出“放弃”的无限运动，那么固然他的话不是假象，但他也不会成为亚伯拉罕，他的意义就更不及一个悲剧的英雄。是的，他是一个不果断的人，既不能决定去做这件事也不能决定去做那件事，并且因此会以谜语的方式说话。但是，一个这样的犹疑者简直就像是对信仰的骑士的滑稽模仿。

人们固然能够理解亚伯拉罕，但却只能以一种理解悖论的方式来理解他。对“我”来说，“我”当然能够理解亚伯拉罕，但也知道“我”没有勇气去以这样的方式说话，正如“我”没有勇气去像亚伯拉罕那样做出行为；但“我”绝不是因此在说这是某种不足取的行为，因为恰恰相反，这是唯一的奇妙的行为。

现在，我们这个时代怎样评判悲剧的英雄呢？他是伟大的，这个时代景仰他。并且，那个高尚者们的值得尊敬的集团——由每一代人为审判已成为过去的上一代而构建出来的陪审团，它也做出一样的评判。但亚伯拉罕则没有人能够理解。他到底达到了什么呢？他所达到的是：他忠诚于自己的爱。而那爱上帝的人，他无须泪水，无须景仰，他在爱之中忘却苦难，是的，如此全然地忘却苦难，以至于在之后不会存在一丁点痛苦的痕迹。

五、爱的起源与信仰

如果我们接着叙述亚伯拉罕，那么，我们就需要探讨克尔凯郭尔关于宗教的爱的论述，在这里，克尔凯郭尔开始给出答案了，那么，爱是从哪里来的？这个地方是十分隐蔽的。在人的内心深处有一个地方，从这个地方涌现出爱的生命，因为“从心中涌出生命”。爱正是从这个地方流溢出来的，沿着各种不同的路径，但是，沿着这些路径之中的任何一条，你都无法挤迫进它隐秘的“形成”。这样，那爱的愿望和祈祷就是，它的秘密的渊源和它隐藏在内心最深处的生命可以继续是一个秘密，没有什么人会好奇，并且想要打扰这挤迫进去看他其实还是无法看见的东西。在一个人不去在爱的宣示中为爱而喜悦，却想要通过探究它而得到快乐的时候，那也是剧烈的痛苦的，并且也是最有害的。

爱的隐秘的生命是在“最内在的”之中，是不可探究的，并且与整个生存有着一种不可探究的关联。如同宁静的湖泊在幽暗中发源于那深远的水源，一个人的爱也是这样神秘地发源于上帝的爱。如同这宁静的湖泊固然是在请你观察它，但却通过“幽暗”禁止你去洞察它。同样，爱在上帝之爱中的神秘本原禁止你去看它的根本；在你以为是看见了那根本的时候，却是一幅反射镜像在欺骗你，这掩盖了那更深的根本的东西。这样，爱的生命是隐秘的，但是它那隐秘的生命就其本身是运动，并且它自身中有着永恒。

然而“爱的隐秘的生命”在那些结果上仍是可辨认的，这是爱的需要。爱要求人保持它的隐秘、要求人去使得它无法辨认，那么这就必定也是最大的折磨。克尔凯郭尔举例说明，这好比在果实上认出树来，因为固然从叶子上也可以认出树，但果实则是本质性的标志。爱的可辨认性也是如此。你的朋友、你的爱人、你的孩子或者任何本是你的爱的对象的人，当这爱真的在你内心中感动着你的时候，他们也要求爱在言辞中的表达。这“受感动”不是你的财产，而是那另一个人的财产，这爱的表达是你欠他的，因为你也知道在这“受感动”的情感中你是属于他的，是他感动了你，并且使你意识到你属于他。但是人不应当在言辞和口头语中爱，人也不应当在言辞和口头语中辨认爱。因为，恰恰言辞和口头语被作为爱的唯一果实，一个人在时机尚未成熟的时候已经拔光了叶子，所以他得不到果实，更可怕的情形是：有时候人们能够根据言辞和口头语辨认出一个人其实是骗子。这样我们就能说，不成熟的爱和欺骗性的爱可以通过这样的特征辨认出来：言辞和口头语是它的唯一果实。

在人类语言中不存在这样的词句能够让我们对之做出如此评价：在一个人使用这词句时，就会无条件地显示出，在他身上有着爱。没有任何这样的词句，在人类语言中，甚至最神圣的词句也无法达成。一个人的话能够让我们确信，他身上有着爱，而相反的话被另一个人说出来也能够让我们确信在这个人身上也一样有着爱；同样的话，在一个人说这话的时候会让我们确信这人身上有爱，而在另一个人说这同样的话的时候我们则确信这人身上没有爱。没有什么作为能够让我们敢无条件地对之做出这样的评价：做出这一行为的人，他因此无条件地证明了爱。甚至那最好的作为也无法达到这一点。我们要看这作为是怎样被达成的。我们知道，那在特定意义上被称作“爱之作为”是存在的。如果一个人能够以一种不爱的甚至是自爱的方式来达成各种“爱之作为”，“爱之作为”则不是爱的作为。

于是，克尔凯郭尔指出，我们要看言辞怎样被说出，并且最重要的是，它怎样意味的，最为关键的是，行为是怎样被做出的，这对于“在结果上定性和辨认出爱”是至关紧要的。如果人想要无条件地去说出，或者无条件地证明爱不在场，这样的一个情形是根本不存在的。爱必须有结果并且因此而能够被辨认。

爱固然应当在结果上是可辨认的，但是却并不能因此说人理所当然地要做一个辨认者，树应当在那些果实上是可辨认的，但是却并不是说某一棵树有义务去评判别的树，相反它只是那棵应当结出果实的树。人唯一应当畏惧的，就是上帝；人唯一应当害怕的，就是这人自己。在对上帝的畏惧与战栗中害怕着自己的人，是没有什么虚伪者能够欺骗得了的。如果一个人的爱真正地结出其自身特有的果实，那么他将去揭露那靠近他的每一个虚伪者，或者至少是让虚伪者感到羞惭。对虚伪的最微不足道的防范是睿智，乃至睿智几乎不是一种防范手段，相反是一种危害邻里关系的原因；对虚伪的最好防范是爱，乃至它不仅仅是一种防范，更是一道无底的深渊，它永远和虚伪毫无瓜葛。这也是一颗使得爱被辨认出来的果实：它使得有爱心的人不落入虚伪者的陷阱。爱是实在的。尽管如此，克尔凯郭尔仍然指出，人们不要在相互间的爱之关系中不耐烦地、猜疑地、评判地去要求持续不断地看“果实”。

人必须信仰爱，否则人根本不会感觉到它存在；在人要去认识爱的时候，关于爱，我们能够谈论的东西首先和最终的就是信仰爱。但是，一开始的时候爱被谈论，是对立于那种无礼的理智性，它想要拒绝爱的存在；而现在则反过来，在“爱在各种果实上的可辨认性”得到了论述之后，对爱的谈论则是对立于那种病态的、焦虑的、斤斤计较的狭隘心肠，它在卑琐和可悲的猜疑性中想要看见那些果实。但要记住：如果你相对于另一个人，这个人的爱可能结出了小小的果实，而你有足够的爱心去将它看得比它本身更美好的话，那么使得你所具有的爱变得可辨认的那颗果实就将会是美好的、高贵的、神圣的果实。

不要忘记：甚至在你因为爱的果实而欣悦时，在你从它们之上辨认出了爱居住在这一个人的身上时，“去信仰爱”是有福的，这是至高的福。这一点恰恰是对爱之深度的新表达，在一个人从果实上认识了爱之后，他还是又回到那最初的地方，作为向着至高之处的运动而回到它这里，回到“信仰”。因为，爱的生命固然在那些果实上是可辨认的，是它们把生命揭示出来，这生命本身则比果实更重大。因此，最终的、最有福的、无条件地使人信服的爱之标志就是爱本身：那被另一个人所具有的爱认得并辨认出的爱本身。相同的东西只被相同的东西认知，只有那处在爱中的人才能够认知爱，正如他的爱也能够被认知。

于是，每一个人都应当首先爱自己。

由此可见，宗教的爱不是那样没有预设地开始的，也不是带着一个讨人喜欢的预设开始的。那么，基督教的意义是否就在于让人们认可自爱的权利？相反，基督教的意义其实是在于要把自爱从人类这里夺走。克尔凯郭尔进而指出，自爱在于“爱一个人自己”，但是，如果一个人要爱邻人“如己”，那么这一诫命也就此将这自爱从他这里夺走。如果这关于爱邻人的诫命被以另一种方式表达出来，不使用“如己”这样的词汇，那么这诫命就无法以这样的方式来控制自爱。“如己”对自己的目标没有任何犹疑，并且以这样一种方式带着永恒坚定不移挤进最内在的隐蔽处所，而一个人就在这隐蔽处所之中爱着自己；它不为自爱留下任何借口，哪怕是最小的借口，也不允许有任何逃避的可能性，哪怕是最小的可能性。

但“如己”这个诫命缠绕住在原地无法移动的自爱。这句话并不是想要教一个人不应当爱自己，相反，它恰恰是在教给个体正确的自爱。但这真的就该是至高的教义吗？有没有可能像这句话说的，爱一个人高于自己呢？教义中的那种爱，在暗中是自爱；并且爱的陶醉性表达“爱另一个人高于爱自己”恰恰可以以此来得到解释。情欲之爱尚不是“永恒”，它是无限的美丽晕眩，是审美层面的，它的至高表达是神秘，正因此，它还尝试着一个更眩晕的表述——“爱一个人高于爱上帝”。这是对上帝的亵渎。

友谊的情形也正是情欲之爱的情形，因为这种友谊也在于偏爱之中：爱这一个人高于所有别人，爱他而使得他与所有别人形成对比。因此，情欲之爱和友谊的对象也就都有着偏爱之名“爱人”“朋友”。相反基督教的教义则是爱邻人、爱全人类，所有人，甚至敌人，并且没有例外，无论好恶。只有一个人，一个带有永恒之真相的人能够高于爱己地爱，这个人是上帝。因此也不是说“你应当爱上帝如己”，而是说“你要尽心，尽性，尽意，爱你的主”。上帝是一个人应当无条件地服从地爱的，并且一个人应当崇拜地爱上帝。如果有什么人敢以这种方式爱自己，或者敢以这种方式爱另一个人，或者敢允许另一个人以这种方式来爱他，那么这就是不敬上帝。如果爱人或者朋友请求你做什么事情，而你恰恰因为你诚实地爱着，所以你担忧地考虑了，觉得这事情会对他造成损害，那么，要是你通过“听从”而不是通过“拒绝满足他的愿望”来爱，那你就应当承担一种责任。但是上帝是你应当在无条件的顺从之中去爱的，尽管他对你所要求的东西可能让你看起来是有损害的，甚至对他的事业是有害的；因为上帝的智慧相对于你的智慧而言是没有比较性的，上帝的治理相对于你的睿智而言是没有责任或义务的，你所要做的只是顺从。

相反，对于一个人，你应当“如己”地爱；如果你能够比他更好地洞察到什么是对他最好的，那么，“有害的事情是他自己的愿望、是他自找的”的说法就不应当是你的借口。如果事情不是如此，那么，我们确实可以谈论关于“爱另一个人高于爱自己”。尽管一个人洞察到“这对他来说是有害的”，却仍然顺从地去做这事，因为他要求这样做，或者因为他想要这样，但这恰恰是你无权去做的事情；如果你这样做，那么你就有责任，正如这另一个人也有责任，如果他要以这样的方式来滥用他与你的关系的话。

那么，谁是这个邻人呢？这个词很明显的是由“最近者”构成的。于是邻人就是比所有人更靠近你的人，但这不是在偏爱的意义上说的，因为去爱一个在偏爱的意义上所说的比所有别人更靠近你的人，是自爱。这时邻人比所有人更靠近你。但是，他是不是也比你自己对于你自己而言更靠近你？不，不是的，他恰恰是或者恰恰应当与你一样近。“邻人”被思者们称作“他者”，自爱中的“自私的”要在“他者”之上受考验。

固然“邻人”就其本身就是多样的，因为“邻人”意味着“所有人”，然而在另一种意义上说，为了让你能够实践律法，一个人就足够了。自爱必定是独自地作为自我。如果有了另一个人，你在基督教的意义上爱之“如己”，或者说，你在他身上爱着“邻人”，那么，你就爱所有人。以这样的逻辑，克尔凯郭尔解释了“邻人”尽可能地逼近自爱；如果只有两个人，那另一个人就是邻人；如果有一百万个人，那么这之中的每一个都是邻人，而这邻人对于一个人来说比“朋友”和“被爱者”更近。

“你要爱你的邻人如己”，也指出了另外一个层面的情形：应当以正确的方式来爱你自己。因此，如果有人不想从基督教学会以正确的方式爱自己，那么他就也不能够爱他的邻人。以正确的方式爱自己和爱邻人完全相互对应，在根本上是同一种东西。在律法的“如己”将个体牵扯出自爱的时候，个体就恰恰学会了爱自己。因此律法说：你应当以你爱邻人的方式来爱你自己，如果你爱他如己。不论是谁，如果他有认识众人的知识的话，他无疑就会承认，正如他常常都想要能够感动他们去放弃自爱，以同样的方式，他也常常会有这样的愿望，希望能教会他们爱自己。一个人应当爱其邻人如己，就是说他应当爱自己。

六、爱的需要与义务

之前在伦理阶段，克尔凯郭尔也讨论过义务，但在宗教的阶段，他要表述的是爱的义务。就是说，关于对邻人的爱和关于对自己的爱的诫命是同一回事，不仅仅是因为这“如己”，还更多的是因为“你应当”。克尔凯郭尔所要谈论的是：你应当爱。因为这正是基督教的爱的标志，并且是基督教的特征，它包含了明显的矛盾：“去爱”是义务。

克尔凯郭尔指出，在谈论宗教，尤其是基督教的时候，不要忘记它的本原，不要忘记带着信仰的本原来谈论它，信仰的本原一直在，不是因为别人信仰了而信仰，而是因为个人也被攫住了无数人的东西攫住了所以才信仰，但并不会就因此少一点本原性。

“你应当爱”。只有在“去爱”是一种义务的时候，只有在这时，爱才永远地得到了安全保障用以防范任何变化，在独立之中得到了永恒的解放，永恒幸福地得到了防范“绝望”的安全保障。本能和秉性的爱，即那直接的一般的爱，不管它会是多么喜悦，多么幸福，多么充满信任，它恰恰会在它最美丽的一瞬间感觉到一种需求，想要尽可能地将自己更保险地捆绑起来。因此两个人就山盟海誓，然而，这种爱指着什么东西发誓呢？这种爱情的发言人，亦即克尔凯郭尔说的“诗人们”，实质上更像是审美人。这种爱情是指向某种高于它自己的东西发誓吗？不，它没有这么做。恰恰这一点正是那美丽的、感人的、神秘的、诗意的误会：这两个人自己并没有发现这一点。发誓的时候，他们其实是在把爱情的意义赋予它所指着起誓的东西，爱情把光环投向它所指着起誓的东西，它反倒其实是指着某种比它自己更低微的东西发誓。

爱情想要海誓山盟，它就指着某种更低微的东西发誓，但自己却并未发觉这一点。于是就有了这样的结果：这海誓山盟，固然它应当是并且自己也诚恳地认为自己是至高的严肃的，它却是最美丽的玩笑。如果一个人真的要发誓，那么他就必须指着某种更高的东西发誓，这样，只有天上的上帝是唯一真正的在这样的情况下可让一个人独自指着起誓的对象。但是审美人却无法理解，就是说审美主义的个体，不会希望有人来把这一理解强加给他，打乱他对自己的生活的看法，而他根本不需要这一理解。

因此，审美阶段上这种直接的爱，在美丽的幻觉的意义上，其自身之中有着永恒的东西，但是，它并不是有意识地以那永恒的东西为基础的，它能够被改变。即使它还没有被改变，但只要它持存着或者存在着，变化就是可能的。

在直接的爱通过“去成为义务”而经历了永恒之变化的时候，它就赢得了持续，并且自然而然地持存。就是说，“在这一瞬间里存在的东西也在下一瞬间存在”并不是一种自然而然，但是“持续的东西保持存在”则是自然而然的。爱的情形也是这样。只是存在着的爱情，不管它多么幸福、多么充满生命至福、多么有信心、多么诗意，它还是必须在多年里通过自己的考验；但是通过“成为义务”而经历了永恒之变化的爱赢得了持续。所以说，只有在“去爱”是一种义务的时候，爱才是永远地得到了安全。永恒的安全感驱逐掉所有恐惧并且使得爱趋近于完美，完美地得到了安全。

爱者想要考验被爱者，朋友想要考验朋友，考验固然在爱之中有着其根本，但是强劲炽烈的“想要去考验”的欲求说明了爱是不确定的。

爱人们对于他们的爱的持续的至高表达在这里就只是这样的一个表达：它只有存在，因为只有存在的东西，人们才去考验、才对其进行考验。但是，在“去爱”是一个义务的时候，就根本不需要考验，因为这时爱高于任何一种考验，它已经“通过考验”了，正如信仰。如果一个有着信仰的人想要请求上帝将他置于考验，那么这并不是在表达信仰者在非凡高的程度上有着信仰，而是在表达他并非完全地有着信仰。从来就没有什么更高的安全措施，也无须所谓“考验”，除了在这个“应当信仰”之中，根本就无法在任何其他地方获得永恒的安宁。在你想要理解“你应当爱”的时候，你的爱就永远地得到了安全。

爱也是通过“应当”永远地得到了安全保障来防范任何变化。直接的爱在自身之中能够被改变，它能够被改变成自己的对立面，变成恨。恨是一种变成了自己的对立面的爱，一种进入了毁灭的爱。真正的爱通过“成为义务”而经历了永恒之变化，它永远不被改变，它是简朴的，它爱，并且永远不恨，永远不恨被爱者。看上去可能是那种直接的爱更强烈，因为它能够做双重的事情，因为它既能够爱又能够恨，然而这却只是一种感性欺骗。

直接的爱能够从自身中被改变，它能够随着年轮流转而被改变；然后，爱就失去了它的热情、它的喜悦、它的欲望、它的独创性、它的勃勃生机；最后，爱情消释在一种不愠不火习惯性的无所谓中。这样，有时候一个人自己能够感觉到习惯改变了他，于是他就变得沮丧、心烦，对自己感到厌倦，对自己的爱情感到厌倦，为它悲惨到如此地步而感到厌倦，为自己无法改变它而感到厌倦，永恒的变化是他所没能及时地留意的，现在他甚至失去了康复的能力。

相反，如果爱通过“成为义务”而经历了永恒的变化，那么它不认识习惯，习惯永远都无法摆布它。方法只有一种：就是永恒的“应当”。一方面，习惯是最悲哀的变化，另一方面人也会习惯于每一个变化。只有那永恒的东西，并且通过“成为义务”而经历了永恒之变化的东西，才是不变的，但是这不变的东西恰恰不会变成习惯。不管一种习惯多么顽固地居留在一个人身上，它永远都不会变成不变的东西，即使这个人变得不可救药，因为习惯是按理应当被改变的东西，那不变的东西则相反，它是既不能够也不应当被改变的东西。那永恒的东西绝不会变老，并且绝不会成为习惯。只有在“去爱”是义务的时候，爱才在至福的独立之中永远地得到解放。然而，难道审美的或者直接的爱不是自由的？难道爱者不恰恰就在直接的爱中有着自由？自爱变得独立，没有了“爱他”，因为它没有勇气去约束自己，是因为它变得依赖于自己的怯懦。

这也是自由的真实表达：它是在自由者心中的一种重要需要。如果在一个人心中，爱是一种需要，那么这个人肯定在自己的爱之中感觉到自由，而如果一个人觉得自己依赖性太强，那么他就会因失去被爱者而失去一切。这是基于这样的条件：他不可以把爱情混淆为对被爱者的占有。在与自己的爱的对象的关系中，一旦爱在这关系中没有在同样的程度上去与自身发生关系，但却又有着完全的依赖性，那么，它就在不真实的意义上有着依赖性，那么，它的对于自己的存在的律法就在它自身之外。但是，如果这爱是通过“成为义务”而经历了永恒变化并且是因为它应当爱而去爱的，那么它就是独立的，它对于自己存在的律法是在爱与“永恒”的关系本身之中。这种爱绝不会变得在不真实的意义上有依赖性，因为它唯一所依赖的东西是义务，而义务是唯一的解放着的东西。直接的爱使得一个人自由，而又使之在下一瞬间有依赖性。

这正如一个人通过“去成为”，通过去成为一个自我，他变得自由，而在下一瞬间，他又依赖于这一自我。相反，义务则使得一个人有依赖性而在同一瞬间又使得他永远地独立。只有律法能够给出自由。有这样一个误解，认为自由是存在的，并且，约束自由的是律法。恰恰应反过来：没有律法，自由根本就不存在，并且那给出自由的东西是律法。同样，那做出差异的东西是律法，因为，在律法不存在的时候，就根本没有什么差异。正是律法使得所有人都在律法面前平等。

于是，“应当”在独立中解放爱。这样的一种爱不随其对象的偶然性而倾覆，它随着永恒之律法而屹立，这样的一种爱只依赖于——那唯一的解放者，因此它是永远独立的。没有什么东西是可以与这独立相比较的，这一独立通过永恒的“应当”而只依赖于爱本身，它不依赖于任何别的东西，并且因此，一旦爱的对象被显现为某种别的东西，它也不依赖于这爱的对象。然而这却并不意味着独立的爱随即就停止了，就变成了骄傲的自我满足。爱常存，它是独立本身。“不被改变”是真正的独立，每一个变化，不管它是虚弱之晕眩还是骄傲之炫耀，是叹息着的还是自我满足的，都是依赖。如果一个人在另外一个人说“我无法继续爱你了”的时候骄傲地回答：“这样我也能够不再爱你。”这不是独立，相反，这是依赖，因为“他是不是继续爱”这个问题的答案依赖于“那另一个人爱不爱”。

只有在“去爱”是义务的时候，爱才永恒幸福地得到了防范“绝望”的安全保障。直接的爱会进入绝望，不管它获得多大的赞美，它仍是虚弱的，它的至高恰恰是它的毁灭。不过，直接的爱会在一定的时候绝望，它甚至在幸福的时候也以绝望的力量爱着，或者说它本来就是绝望，它在自己幸福之中就也早就是绝望的了。

针对于此，克尔凯郭尔指出只有一种针对绝望的安全保障：通过义务的“应当”去经历永恒的变化。每一个没有经历这一变化的人，都是绝望的；那使得一个人绝望的，不是不幸，而是“缺乏永恒的东西”；绝望是“缺那永恒的”，绝望不曾通过义务的“应当”去经历永恒之变化。

“你应当爱”的义务把所有不健康的东西都拿掉了，并且为永恒保存下了健康的。无论何处，永恒的“应当”都是拯救着的、净化着的、使人高贵的东西。坐在一个深度悲伤的人身边，如果你能够给予激情绝望的表达，能够在一瞬间里缓解痛苦——是不真实的。“你应当悲伤”，则既是真的又是美的。我没有权利去坚忍地面对生活的痛楚，因为我应当悲伤；但是我也没有权利去绝望，因为我应当悲伤；我也没有权利停止悲伤，因为我应当悲伤。爱的情形也是如此。你没有权利去坚忍地面对这一感情，因为你应当爱；你也没有权利去绝望地爱，因为你应当爱；同样你也没有权利歪曲你内在的这种感情，因为你应当爱。你应当保存好爱，你应当保存好你自己，通过保存好你自己保存好爱。

爱的需要在人的本质之中扎根很深，这是由上帝提出的，《圣经》中神说，男人独居不好。然后女人就被从男人的胁下取出，并给他做伴，可见，在爱（和共同生活）给予之前，它首先要从一个人这里取走一些什么。在各个时代，每一个对人的天性有着更深刻的思考的人都认识到人身上的这种对于伴侣的需要。这一需要如此深刻地扎根于人的本性之中，乃至自从第一个人被造出时起就不曾发生过任何变化，不曾有过任何新发现，只是同样不变的最初考虑以各种最不同的方式得到了肯定，在表达上、描述上、思想的各种转折上，一代代都各有不同。

同样，这一需要本质地属于作为人这一事实，甚至那个“与父原为一”并且“与圣父和圣灵同处于爱的共同体”的基督，都会从人的角度感觉到有“去爱并且被一个人爱”的需要。固然，他永远地不同于每一个人，但他仍还是一个真正的人，在一切人性的东西之中受过试探；他经历了这种需要，这恰恰表达了，他在其本质上是属于人的。他是一个真正的人，并且拥有一切人性的东西。

爱是如此深深地扎根于人的本性，它是如此本质地属于人，然而人类则如此频繁地进入逃避之路以求避开，因此他们想出欺骗手段来欺骗自己或者使得自己不幸，有时逃避以忧伤之形象为外衣。一个人为人类并且为自己的不幸而叹息，叹息找不到自己能够爱的人，因为为人类和为自己的不幸叹息总是要比为自己叹息容易。有时候自我欺骗听起来有着指控的形式，一个人指控人类不值得爱，一个人“埋怨”人类，因为去作为指控者总是比去作为被指控者容易。有时候自我欺骗是骄傲的自我满足，它认为去寻找值得他去寻找的东西是徒劳，因为通过挑剔一切来证明自己的优越总是要比通过严于律已来证明自己的优越更容易。并且，他们全都同意这是一种不幸，这种关系是错误的。他们的说法听起来就像是对他们自己的讥嘲，因为不能在人类中找到任何爱的对象就是泄露出自己完全缺乏爱。因为，“想要在自身之外找到爱”到底是不是爱呢？如果一个人在他寻找自己的爱的对象时自己带着爱，那么他就会很容易找到，他身上的爱越多就越容易找到爱的对象，并且会觉得他是可爱的。尽管他有着各种弱点、错误和不完美，仍然觉得他是可爱的。

克尔凯郭尔举例说道，如果有两个艺术家，一个说“我曾四处旅行到过很多地方，在世界各地见识了很多，但是我试图找到一个值得我画的人却只是徒劳，我没有找到任何在一定程度上是完美的脸而能够让我决定去画出它，在每一张脸上我都看见了某种小小的瑕疵，因此我是在徒劳地寻找”。这种说法是不是标志了这个艺术家是个伟大的艺术家？相反，另一个艺术家则说："现在，我其实并不想让人觉得我是艺术家，我也不曾旅行到国外，这是为了与一个由我最亲近的人们构成的圈子在一起，在这里我不曾觉得任何一张脸是如此微不足道或者有瑕疵而使得我无法从中挤榨出一个更美的方面并且发现某种崇高化了的东西，因此我欣喜于我所从事的艺术，这令我心满意足的艺术，但我并不要求去作为一个艺术家。"——这说法是不是标志了他恰恰是这样的一个艺术家，他通过自己带着一个特定的某物，就当场找到了那到处旅行的艺术家在世界上的任何地方都不曾找到的东西。很显然，第二个是艺术家。如果艺术不是为我们美化生活而只是挑剔地发现"我们中没有人是美的"，这岂不悲哀？更悲哀的而且也更令人困惑的情形则是：如果爱仅仅只是诅咒，因为它的要求仅仅只能够宣示出"我们中没有人是值得爱的"，而不是说它有着足够的爱心而能够在我们所有人身上找到某种可爱的东西。

结合我们前面深入展开探讨过的"爱的义务"，如果这种需要与义务互相结合影响，形成"去爱你所见的那些人"，会出现两种普遍的逃避情形。第一种是"真正地要开始去爱"的自我欺骗，因为他们过于狂热盲信地谈论"去爱"和谈论爱。第二种是"找不到任何对象"的困惑使他们进一步阻碍自己去找到对象。在通常的情况下，人们对爱有一种观念，认为它一直在寻找各种优越和完美，所以人们抱怨自己的寻找是徒劳。那么，个体在这里是否有权利这么做？他所寻找的东西、各种可爱的优越和完美是不是能够被找到？他是否把寻求与挑剔混淆起来？克尔凯郭尔指出，这整个观念就是一种谬误，因为爱其实是"容忍"和"宽厚"，它不在意缺陷和不完美。

谬误绝不会自己中止，它只会在谬误的道路上越走越远，这样要找到路回返到真理就越来越难。在一个人带着关于“什么是爱”的观念进入大千世界的时候，他就寻找如他所认为的爱的对象，但这是徒劳。然而他却不改变这观念，相反，越多地获得了各种各样的挑剔性的知识，他越来越挑剔地寻找，仍然徒劳。然而他却不会想到，这错误在他自己身上，或者是在不正确的观念之中。他在挑剔性之中越是变得练达，他关于自己的观念的完美想法就越是膨胀，同时他自己很肯定，这不是他的过错，他不是因为出于任何恶意的或者仇恨的意图发现人类的不完美，他只是在寻找爱。

处于谬误之中的个体，不愿放弃爱，也不愿贬低地谈论它，他想要狂热地谈论对不可见的东西的爱。找不到任何对象，把爱浪费在徒劳的寻找上，通过爱不可见的东西而将之浪费在虚空之中。对此，克尔凯郭尔指出，保持清醒，回归自我，去理解爱应当是一种要求。如果个体改变了关于爱的这种错误观念，如果认为它正是“一种要求”的反面，是一种上帝责成自己去偿还的债务，那么，在这同一瞬间里，个体就找到了现实。

这恰恰是义务，也正是现实本身。如果你在总体上想要开始在“去爱”之中爱你所看见的人，那么这就是义务，同样也是首要条件。这条件是在现实之中找到立脚点。个体在去爱单个的真正的人的时候，并不把一种关于我们认为或者希望这个人应当怎样的自欺欺人的观念作为隐藏着的依据。如果一个人这么做，那么，他就并不爱他所看见的这个人，他所爱的则又是某种不可见的东西，是他自己的观念或者别的这类东西。

他在爱中添加了某种“两可性”和“挑剔性”。当然，一再摒弃，并且一直没有为自己的爱找到任何对象，这是一回事；在爱被自己称作的爱之对象时，准确而诚实地履行这一义务“去爱一个人所看见的”，这则是另一回事。当然，我们应当去爱的人可能会拥有各种可爱的完美性，这一点总是值得人一再向往；我们不仅仅为了我们自己的缘故而去向往它，而且也是为了别人的缘故。

但是，有一种挑剔，这挑剔简直就好像是不断地与爱作对并且想要阻止爱去爱它所见的东西。世上有一些人，他们没有赢得形象，他们的现实没有被固定下来，他们在内心深处追问着“他们是什么”和“他们想要什么”。然而，如果一个人在“以这样的方式去爱”之中有着变得具有挑剔的倾向的话，那么他就不是在爱他所看见的人，他甚至很容易使他自己对自己的爱变得反感，并且使这爱成为被爱者的麻烦。

被爱者、朋友，在一般的意义上当然也是个体，就其本身而言是对于别人存在着的，但是对于爱他的个体，在本质上只应当是作为被爱者而存在。如果在这种关系之中被爱者有着一种双重性，一方面他在一般的意义上对于个体来说只是单个的人，一方面在特殊的意义上是被爱者，那么，这个个体就不是在爱他所看见的人。这就像是不断地有第三者在场，一个打扰着真挚性的第三者。那么，以这样一种方式挑剔着，爱的关系考验着被爱者？无疑，生活有着足够多的考验，并且这些考验本应当找到那些爱者，找到朋友和朋友联合起来经受考验。

如果个体要完成义务，去爱那些他所看见的人，那么，他就必须不仅仅是在现实的人中发现那些他所爱的人，而且他也必须在“去爱他们”之中清除所有挑剔性，这样，他在严肃和真实之中去爱作为他们自身所是的他们，在严肃和真实之中把握任务：觉得目前已有的或者已选择的对象是可爱的。严肃恰恰在于关系本身想要用联合起来的力量与不完美的东西做斗争，战胜有缺陷的东西。一旦这关系被弄得模棱两可，个体就不会爱他所看见的人，于是当然就要求别的东西以便能够继续去爱；但是，在错误或者弱点使这关系变得更真挚的时候，这并非要保留错误，而是为了克服它，于是，个体爱其所看见的人。个体看见错误，但是关系变得更真挚，这正显示出：个体爱这个“在他身上看见错误或弱点或不完美”的人。如果在“去爱”之中爱我们所看见的人们是义务，那么这爱就不存在边界；如果义务要得以履行，那么爱就必须是没有界限的，不管对象在怎样的程度上被改变。

克尔凯郭尔指出，也许对爱的最正确描述是将之描述为一种无限的债务：在一个人被爱抓住的时候，他感觉到这就像是处于一种无限的债务之中。通常人们在谈论被爱的人时说，这人因为被爱而负债。于是我们谈论说，孩子们欠父母的爱债，因为父母首先爱过他们，这样，孩子们的爱就只是一种对债务的部分偿还，或者说一种回报。爱着的个体，他是在债务之中；在他感觉到自己被爱抓住的时候，他感觉到这就仿佛使他处在了无限的债务之中。如上所述，把自己的爱给一个人，这是一个人所能给的最高的东西，然而，恰恰因为他给出了自己的爱，他进入了一项无限的债务。因此我们能够说，这是爱的典型特征：爱者通过“给予”而无限地进入无限的债务。一个人确实不会因为给钱而进入债务，相反恰恰是接受者进入债务。反过来，这爱者所给出的东西，是一个人所能给另一个人的至高的东西，这是他的爱，在他给出这东西的时候，他自己就进入了一种无限的债务。他不仅仅只是不敢说服自己去意识到自己的作为是某种应得回报的事，他也意识到自己的“给予”是一种无限的债务，而要偿还这债务则是不可能的，因为这“给予”一直就是“进入债务”。

克尔凯郭尔认为爱者是因为自己的缘故而想要驻留在债务之中；他不想让自己免于任何自我牺牲，绝不，他心甘情愿。正如爱所提示的，他想要做一切，并且只畏惧逃离债务这一件事。如果在我们人类身上的爱不是那么完美，那么义务就会帮助我们驻留在债务之中。在“驻留在相互所亏欠的爱之债务中”是义务的时候，那么我们就得永恒地警觉着，永远都不能开始踌躇于自身，也不拿自己与其他人身上的爱比较，也不拿自己与自己所实施了的各种作为比较。

克尔凯郭尔指出，为了爱，确实有许多事情要做，或者更确切地说，不管是为了获取爱还是为了保存爱，要去做任何事情。那么，我们要做什么才能够驻留在相互所亏欠的爱之债务中？类似于钓鱼，钓到后必须马上把鱼放入水中，否则的话，鱼就会在或长或短的一段时间里死去。为什么必须将之放在水中？因为水是鱼的元素，并且一切要被活着保存的东西都必须被保存在其自身的元素中。但是爱的元素无限、无穷尽、不可测。因此，如果你想要保存你的爱，那么你就必须小心，让它借助于债务的无限性，持恒地处在它的元素之中，否则的话，它就会憔悴而死。无须经过或长或短的一段时间，它马上就会死去。这恰恰就是爱的完美性的一个标志，它只能够存在于无限之中。

设想（我们当然能够这样设想）一个仆人恰恰为你做出与有爱心的人所做的完全一样的事情，那么，这样一来，在他们的作为和劳役的总量之间就没有任何一丁点可让理智找到的差异，然而，它们之间却有着一种无限的差异，一种不可测的差异。就是说，在一种情形之中不断地有一种附加的东西，这附加物有着无限的更多的价值。这恰恰就是爱的不可测。

“处于并且驻留于一种无限的债务之中”，恰恰是爱之无限的一种表达，于是，它因为驻留于债务之中而驻留于自己的元素之中。在这里有着一种交互、但却是无限地来自两方面的关系。在一种情形之中，在爱者之爱的每一个表达之中带着爱心地把握“不可测”的人是被爱者；在另一种情形之中，那感觉到这“不可测”的人是爱者，因为他承认债务是无限的，它无限地伟大并且无限地渺小。爱的对象在爱中承认，爱者通过最渺小的东西而做出的事情，比起别人通过所有最伟大的自我牺牲做出的事情，无限地伟大；爱者自己承认，比起他感觉到的债务，他通过所有可能的自我牺牲所做出的事情无限地渺小。

爱能让自己与他人身上的爱作比较。然后他发现，或者认为自己身上的爱大于他人身上的，或者比一些人身上的更小。也许他在一开始甚至认为，那只不过是一种在擦肩而过时的不经意的一瞥，既不要求花时间也不要求下功夫。这种停顿，瞬间使他出离了爱。

比较所丢失的是什么呢？它丢失的是本应让一种“爱的生活的表达”充实的瞬间。一个瞬间丢失了，永恒之链就被打断了；一个瞬间丢失了，永恒之关联被破坏了；一个瞬间丢失了，“那永恒的”就丢失了。

在比较之中一切都丢失了，爱被弄成了有限的，债务要被偿还。想象一下一个热情的人，他热情地只想一件事，并且热情地想要为“善的”牺牲一切，想象一下这样的事情现在正发生在他身上：就在他越来越无私、越来越自我牺牲、越来越努力地工作时，这个世界越来越强烈地与他作对，想象一下，在这个节点上，他哪怕有一个瞬间搞错并且将自己的努力与世界的回报作比较，或者将自己的努力与迄今所达到的成就作比较，或者将自己的命运与那些看来并没有因热情而燃烧的人们的名声作比较，那么他就迷失了。可见，与热情相比较的恰恰就是没有热情。

克尔凯郭尔说道，不要因为世界将你的热情称作疯狂、称作自爱而受打扰，在永恒中每个人都会被迫明白，什么是热情和爱。驻留在无限的债务之中，为这境况快乐。什么是热情，难道热情不就是想要去做和承受一切，难道不也就是在同时不断地想要驻留在无限之债务之中？爱的情形也是如此。如果你想要保存爱，那么你就必须在无限之债务中保存它。因此，我们要警惕比较，并且要避开比较，那么，爱就健康而富有生命力地驻留在无限的债务之中。驻留在债务之中是对爱的无限性的一种无限高明、充分的表达。

在“驻留在相互亏欠的爱之债务中”是一个义务的时候，“驻留在债务之中”不是一个狂热的表达，不是一种关于爱的观念，而是一种行为。“去爱”就是进入一种无限的债务。但是基督教并不狂热地谈论爱，基督教并不以这样的方式说话。

关于“驻留在债务之中”，它所说的东西与一种高贵人性的爱热情洋溢地所说的东西完全一样，但是它以一种完全不同的方式说。它只是说，这是义务，并且因此它就从爱中去掉了所有腐坏的东西、所有瞬间性的东西。

“驻留在债务之中”是宗教的，或者说是基督教的教义，并且以此说明了信仰是一种行动，而不是什么关于爱的表达，不是什么对爱的沉思性的解读。从这个角度看，没有人在爱之中履行了至高的任务，即使有人完成了这不可能的事情，那么，在同一瞬间，就会有新的任务。基督教知道什么是“去行动”，什么是“能够继续不断地以行动去专注于爱”。那对爱的单纯人性的解读景仰爱，并且因此很容易就会出现一种停滞，一些什么事情都不做的瞬间，一些闲置的瞬间。爱对于单纯人性解读的观念就像有着非凡天资的孩子对于单纯的父母：这孩子如此迅速地完成了任务，乃至父母到最后不知道他们应当想出一些什么事情来使得这孩子闲不下来。基督教的意图不是让爱疲倦，相反，它依据于自己的永恒本质，带着永恒的严肃，驾驭爱，也以同样的方式来驯服爱，使其在每一个瞬间都有任务。通过忍耐地守着爱，爱将会谦卑地学会“驻留在债务之中”，不是什么说辞，不是什么狂热，而是严肃和真理。

克尔凯郭尔反复强调，危险的事情是爱以比较的方式踌躇于自身。这是必须被阻止的，爱开始让自己去与基督教的观念发生关系，或者以宗教的方式与上帝的观念发生关系，爱找到了自己的主宰，爱在这里是没有任何踌躇的。

这样领会的话，在“驻留在相互亏欠的爱之债务中”有着严肃性和真理性。哪怕是有着最真诚的意图的，并且从人性的意义上说是最高贵的那种狂热，甚至是最热烈和最毫不利己的热情，也不是严肃；哪怕做成了令人惊讶的事情，哪怕也希望驻留在债务之中，也不是严肃。只有上帝的关系是严肃，严肃的地方恰恰就是任务被强迫进入自身的制高点，因为在那里有着一种“以永恒之权力来进行强制”的力量，即热情被自身之上的一种更高的权力强制压迫着。个体被义务绑定在对他人的爱之债务之中，但要去评判他的爱的，既不是个体自己，也不是其他人。上帝有着真理的关于爱的无限观念。

个体驻留在债务之中，并且他还认识到，“驻留在债务之中”是他的义务，承认也是他的义务，承认是一种带有宗教色彩的谦卑而有爱心的灵魂所做出的。谦卑是在于做出这承认；爱心在于无限地愿意去做出承认。这种承认属于爱的一部分。

克尔凯郭尔最后提出了，关于信仰、关于爱、关于谦卑的说法固然是正确并且完全是宗教的，但是这种说法会把一个少年引上歧途，而不是在指导他。这种带有宗教色彩的性情被当作至高至善来赞美，当然这也是应该的，但是这样一来，年轻人难免就会以为如果他完成了它，或哪怕只是老老实实努力去完成它，那么他在世界里的情形就会好起来。避而不谈最终的艰难，就是一种欺骗，它要么使得年轻人对自己感到绝望，要么使得他沮丧地放弃自己的能力，就仿佛有什么非同寻常的事情发生在他身上。这种艰难在于：首先是在人格的内在之中，他要与自己斗争，然后当他在斗争之中有进步时，他要在人格之外与世界斗争。这个世上没有酬报，世界只是与之作对。如果事情是这样的话，那么，看来警告人们警惕关于善的一切才是更为自然的，或者更确切地说，这就是在警告人们警惕善的一切。

但克尔凯郭尔也说道，他是真的不愿意去使一个年轻人自以为是，并且过早地教会年轻人去论断世界，恰恰相反，应当竭尽全力地帮年轻人，使得其生命向着内心深处。我们也确实不愿意通过避而不谈这种麻烦来欺骗一个年轻人。

克尔凯郭尔把“不断地预先说出”看成是义务，这样，我们就不会在一些时候赞美关于基督教宗教的一切，却又避而不谈它的一些本质性的缺陷。人们是在一种与宗教信仰的偶然关系而不是本质关系之中看世界的。然而这种看法却完全不是基督教的。如果一个异教徒在自己的死亡之时赞叹自己是幸福的，他顺利度过一生但却与所有逆境擦肩而过，他完全有可能是对的；但是一个基督徒在死亡的瞬间必须对这一喜悦保持一定的疑虑，因为从基督教的角度看，世界的反对处于一种与基督教的真挚性的本质的关系之中。世界的不感恩、反对、讥嘲，这是关于基督教的一切的最终麻烦，在人们赞美基督教的时候，尤其不可以避而不谈它。

被基督教称作是自我拒绝的东西恰恰在本质上包含了一种双重危险，如果有人能够证明世界或者宗教的世界在本质上已经变得很好，就仿佛这是永恒，那么“我”就也将证明，基督教的自我拒绝成了不可能，而基督教就被取消了。单纯人性的自我拒绝的想法是这样的：放弃你的自爱的愿望、欲求、计划，这样你就作为公正的和智慧的人而为人瞩目、尊重、爱戴。基督教的自我拒绝是放弃你的各种自爱的愿望和欲求，放弃你自利的计划和意图，这样，你真正毫不利己为关于善的一切工作，让自己去忍受“像一个罪犯一样地被鄙视、讥笑和嘲弄”，让自己去忍受“因此而被当作一个罪犯处决”。更确切地说，不是让自己忍受这些，而是自由地选择忍受。

就是说，这个意义上的自我拒绝事先知道——它会遇上这样的事情，并且自由地选择这样做。可是，世界上的世俗意义对自我的拒绝只有聪明的理解，因此只尊崇聪明地驻留在世俗性之内的自我拒绝。因为人们自然也会世俗地把上帝置于世俗性之中并因此获得一种有着上帝标记但却虚假的自我拒绝。确实，从世俗的角度出发，这有时看上去就仿佛是“为上帝的缘故而拒绝自我”，但却不是处于那种在双重危险中信赖上帝的私密关系之中，而以这样的方式，世俗理解这个人并且为此尊崇这个人。

如果一个人拒绝自己而世界向他开放着，那么这是人性的自我拒绝。但是，如果一个人拒绝自身，因此世界向他关闭，正因为世界向他关闭，他被世界拒斥回去而不得不寻求与上帝的私密关系，那么，这就是基督教的自我拒绝。双重的危险恰恰就在于，他在本来期待要找到支持的地方恰恰就遇到反对，于是他就不得不两次转身，而不是像单纯人性的自我拒绝那样只转身一次。因此，所有在世界里找到了支持的自我拒绝，都不是基督教的自我拒绝。这是单纯人性的自我拒绝，没有对自己的畏惧，没有对自己的顾虑而敢于在危险之中冒险，在这样的危险之中荣誉召唤着胜利者，只要他敢冒险，同时代的人和观众们的景仰就会召唤他。我们很容易看出，自我拒绝没有达到上帝，而只在半途之中，在人性的范畴以内。这是基督教的自我拒绝，没有对自己的畏惧，没有对自己的顾虑而敢于在危险之中冒险。同时代的人，沉溺而盲目地处于危险之中并且作为其同谋，绝对想象不到并且也不会去想象冒险会赢得什么荣誉，因此，在这危险之中冒险是双重危险，因为观众们的讥嘲在等待着勇敢者，不管他是胜利还是失败。在这种情形之中，关于危险的想象事先就存在了，而关于危险的想象已经使得同时代的人们愿意景仰哪怕只是敢冒险的人。在另一种情形之中，勇敢者可以说是必须去发现危险并且为获得将之称作“危险”的许可而斗争，同时代的人们不愿意将之视作危险，尽管他们承认一个人可能会在这危险之中失去生命，但他们拒绝认为这是危险，因为对于他们的想象来说，这是一种可笑，而为一种可笑投入自己的生命则因此就是双重可笑的。于是，基督教发现了一种危险，它叫作永恒的沉沦，它让世界看来是一种可笑。

一个虔诚的教徒，他敢于为这一学说而去与那些将他的生命握在手上并且将他视作骚乱发动者的强权做斗争，这也许会使他付出生命。但在同时，他与同时代的人们并没有直接的斗争，相反同时代的人们是观众，他们觉得为这样一种痴愚而冒死亡的危险是可笑的。在这里有失去生命的可能，但却没有尊敬和景仰可让人赢得。然而以这样的方式、也只有以这样的方式被离弃，才是基督教的自我拒绝。假如现在世界或者基督教的世界在本质上已经变善的话，那么这一自我拒绝就会变得根本不可能，因为这样本质上善的世界就会尊敬和赞美拒绝自身的人，并且总是有着关于“哪里有危险”和“哪一种是真正的危险”的正确观念。

如果在这个世界有一个人想要追求去履行“驻留在相互所亏欠的爱之债务中”的义务，那么他就会被引到最终的麻烦之中并且要与世界的反对做斗争。世俗的观念很少或者从不想到宗教中的主宰，尽管在这样的讨论中，我们也不愿意提到，但仍然不可避免；因此任何生命，如果其最本质的和最固执的想法恰恰是关于“从神圣的角度理解危险是在哪里”以及关于“什么是对一个人的要求”的想法，那么这个生命必定就会被这个世界误解。因为世界根本感觉不到，一个这样的人对自己的生活有着完全另一种尺度，一方面一切通过这另一种尺度能够很简单地完全得到解释，另一方面借助于世界的尺度来解说，则他所做的一切无疑变得毫无意义。然而，既然世界对于这一尺度的存在其实毫无所知并且不想有所知，那么，它除了把一个这样的人的行为说成是古怪之外就无法做出别的解释——因为它永远也不会想到这“古怪”就是“基督教性”。一个人毫不利己，这是古怪的；他不反击别人的羞辱谩骂，这是古怪的；他赦免自己的敌人并且几乎是害怕自己没有为自己的敌人做出足够多的事情，这是古怪而没面子的；他总是到达错误的地方，而从不在可以让人看上去是勇敢、高贵、毫不利己的地方出现，这是古怪的。如果我们自己通过“是这世界”而确定作为基督徒就是在此生和彼世都拥有真实的东西和极乐至福，那么，上面所描述的行为就是古怪的、做作的、半痴愚的，简言之，是可供人做笑料的。

我们很容易看出，自我拒绝在这里被很恰当地标示了出来：它有着双重标记。如果一个人想要严肃地照它去做，他就会进入双重的危险，正因此我们才说，基督徒的义务是“驻留在相互亏欠的爱之债务中”。

七、爱的行为

“说事不是艺术，做事才是艺术。”如果有人要否认诗人的艺术恰恰就是“说事”的话，那么这无疑会是一件奇怪的事情，因为并非每一个人都能够像诗人那样说出事来，而正是通过以这样的方式说事，我们才看出诗人是一个诗人。这种说法也部分地适用于讲演者的艺术。但是，考虑到爱，不管是部分还是全部，这样的说法都是不适用的：“说事”是艺术，或者“能够说事”以某种方式在本质上是以天赋的偶然性为条件的。正因此，“谈论爱”具有陶冶性，因为一个人必须不断地想着并且对自己说：“每个人都能够做到这事，或者每个人都应当能够做到这事。”然而，“每个人都是或者都能够是诗人”则是一种古怪的说法了。爱克服了所有差异性，爱解开了所有绳索，这爱自然是带着爱心地防范着不让一种特别类型的差异性起分裂作用。

克尔凯郭尔指出，赞美崇尚爱不是“艺术”，去这样做是一种行为；因为“艺术”是与天赋的偶然性发生关系，而作为则是与普遍人性的东西发生关系。这样，俗语能够以一种特别的方式得以运用。如果一个人在一种随意给出的评论之中、在一种匆匆做出的建议之中想要说，“如果有人让自己去赞美崇尚爱，这很好”，那么我们就可以回答说“说这事不是艺术，做这事才是艺术”——尽管在这一关联之中“做这事”就意味着说这事，而这相对于爱不是什么艺术，而是一种行为。这种行为是通过进行对爱的这样一种赞美崇尚来让自己做这工作，这既要求时间又要求勤奋。如果“赞美崇尚爱”是一种艺术，那么情况就不是这样。因为相对于一种艺术的情形，即使会有人愿意去花费时间和精力，愿意去做这一工作，但并非每一个人都理所当然地会去实践它。爱则相反，它不像艺术那样，而是严厉地守护着自己，并且因此只将自己赋予很少的一些人。每一个想要爱的人，都会被赋予爱，并且，如果他想要让自己去进行“崇尚赞美爱”这一工作，也会成功。

这是一种行为，自然也是一种爱的作为，因为它只能够在爱之中被做出，克尔凯郭尔提出，现在我们要努力弄清楚，这一作为必须怎样被做出。如果“赞美崇尚爱”要从根本上被完全地做出，那么一个人就必须长期坚持不懈地使自己保存一种想法，坚持不懈地保存那种在精神的意义上所理解的最严格的节制，坚持不懈地保持对于每一种其他想法的最一丝不苟而最顺从的弃绝。然而这却是非常艰辛的。在这条路上很容易就会脱离意义、关联，甚至理智，并且如果使人投入的东西是一种单一的有限观念而不是一种无限的想法，那么，它也确实会使人脱离意义、关联和理智。在远离所有分散注意力的消遣而朝着内心的方向上，极端地思考一种想法，一个月又一个月，渐渐地使绷紧的思想之弦变得越来越强有力，然后，在另一方面又渐渐地学会不断更顺从、更谦卑地使这手变得越来越轻松，就是说，带着渐渐变得剧烈的激情抓得越来越紧、越来越确定，带着渐渐增长的谦卑能够在任何必要的瞬间越来越轻松地放开。这是非常艰辛的。

在一个人思考一种想法的时候，方向是朝着内心的。这时他没有任何外在对象，他在自我深化之中朝着内心的方向，于是，在关于“他自己的内心状态”的问题上他就必定会有所发现。精神的力量不同于身体的力量。如果一个人工作过度超过了自己身体的力量，那么他被损坏了，这样，他就什么都没有赢得。但是如果一个人不是以超过自己原本的精神的力量去过度工作，即便是向着内心的方向，那么他根本就不会发现，或者他在更深的意义上不会发现，上帝确实是存在的。在这样的情况下，他就丧失了最重要的东西，或者最重要的东西在本质上就与他擦肩而过了。就是说，在原本的身体的力量之中没有任何自私的东西，但是在原本的精神中有着一种自私性，而且这种自私性必须被摧毁。这是个体所必经的道路，如果他在这一个难题上跳过，那么他的思考就会变得肤浅。因为从精神层面上理解就是如此，恰恰就是在这样的时候，一个人以超过自己原本的精神的力量去过度工作的时候，如果他是诚实且信仰着地坚持忍受下去，那么，从这一瞬间起，他就会得到那些最好的力量。

克尔凯郭尔指出，在一个人只思考着一种想法的时候，他就必定会发现自我拒绝，而自我拒绝则会导向发现“上帝存在”。然而，一个人只能够在白我拒绝后真正全力地赞美崇尚爱。

一个人通过自己对爱所知的事情是非常表面的，他必须通过上帝才知道更深刻的东西，这就是说，他必须在自我拒绝之中去成为每一个人所都能够成为的（因为自我拒绝是相对于“普遍人性的”的，并且因此而不同于特别的召唤和选拔）。于是，每一个人都能够得知所有关于爱的事情，正如每一个人都能够得知自己，正如每一个人都是被上帝所爱的。

只有在自我拒绝或者否认以后，一个人才能够真正全力地赞美崇尚爱。又有谁会比那真正爱上帝的人更好地赞美崇尚爱呢？因为他是以唯一正确的方式去与自己的对象发生关系。“如此去做出对爱的赞美崇尚”，自然有其报酬，尽管之中另外还有这样的目的：通过赞美崇尚爱，为爱赢得众人，使得他们真正留意于那在调和性之中被授予了每一个人的东西，亦即“至高的”爱。因为，赞美崇尚艺术和科学的人，他还是在众人间制造了有天分的和没有天分的人的分裂。而赞美崇尚爱的人，他使得所有人和好，不是在一种集体的贫困之中，也不是在一种集体的平庸之中，而是在“至高”的集体之中。

通过自我的拒绝和否定，一个人赢得了让自己作为工具的能力，因为他向着内心使得自己在上帝面前成为乌有；通过牺牲奉献的不利己，他向着外在使得自己成为乌有，成为一个无用的仆人。向着内心他变得不会妄自尊大，因为他是乌有；向着外在，他也不变得妄自尊大，因为他是乌有；他在上帝面前是乌有，他不忘记他所在之处是“在上帝面前”。若一个人在最后那一瞬间弄错了，以至于他尽管确实在上帝面前是谦卑的，他却在转向众人的时候为他自己所能而骄傲，就构成他的沉沦。这是一种“比较”的诱惑。他知道，自己无法与上帝比较，因为他意识到自己是乌有；但在与人的比较之中，他却觉得自己还是举足轻重的。这就是说，他忘记了自我拒绝，他陷在一种幻觉之中，就仿佛他只是在单个的几小时之中是在上帝面前，而其他的时间却是在众人面前。可以以一种方式在他在场的时候与他说话，而在他不在场的时候以另一种方式来谈论他，但是，是不是也可能这样谈论上帝——在他不在场的时候？如果我们能正确地理解这一点的话，那么，“牺牲奉献的不利己”就与自我拒绝是同一样东西。如果一个人想要通过赞美崇尚爱来统治别人，无疑是最可怕的自相矛盾了。

在某种意义上，“牺牲奉献的不利己”就是如此，向着内在理解是：一种自我拒绝的理所当然，或者同一于自我拒绝。但是向着外在，如果爱要真正地被赞美崇尚，那么“牺牲奉献的不利己”就是必不可少的。一个人能够很容易地为自己找到世俗的益处，并且通过各种各样的欺骗来赢得人类的赞扬，但这并不具有爱心。反过来，在对“真的”和对人类的爱中想要为宣示“真的”而做出每一种牺牲，却不愿牺牲哪怕一丁点“真的”，才是有爱心的。

我们在本质上必须将“真的”看成是在这个世界里挣扎着的，世界从不曾如此美好，它也永远都不会变得这么美好。大多数人都想要“真的”或者想要关于“真的”的观念，以至于对“真的”的宣示必定会赢得所有人的赞扬。如果一个人真的要宣示什么真的东西，那么他就必须以另一种方式做好准备，而不是借助于这样一种迷惑人的期待。于是在这些话语之中绝不可能有关于这种对“赢得众人的赞扬”的自私或者胆小怯懦的想法——就仿佛决定某事真实与否的关键就是众人的赞扬。有这样爱的作为的个体，没有寻求任何好处，不接受任何报酬，甚至不接受他本来作为基督的使徒所能够合理地要求的那一份；他放弃了荣誉、他们的赞扬、他们的奉献；在贫困潦倒之中，他让自己去经受他们不公正的判断、他们的讥嘲。所有他做的这一切——为了赢得他们。是的，这样一来，为了赢得众人，无疑做一切都是可以的，哪怕是赔上性命；因为在自我牺牲和不利己之中，这恰恰就是“放弃人们用以赢得瞬间而失去真理的手段”。克尔凯郭尔感叹：在我们的时代，人们做一切都是为了让一切变成瞬间的并且为了让瞬间的东西变成一切，在一个这样的时代，“不利己”是多么必要啊！

人们做一切，难道不就是为了使自己在瞬间拥有尽可能大的优势，去压倒那“永恒的”，去压倒那“真实的”？人们做一切，难道不就是为了使得瞬间在对上帝和对“永恒”的几乎是高傲的无知之中变得如此自我满足，在对所有真理的外观上的拥有之中变得自欺欺人，在自己就是真相的发明者的观念之中变得趾高气扬吗？思考者们宁静的耐性，谦卑而顺从的迟钝性，对瞬间作用的慷慨放弃，“无限”对“瞬间”的距离，对自己的想法和对上帝奉献出的爱——这对于思考一种想法是必要的，似乎在消失。“人”重新变成了“万物的尺度”，完全是在瞬间的角度上。这就是说，为了让人多少觉得这还是值得去追求的，大家就用各种假象来帮忙，大家相互愚弄，相互使对方以为这些聚集在一起的人们是纯粹的智者，以为每一个聚会集合都是由纯粹的智者们构成的。这就完全像是在苏格拉底的时代，按指控者所阐明的说法：“所有人都明白怎样去教导年轻人，只有一个人不明白——这个人就是苏格拉底。”同样在我们的时代，“所有人”都是智者。世界如此接近于达到完美，以至于现在“所有人”都是智者，如果不存在几个怪人和愚人的话，那么世界就会彻底完美了。没有人渴望要脱离这瞬间的嘈杂吵闹以求找到上帝所驻留的静寂。

“瞬间”，或者说“审美的”变得如此妄自尊大，因此，“牺牲奉献的不利己”是如此必要。然而，所有的真相之爱相对于瞬间的情形也是“真正赞美崇尚爱”的情形。在一个人带着自己对爱的赞美崇尚寻求赢得瞬间的赞扬时，他就首先必须为自己搞清楚，这种瞬间是否有着关于爱的真实观念——瞬间现在所是的情形，它是不是具有，或者它是不是能够在任何时候具有关于“什么是爱”的真实观念？克尔凯郭尔说道，不可能。就是说，爱在瞬间的或者瞬间的意义上只能是自爱，既不会更多也不会更少。于是，以这样的方式谈论爱是自爱的，赢得这种赞扬是自爱的。真正的爱是自我拒绝的爱。但什么是自我拒绝？它恰恰就是放弃“瞬间”和关于“瞬间”的一切。恰恰因为放弃“瞬间”才是真实的爱，那么这样一来，要赢得“瞬间”的赞扬就是完全不可能的。克尔凯郭尔指出，以上论述很容易看出，这样就推导出“赞美崇尚爱的人自己必定是爱或者会被爱的”的结论绝非正确的——尤其是在一个将本身就是爱的人钉上十字架的世界里，尤其是在一个迫害和清除了这么多爱的见证者的世界里。

克尔凯郭尔进而谈到了他所处的时代，哪怕在这方面各种条件有所改变，即使事情不再如“真理的见证者不得不牺牲生命和鲜血”那样的极端，世界在本质上仍然没有变得更好，它只是变得更卑琐，更缺乏激情。所以，在通常的情况下被世界称作是“值得爱的”的东西，永恒自然就会将之视作是某种该谴责和该受惩的东西。一个如此被人称作是“值得爱”的人，他首先就不会认真考虑永恒或者上帝对于一种本质的并且在本质上艰巨的生活所提出的要求。值得爱的人，他知道所有各种可能的借口和开脱法则，于是他就有足够的爱心把自己的睿智留一点给别人，这样，人们通过他的帮助安顿好自己的生活，轻松而舒服。与值得爱的人在一起，人们觉得那么安全，那么欣愉，绝不会因为他的缘故而开始想到“有着某种永恒的东西存在”，或者想到“永恒的东西对一个人的生命有着怎样的要求”，或者想到“永恒的东西如此贴近一个人，以至于它的要求直接与今天的日子相关”。这是一个人值得爱的地方。但是，一个人，如果他不去要求他人，却通过严格而认真地对自己要求许多东西来让人感觉到这样的要求是存在的，那么这个人就是不值得爱的。和他在一起，各种借口和开脱看上去就不怎么好看了；和他在一起，一个人无法真正觉得舒服。

然而，值得爱的性质是什么呢，正是对“永恒的”的出卖。因此，世界总是对这样的话感到愤慨——“对上帝的爱是对世界的恨”。就是说，在永恒的要求真正地被落实的时候，看起来事情就好像是，一个人仇恨一切对大多数人来说是生活的意义所在的东西。这是如此让人不知所措并且不值得爱。相反，激励和帮助人们在他们所爱的迷途之中继续，这又是多么值得爱，并且富有爱心。可是，“欺骗众人”不是爱。在欺骗之中爱和在欺骗之中被回报以爱就是爱吗？克尔凯郭尔指出，爱是在对“真的”的转达之中愿意亲自做出每一种牺牲，但不愿牺牲哪怕一丁点真理。

在人与人之间的关系中，如果要真正赞美崇尚爱的话，那么“不利己”就是不可或缺的要求。让我们大胆地做一下诗意的尝试，在这尝试之中我们与现实世界毫无关系，而只把“赞美崇尚爱”从头到尾想一遍。如果，在诗意上理解，要由一个人完全真实地谈论真实的爱，这谈论者必须使自己成为自爱者，并且谈论的内容必须是关于“爱那不可爱的对象”。然而，在这样的情况下，要从“赞美崇尚爱”之中获得什么好处是不可能的，因为要么是谈论者被看作是有爱心的人，要么是谈论的内容是逢迎的话题、是关于去爱那可爱的对象，只有在这两种情况下，我们才可能从中获得好处。

古代朴素的智慧者，知道怎样去美好地谈论关于美的爱，然而有时候他也进行另一种谈论，即谈论爱丑陋者。“美丽的人”是对于直接的爱的直接而明白的对象，是天性的倾向和激情的选择。我们确实无须说，一个人应当爱美丽的人。那么，什么又是按照我们关于爱的概念所说的“美丽的人”呢？那是爱人和朋友。因为爱人和朋友是对于直接的爱的直接而明白的对象，是天性倾向和激情的选择。那“丑陋的人”却是一个人应当去爱的“邻人”。朴素的智慧者不知道，邻人存在并且一个人应当爱邻人，他所谈的关于“爱丑陋的人”只是一种调侃。真正的爱正是对“邻人”的爱，或者，它不是觉得“可爱的对象”可爱，而是觉得“不可爱的对象”可爱。

于是，为了让关于真正的爱的说法完全真实，而不得不使自己成为最自爱的人的时候，谈论的内容必须是关于爱那不可爱的对象的时候，任何好处和利益都是不可能的。谈论者自己不会作为回报而被爱，因为“他有多自爱”只会通过对立面而变得更明白；谈论的内容不是讨众人喜欢的，众人喜欢听到天性倾向和激情如此容易并且愿意理解的东西，而不愿意听到天性倾向和激情根本没有兴致知道的东西。

这一诗意的尝试是完全正确的，并且也许能够比说起到更加深远的作用，它能够揭示出一种在整个基督教世界里一再地显现出来的欺骗或者误解。人们以这样的方式滥化基督教的谦卑和自我拒绝：一个人固然在一个方面拒绝自身，却没有勇气果断地这样做，因此，他小心地让自己在谦卑和自我拒绝中被人了解，于是他因为自己的谦卑和自我拒绝而备受尊重和景仰——而这其实不是自我拒绝。因此，为了能够赞美崇尚爱，必须向着内心的自我拒绝和向着外在的不利己。

参考文献

[1]克尔凯郭尔.论反讽的概念[M].汤晨曝，译.北京：中国社会科学出版社，2005.

[2]克尔凯郭尔.非此即彼[M].京不特，译.北京：中国社会科学出版社，2009.

[3]克尔凯郭尔.哲学片段[M].王齐，译.北京：中国社会科学出版社，2013.

[4]克尔凯郭尔.畏惧与颤栗 恐惧的概念 致死的疾病[M].京不特，译.北京：中国社会科学出版社，2013.

[5]克尔凯郭尔.爱的作为[M].京不特，译.北京：中国社会科学出版社，2013.

[6]克尔凯郭尔.人生道路诸阶段[M].京不特，译.北京：商务印书馆，2017.

[7]周国平.诗人哲学家[M].上海：上海人民出版社，1987.

[8]T.W.阿多诺.克尔凯郭尔：审美对象的建构[M].李理，译.北京：人民出版社，2008.

[9]刘慧姝.克尔凯郭尔生存论思想解析[J].哲学动态，2012.

[10]邹慧玲.精神·自由·自我——克尔凯郭尔的思想核心透析[J].河南师范大学学报，2010.

后记——孤独的个体

20世纪以前，在斯堪的纳维亚半岛以外很少有人知道克尔凯郭尔的名字，因为他主要用丹麦语著述。然而，克尔凯郭尔的思想对20世纪欧洲和北美的基督教、非基督教和美学存在主义者有过重要的影响，成为现代存在主义思潮的渊源。他的哲学的主要内容是以孤独的、非理性的个人存在取代客观物质和理性意识的存在，并以此作为全部哲学的出发点，以个人的非理性的情感，特别是厌烦、忧郁、绝望等悲观情绪代替对外部世界和人的理智认识的研究，特别是代替黑格尔主义对纯思维、理性和逻辑的研究。也正因此，克尔凯郭尔被认为是使欧洲哲学发展发生方向性转折的重要人物之一。

传统的形而上学造成了这样一种社会认知，即美好现实的一切都是由人的理性创造的，理性使人们从黑暗的懵懂无知中走出来，并召唤人类特有的权利以便更好地作用于外部世界，从而建构合理的、科学的、法制的、完善的社会。然而，现实并不是如此，人们的理性、普遍抽象性、整体主义，在现实中并不是科学、完整而且合理的，理性、权利和自由的实现变成了虚伪、不公正和奴役的现实。克尔凯郭尔以对于不同人生境况的描摹，阐释了自己对于生存的理想观念，探索了反讽、无聊、厌烦、绝望、忏悔的概念，同样也提出了关于爱、自由、信仰等开创性的命题。这种描摹和书写都极尽讽刺，他崇尚苏格拉底，常常以苏格拉底自喻，这也为他招来了不少事端，但却奠定了他一生的基调。克尔凯郭尔的生存即反讽的立场，使他看来，那个时代的一切都颇具讽刺的意味，宗教成了一个教士们集体钻营的工具，父亲对于信仰的虔诚不过是为了抹平自己的罪恶感，甚至他对未婚妻的爱情，也让他无力承担，最终沦为泡影。他无法与身边的一切人或事形成某种固定的关系，只能像苏格拉底一样，成为那个时代的孤独的讽刺者，他运用这种方式来反抗整个时代和自己的命运，让人们意识到成为一个人究竟意味着什么，让人们意识到为了追求金钱、财富和地位，而放弃的自身的存在。

克尔凯郭尔强调个性、个体，否定体系、逻辑。他另辟蹊径寻找一条真正通往个体解放的道路，彻底摆脱理性的束缚，不再以虚无的抽象主义来搅扰个体的自由。他对自由的理解，同样也是对社会现实和理性逻辑的一种反驳，他说的自由是个体去知觉到他是自由的，思辨哲学是不可能论证自由的存在的，任何的逻辑都指向了逻辑的必然性，而这恰恰与自由相对立。他认为黑格尔把思想放在了必然性当中，是永远碰撞不出自由的火花的。但这种对自由的追寻，使克尔凯郭尔终生孤独，苏格拉底有妻子、学生的簇拥，他只有他自己，不安和畏惧占据了他的一生。

不仅针对整体的社会认知以及哲学认知，从个体角度来说，克尔凯郭尔的诸多观念也对处于当今时代的我们有很多启发。随着科学技术的进步，知识和信息的爆炸，物质生活愈发的丰富，在这样的复杂时代，如何能够在信息洪流和物质狂潮中，保持精神的独立，而不随波逐流，保持对于自由的追求，而不沉沦敷衍，在某种程度上克尔凯郭尔用他极端的生活方式和晦涩的学术观念给了我们答案。

纵观克尔凯郭尔的一生，他是孤独的，解除了与未婚妻的婚约，独自生活，孤独终老，这是表面化的孤独。在内心深处，他一直强调的是对群体的反驳，个体从群体中的分离，成为与抽象的群体相对的单独的个体，成为具体意义上的个体，个体具备无限的主体意识与丰富的精神状态。个体与整体并不是普遍意义上的属于与被属于的关系，整体往往是一个可以用观念体系来把握的共性概念，而个体则是“瞬间”的存在，具有整体所无法包含的随机性和偶然性，而这恰恰是与瞬息万变的现实生活相贴合的。个体在克尔凯郭尔来看，是更为完整意义上的存在。

孤独的克尔凯郭尔在当时被当作异类，他曾经说过，在自己的墓碑上只刻上“那个个体”这样的字眼，由此可见，在某种程度上，他并不在意外界如何界定他，在生活之中也践行着自己的哲学观念，而且笔耕不辍，不断地为自己的生存观念书写论战。也可以这样说，孤独是克尔凯郭尔实现或实践他的生存观念的载体，是他通往信仰的必经之路，更是他的生活方式。